34인의 철학자
명언으로 보는
지혜의 향연

34인의 철학자 명언으로 보는
지혜의 향연

황상규 편저

신아출판사

| 머리말 |

　세상은 다양하다. 세상이 다양한 만큼 사람들의 생각도 다양하다. 고대에서 현대에 이르기까지 철학자들의 다양한 사고방식과 삶의 지혜가 있었다. 그래서 인생은 정답도 없다. 인생에 대한 해법을 제시하는 하나의 가르침이 있을 뿐이다.
　비슷한 사상을 가진 사람조차 서로 다른 면이 있고, 전혀 다른 사고를 가진 사람들 사이에도 공통점이 있다. 그래서 이 책은 동서양을 대표하는 철학자들뿐 아니라 불교나, 탈무드, 문인 괴테의 명언들을 수집하고 그 명언들을 이해하기 쉽도록 간단한 핵심 사상을 실었다. 특히 명언들을 나열함에 있어서 백과사전식으로 나열한 것이 아니라 될 수 있으면 서로 연결성을 주어 그들의 사상을 체계적으로 이해할 수 있도록 최대한 노력하였다.
　이 명언들을 통해 세상을 보는 다양한 사고방식과 삶의 지혜를 보고 자신의 생각을 정리하라는 의미다. 어떤 면에서는 자신과 비슷한 생각을 말하는 것 같지만 세상을 바라보는 눈이 전혀 다른 가르침을 주기도 한다. 이것 때문에 내 자신이 보지 못한 새로운 세상을 경험하게 되는 것이다.
　이런 과정 속에서 철학자들 하나하나의 가르침이 살아가는 데 있어서 필요하다는 것을 느낄 것이다. 예를 들어 명언을 읽다 보면 노자와 장자의 강조한 자연적인 삶도 필요하고, 공자와 칸트가 강조한 도덕도 필요하고, 스토아학파가 강조한 이성적인 삶도 필요하고, 에피쿠로스와 공리주의가 강조하는 쾌락적인 삶도 필요하다. 한비자가 강조한 법도 필요하고, 마키아벨리가 강조한 권모술수도 필요하고, 니체가 강조한 힘도 필요하다는 것을 느낄 것이다. 그 뿐만 아니라 감정적 측면과 이성적 측면도 필요하고, 이기적 측면과 이타적 측면도 필요하다는 것을 알 수 있다. 이것은 우리의 삶이 한 가지 요소만 가지고 판단해서는 안 된다는 것을 알 수 있다. 우리의 삶의 방식이 다양해야 한다는 것을 깨달을 수 있다. 어느 한 가지 요소만 가지고 살아가는 것은 독단에 빠지기 쉽다는 것을 알 수 있다. 철학자들의 다양한 명언을 보면서 자신을 성찰하며 삶의 다양성을 포용하면서 자신의 생각을 창조해가는 것이 지혜롭게 살고 인생을 의미 있게 사는 것이 아닌가 한다. 이 책이 자신을 성찰하며 인생을 재창출할 수 있는 기회가 되었으면 한다.

그리고 이 책을 만드는 데 직접 제가 수집한 명언들도 있지만 다른 사람들이 수집한 명언도 참조했음을 알린다.

이 책을 만들도록 격려해주신 신아출판사 서정환 사장님께 이 자리를 빌어 감사드린다.

2025. 6.

| 차례 |

머리말

1. 노자 —— *10*

2. 공자 —— *23*

3. 장자 —— *35*

4. 맹자 —— *53*

5. 한비자 —— *64*

6. 홍자성의 ≪채근담≫ —— *83*

7. 법구경 —— *98*

8. 사마천 ≪사기≫ —— *106*

9. 탈무드 —— *124*

10. 소크라테스 —— *135*

11. 플라톤 —— *144*

34인의 철학자
명언으로 보는
지혜의 향연

12. 아리스토텔레스 ——— *153*

13. 에피쿠로스 ——— *167*

14. 마르쿠스 아우렐리우스 ——— *175*

15. 세네카 ——— *188*

16. 에픽테토스 ——— *204*

17. 키케로 ——— *212*

18. 아우구스티누스 ——— *223*

19. 마키아벨리 ——— *232*

20. 발타자르 그라시안 ——— *241*

21. 몽테뉴 ——— *252*

22. 프랜시스 베이컨 ——— *267*

23. 스피노자 ___ 280

24. 칸트 ___ 288

25. 괴테 ___ 297

26. 헤겔 ___ 313

27. 칼 마르크스 ___ 322

28. 쇼펜하우어 ___ 331

29. 니체 ___ 343

30. 제레미 벤담과 존 스튜어트 밀 ___ 359

31. 윌리엄 제임스 ___ 371

32. 비트겐슈타인 ___ 378

33. 보부아르와 사르트르 ___ 386

34. 칼 포퍼와 토마스 쿤 ___ 395

🌀 어울림의 철학은 포스트모던 윤리이다 ___ 405

1부
노자

1. 노자의 철학

　노자의 사상의 핵심은 삶은 자연의 순리에 따라 욕심 부리지 않고 흐르는 물과 같이 살아야 한다는 생각에서 출발한다. 그런데 세상은 어떠한가? 화려한 문명 속에 살게 되면 자신도 모르게 탐욕스런 삶을 위해 피 터지는 경쟁 속에서 활활 타오르는 불과 같은 생활을 하고 있다. 그리고 그런 세상을 정당화하기 위해 교묘한 법망을 만들고, 문명을 더욱 더 타오르게 하고 있다. 문명이 타오를수록 우리는 행복에 문에 다가왔다고 생각하지만 그것은 크나큰 착각이다. 문명이 발달할수록 우리의 작은 욕망은 탐욕으로 변하고 만족할 줄 모르는 탐욕이 광분하면 모두가 불행의 불 속으로 뛰어드는 꼴이다.

　반면에 흐르는 물은 어떤가? 끊임없이 모습이 바뀐다. 그 모습은 말로 표현할 수 없다. 그래서 노자는 진정한 '도道'는 말로 표현할 수 없다고 했다. 인생도 마찬가지다. 늘 행복한 것이 아니라 행복했다가도 곧 불행에 빠지곤 한다. 그러므로 우리는 늘 물처럼 위로 갈려고만 하지 말고 아래로 낮춰서 살려고 해야 한다. 경쟁을 뚫고 위로 갈려고 영리한 삶을 살려고 하면 할수록 더욱 불행해 지는 것이다. 그리고 물은 부드럽기 한이 없지만 무엇보다 강하다. 그래서 비로소 우리가 세상의 물정을 잘 모르는 어리석은 삶을 사는 것처럼 물과 같이 자신을 낮추고 살 때 비로소 인생의 진정한 승리자가 될 수 있다고 말한다.

노자의 이런 생각은 인생의 한 단면을 담은 생각이라 할 수 있다. 지금의 자본주의처럼 지나치게 성공지향적인 삶을 살지 말라는 것이다. 물론 무조건 사회적 성공이 나쁜 것은 아니지만 사회적 성공을 지향하다 보면 세상이 탁해져 살기가 그만큼 힘들어진다는 것이다. 문명이 발달이 낳은 죽기 아니면 살기 식의 삶은 우리 모두를 불행하게 할 수 있으니 세상과는 거리를 두고 자연의 흐름에 따라 정처 없이 물처럼 아래로 흘러가려는 삶을 살아야 함을 노자는 강조하였다.

그리고 노자는 역발상의 철학이기도 하다. 자기가 잘 되려면 물처럼 먼저 자신을 낮추고 자신이 먼저 주어야 한다는 것을 강조한다. 먼저 자기 자랑을 하거나 자신이 취하려고 하는 것은 소인배들이 하는 어리석은 행동이다. 노자가 어리석게 살라고 말하는 것은 진짜 멍청하게 살라는 소리가 아니라 너무 현실 이익에 추구하는 영악한 인간이 되지 말라는 소리다. 오히려 자신을 먼저 줄 때 세상의 적을 만들지 않고 다른 사람으로부터 진정으로 인정받을 수 있는 사람이 되고 그래서 비로소 편안하고 안락한 삶을 살 수 있다는 것이다. 그래서 노자가 지향하는 사상은 진정한 행복은 세상에 집착하기보다는 적당히 거리두기를 할 때 마음의 평화를 유지할 수 있고 천수를 누리며 살 수 있다는 철학 사상이라고 생각한다.

2. 노자의 명언들

- 기술이 진보하면 할수록 사회는 어지러워지고, 인간의 지능이 발달하면 할수록 불행한 사건이 끊이지 않으며, 법령이 생기면 생길수록 범죄자가 늘어난다.

- 대도가 없어지자 인의를 운운하게 되었다.(자연적인 삶이 무너지자 도덕적 규범이 생겨났다)

- 당신(공자)이 연구하는 것은 대개 옛 사람들 것이오. 하지만 옛 사람들은 이미 뼈까지 흙이 되었고, 남은 것은 킷가에 맴도는 몇 마디뿐이오. 그러니 그것에 너무 집착하지 마시오.

- 말로 표현할 수 있는 도는 도가 아니고, 이름을 부를 수 있는 이름은 참된 이름이 아니다.(언어의 한계를 지적한 말, 세상은 변하는데 언어는 그 변화를 쉽게 반영할 수 없다는 것)

- 절대적인 존재란 없다. 인간 스스로 규정하면 인간 스스로 규정한 만큼의 한계를 본다.(자연의 '도'는 끊임없이 변화하므로 규정할 수 없으며 인간이 규정한 것은 정확하다고 할 수가 없다는 것이다. 이것 역시 언어의 한계를 지적한 말)

- 거꾸로 가는 것이 도의 운동이다.(세상은 끊임없이 변한다는 생각을 근거로 행복이 불행을 가져올 수 있다는 역발상이 담겨져 있다)

- 말이 없는 것이야말로 자연스런 것이다. 그러므로 강풍은 아침나절 내내

불지 않고, 폭우도 하루 종일 내리지 못한다. 누가 이렇게 하는가? 천지(자연)이다. 천지(자연)도 그렇게 오래 지속하지 못하거늘 하물며 사람에 있어서 어떠하겠는가.

- 천자는 어질지 않다. 만물을 풀강아지와 같이 여긴다.(자연은 도덕적이지 않다는 말로 인간의 생명도 자연 앞에선 풀강아지와 같다는 말이다)

- 만물이 무성하게 자라고 있으니 결국은 근원으로 돌아가기 마련이다. 근원으로 돌아가는 것을 고요함이라 하고 그것을 본성으로 돌아간다고 말한다. 본성으로 되돌아가는 것을 변하지 않는 도라 한다.(오로지 변하지 않는 도는 본성으로 돌아가는 도뿐이다)

- 자신의 생生을 키하게 여기면 오히려 생을 위태롭게 할 수 있다.

- 생을 잘 억누르며 절제하는 사람은 죽음의 땅에서 멀어진다.

- 스스로 살려고 하지 않기에 오히려 장생할 수 있다.

- 말이 너무 많으면 자주 궁지에 몰린다. 그저 말없이 지키는 것만 못하다.

- 남을 아는 자는 지혜롭고, 자기를 아는 자는 밝다. 다른 사람을 이기는 자는 힘이 있고, 자기를 이기는 자는 강하다. 만족함을 얻는 자는 넉넉하고, 힘써 행하는 자는 뜻이 있다.

- 고요함이 열기를 이기니 맑고 고요함이 천하의 올바른 것이다.

- 구태에 세상에서 앞장서려는 생각은 하지 마라.

- 이 세상에서 가장 부드러운 것이 이 세상에서 가장 단단한 것을 이긴다. 형태가 없는 것은 틈이 없는 곳으로도 들어간다.

- 천하에 물보다 더 부드럽고 약한 것이 없다. 하지만 굳센 것을 치는데 물을 이기는 것은 없다.

- 사람이 살아있을 때는 유연하지만, 죽으면 뻣뻣해진다.

- 물은 만물을 이롭게 해주지만 공을 다투지 않는다. 모든 사람들이 싫어하는 낮은 곳으로 간다.

- 태풍이 불면 큰 나무는 부러지지만, 작은 풀포기는 유연하여 바람에 흔들릴 뿐이다. 진실한 말은 달콤하지 않고, 달콤한 말은 진실하지 않다. 착한 사람은 말을 잘 못하고, 말을 잘 하는 자는 착하지 못하다. 아는 사람은 박식하지 않고 박식한 사람은 알지 못한다. 성인은 쌓지 않는다. 남을 위함으로서 내가 더욱 있게 되고, 남에게 줌으로써 내가 더욱 많아진다.

- 학문을 배우면, 지식이 나날이 늘고, 도를 닦으면 지식이 나날이 줄어든다. 줄어들고 또 줄어들어 결국에는 무위의 경지에 이른다.

- 배움은 날마다 채우는 것이다. 도를 닦는 것은 날마다 비우는 것이다.

- 알면서도 알지 못하는 체하는 것은 훌륭한 처세이다.

- 도를 체득한 사람은 지식을 내세우지 않는다. 지식을 내세우는 사람은 도를 체득했다고 할 수 없다. 욕망에 사로잡히지 않고 거짓에 현혹되지 않으며 재능을 품고 세속과 동조한다.

- 소유하는 것은 이로움利이다. 써서 없애는 것이 유용한用 것이다.(소유하는 이로움보다 써서 없애는 유용함이 더 중요하다는 것을 강조한 말이다)

- 계속 채우려 드는 것보다 멈추는 것이 더 낫고, 잘 다듬어 날카롭게 하면 오래 갈 수 없다. 온갖 보물을 집안 가득 채우지만 그것을 지킬 수가 없고, 부유하고 높은 자리에 있다하여 교만하면 스스로 허물을 남기게 된다. 꿈이 이루어지면 물러나는 것이 자연의 이치이다,

- 현명함을 숭상하지 않으면 백성은 다투지 않고, 키한 물건을 키하게 여기

지 않으면 백성들이 도둑질 하지 않는다. 하고자 하는 것을 보이지 않으면, 백성들의 마음을 어지럽히지 않는다.

- 다른 사람을 아껴야 비로소 용기가 생긴다. 모든 일을 조심스럽게 대처해야만 난처한 경우를 당하지 않는다. 사람들의 선두에 서지 말아야 거꾸로 지도자로 추앙받는다.

- 큰일은 하류이어야 한다. 그래야 천하의 사람들이 모여들기 때문이다.

- 자신의 광채를 줄여라! 저 세속의 눈높이와 함께 하라.

- 위정자들은 화려한 비단 옷을 입고 예리한 칼을 차고 다닌다. 풍성한 술과 음식을 즐기고 착취한 물건은 쓰고도 남는다. 이런 사람은 큰 도둑이며 이는 도에 부합되지 않는다.

- 가볍게 승낙하는 사람은 반드시 믿음이 적게 간다.

- 진실된 말은 꾸밈이 없고, 꾸밈이 있는 말엔 진실이 없다.

- 진짜로 곧은 것은 구부러진 것처럼 보인다. 진짜로 교묘한 것은 졸렬한 것처럼 보인다. 진짜로 잘 하는 웅변은 어눌한 것처럼 보이고, 진짜 풍성한 것은 부족한 것처럼 보인다.

- 세상의 모든 사람들이 아름다움을 아름다운 것으로 인식하는 것은 추함이 존재하기 때문이다. 착한 것을 착하다고 인식하는 것은 착하지 않는 것이 존재하기 때문이다. 그러므로 유와 무는 서로를 낳고, 어려움과 쉬움도 서로를 성립시켜주며 긴 것과 짧은 것도 서로를 이뤄주고, 높은 것과 낮은 것은 서로를 포함하며, 노래와 소리도 서로 조화를 이루고, 앞과 뒤도 서로 따른다. 그러므로 키한 것은 천한 것을 뿌리로 삼고, 높은 것은 낮은 것을 바탕으로 삼게 마련이다.

- 착한 사람은 착하지 않은 사람의 스승이고, 착하지 않은 사람은 착한 사

람의 거울이다.

* 사람을 잘 부리려면 먼저 공손한 태도를 취하라.

* 화속에 복이 깃들어 있고, 복 안에 화가 숨어 있다. 누가 그 근원을 알 수 있겠는가? 정해져 있는 것은 없다.

* 아! 지금 나에게 찾아온 재앙이여! 그 속에 행복이 깃들어 있구나. 아! 나에게 찾아온 행복이여! 그 속에 재앙이 엎드려 있구나. 세상은 그 끝을 알 수 없고 정답도 알 수 없구나.

* 아름드리나무도 털끝 같은 싹에서 생겨났고, 구층이나 되는 높은 두각도 한 줌 흙을 쌓아 올려서 된 것이고, 진리의 걸음도 발밑의 한 걸음으로부터 시작된다.

* 어려운 일은 쉬운 데서부터 풀어야 하고, 큰일은 사소한 데서부터 치루도록 해야 한다, 세상의 어려운 일도 반드시 쉬운 데서 일어나고, 세상의 큰일도 반드시 작은 데서 일어난다.

* 그러므로 성인은 말했다. 내가 억지로 하지 않으니, 백성은 저절로 질서를 찾고, 내가 고요함을 좋아하니 백성이 저절로 바르게 되고, 내가 억지로 일을 꾸미지 않으니, 백성이 저절로 부유하게 되고, 내가 지나치게 욕심을 내지 않으니, 백성은 저절로 소박하게 한다. 그러므로 성인은 억지로 행하는 바가 없이 세상 일을 처리하고, 말없이 가르침을 실천한다.

* 일이 이루어지면 그 자리에서 물러나는 것이 자연의 도리다.

* 나에게 세 가지 보배가 있어 소중히 간직하고 있다. 첫째는 너그럽다는 인자요, 둘째는 검소요, 셋째는 감히 천하의 앞에 서지 않는 것이다. 너그럽기 때문에 용감할 수 있고, 검소하기 때문에 여유가 있으며, 남보다 앞서나가지 않기 때문에 영도자가 되는 것이다.

- 스스로 자랑하는 사람은 최상이 아니다.

- 남을 아는 자는 지혜롭고, 자기를 아는 자는 밝다. 사람을 이기는 자는 힘이 있고, 자기를 이기는 자는 강하다. 만족함을 아는 자는 넉넉하고, 힘써 행하는 자는 오래 지속되고, 죽어서도 잊혀지지 않는 것을 장수라 한다.

- 아주 큰 재능은 늦게 성취된다.

- 쉽게 만족할 줄 아는 사람은 치욕으로부터 벗어날 수 있다.

- 만족함을 모르는 것보다 큰 화는 없다. 얻어가지려고 하는 것보다 큰 허물은 없다. 만족할 줄 아는 사람만이 영원히 만족한다.

- 장수하는 사람이 열에 셋이고, 단명하여 요절하는 사람도 열에 셋이다. 또 태어나서 스스로 목숨을 끊는 사람도 열에 셋이다. 이것은 무슨 까닭인가? 이것은 자신의 삶에 너무 집착하기 때문이다.

- 원수는 덕으로 갚는다.

- 용맹을 내세우면 죽고, 그렇지 않으면 산다.

- 이 세상에서 가장 큰 죄는 끊임없는 욕망에 기인한다. 또한 최대의 재앙은 만족함을 모르는 것에 기인하며 최대의 과오는 이익을 탐하는 마음에서 기인한다.

- 찬란한 다섯 가지의 빛은 눈을 멀게 하고, 난잡한 다섯 가지의 음악 소리는 사람의 귀를 멀게 하고, 잡다한 다섯 가지의 음식의 맛은 사람의 입맛을 상하게 한다. 말몰이 사냥은 사람을 난폭하게 하고, 진키한 재물은 사람을 타락시킨다. 그러므로 성인의 다스림은 생명의 근원인 배를 채울 뿐, 눈을 위해 꾸며지지 않는다.

- 성인은 쌓아두지 않는다. 남을 위하면 위할수록 자기가 더 있게 된다. 힘써 남에게 주면 줄수록 자기가 더 풍요롭게 된다.

- 스스로 드러내지 않으므로 도리어 드러나 보이고, 스스로 옳다고 주장하지 않으므로 도리어 밝게 빛나고, 스스로 뽐내지 않으므로 도리어 공이 두드러지고, 스스로 자만하지 않으므로 지도자가 된다.

- 스스로 앞에 나서지 않음으로써 오히려 다른 사람이 치켜세워 준다. 자신을 도외시함으로서 다른 사람으로부터 존중받는다.

- 강이나 바다가 온갖 골짜기의 왕이 될 수 있는 것은 잘 낮추기 때문이다. 그러므로 온갖 계곡물의 왕이 될 수 있다. 이렇기 때문에 백성을 위해서려는 자는 반드시 자기를 낮추고 백성 앞에 서려는 자는 반드시 자신을 뒤로 해야 한다. 그러므로 성인이 위에 있어도 백성이 부담스러워 하지 않는다. 성인이 앞에 있어도 백성이 해롭다 하지 않는다. 그래서 온 천하가 즐거운 마음으로 그를 추대하고 싫어하지 않는다.

- 움츠리게 하고자 하면 반드시 먼저 펴줘야 하고, 약하게 만들고자 하면 반드시 먼저 강하게 해야 하고, 폐절하고자 하면 반드시 먼저 흥하게 해 줘야 하고, 빼앗고자 하면 반드시 먼저 줘야 한다.

- 자신을 옳다고 하지 않기에 다른 사람이 인정해 준다. 자신을 과시하지 않기에 오히려 다른 사람이 치켜세운다. 자신의 공적을 자랑하지 않기에 오히려 다른 사람이 칭송한다. 자신의 재능을 과시하지 않기에 오히려 다른 사람이 존중한다. 등을 쭉 펴고 일어서려 하면 오히려 발밑이 불안정해진다. 자신이 옳다고 하면 오히려 무시당한다. 자신을 과시하면 오히려 배척당한다. 자신의 공적을 자랑하면 오히려 비난을 받는다. 자신의 재능을 과시하면 오히려 무시당한다.

- 지위에 너무 집착하면 반드시 자신의 생명을 단축시키게 된다. 재산을

너무 많이 모으면 반드시 잃게 된다. 만족할 줄 알면 수치스러운 일이 없다. 멈출 곳을 알면 위험이 없다.

- 훌륭한 장수는 함부로 남을 앞지르지 않고, 잘 싸우는 자는 성내지 않으며, 적을 잘 이기는 자는 함께 싸우지 않고, 사람을 잘 쓰는 사람은 아래에 있다.

- 최고의 지도자는 있다는 존재감만 느낀다. 그 다음은 친절하여 칭찬받는 지도자다. 그 다음은 그 앞에 서면 두렵게 만드는 지도자다. 그 다음은 뒤에서 욕하는 지도자다.

- 넘칠 만큼 들이부은 물은 곧 쏟아진다. 너무 날카롭게 갈아 놓은 칼은 빨리 부러진다. 재산을 방안에 가득히 저장해 두면 다 지켜 낼 수 없다. 출세해서 득의양양한 표정을 지으면 다른 사람의 다리에 걸려 넘어진다. 일을 성취하면 물러서는 것이 하늘의 도리다.

- 구부려져 있기에 생명을 지킬 수 있다. 굴절되어 있기에 뻗어나갈 수 있다. 꺼져 있기에 물을 채울 수 있다. 낡아 있기에 새로운 생명을 머무르게 할 수 있다.

- 받으려면 먼저 주어라. 이것이 정치의 요체이다.

- 무기는 악의 도구이지 선한 통치자의 도구는 아니다.

- 천하는 얻으려면 온갖 그릇된 수를 쓰는 자가 천하를 얻는 예는 없다. 천하란 불가사의한 것이어서 얻으려 한다고 얻을 수 있는 것이 아니다. 얻으려 하면 모두 무너져 버리고 잡으려고 하면 모두 달아나 버린다.

- 조화할 줄 아는 것은 '한결같음'이다. 한결같을 줄 아는 것은 '밝아짐'이다. 덤으로 사는 것은 '불길한' 것이다. 마음의 기를 부리는 것은 '강요'이다. 자라자마자 늙는 것은 '도에서 벗어난 것'이라고 불러라. 도에서 벗어

난 것은 일찍 죽는다.

- 사람들은 모두 의욕이 넘치지만, 나는 멍하니 모든 것을 잊고 있다. 나는 어리석어 무엇 하나 분별하지 못한다. 나는 정처 없이 출렁이는 바다이며, 그냥 스쳐가는 바람이다. 사람들은 모두 능력 있지만, 나는 우둔하고 촌스럽다. 나는 사람들에게서 멀어져 자연이라는 품 안에 안기리라.

3. 어떤 명언이 좋은지 한 번 써보시고 그 이유를 말해 보세요.

2부

공자

1. 공자의 사상

　공자는 서양의 소크라테스와 같이 철저하게 도덕적인 삶을 강조한 철학자이다. 인간은 사회적 동물이므로 공동체의 삶을 살 수밖에 없다고 생각해 인간이 공동체 생활의 근간이 되는 도덕적인 규범을 지키지 않으면 행복한 삶이 가능하지 않다고 생각해 도덕적이고 인간적인 삶을 강조한 철학자이다. 그래서 항상 인간끼리의 화합을 강조한다. 화합하려면 스스로를 갈고 닦아 바로 인간미를 갖추어야 한다. 이런 인간미가 없다면 세상은 혼란할 것이고 전쟁은 끊임없이 일어날 것이다. 그래서 공자는 서로 간의 믿음을 강조하고 서로 간에 사랑할 것을 강조하였다.
　그렇지만 도덕적 완성은 쉽지만은 않다. 인간은 태어날 때 울퉁불퉁한 바위 같은 존재다. 그래서 배우고 익혀야만 한다. 책만 익혀서도 안 되고, 사색만 해서도 안 된다. 책을 보면서도 사색을 해 진정한 깨달음을 얻어야 하고, 그것을 실천하려고 부단히 노력해야 한다. 그리고 반성해서 자신의 잘못을 스스로 고치려고 노력해야만 한다. 이런 부단한 노력 없이는 도덕적 완성은 불가능하다. 그렇지만 힘들고 어려운 길이지만 공자는 이 길 이외에는 인간미가 있는 세상은 불가능하다고 생각하였다. 그래서 공자는 죽을 때까지 이런 희망을 놓지 않았다. 그 공자의 희망은 〈논어〉를 통해 그대로 전달되고 있다.

2. 공자의 명언들

- 나는 어렸을 때 가난했기 때문에 싫건 좋건 사소한 일까지 배웠다.
- 나는 태어날 때부터 모든 것을 안 게 아니다. 단지 옛것을 즐겨 읽고 마음 깊이 생각하고 부지런히 연구하여 얻은 것이다.
- 나는 열다섯에 학문에 뜻을 두었다. 서른 살에 일어났고, 마흔 살이 되어서는 현혹되지 않았다. 쉰 살이 되어 하늘의 뜻을 알게 되었고, 예순 살이 되니 무슨 말을 들어도 곧 이해가 되었다. 일흔 살이 되니 마음이 요구하는 대로 좇아가도 도리를 넘어서지 않았다.
- 배우고 때로 익히면 기쁘지 아니한가. 친구가 먼 곳에서 찾아오면 또한 즐겁지 아니한가. 사람들이 나를 알아주지 않아도 원망하지 아니하면 어찌 군자가 아니겠는가.
- 요즘 학문하는 사람들은 자신을 수양하기 위해서가 아니라 박학다식함을 자랑하기 위해 학문을 한다.
- 배우기만 하고 생각하지 않으면 어둡고, 생각만 하고 배우지 않으면 위태롭다.
- 내 일찍이 온종일 먹지도 않고 밤새도록 자지도 않으며 사색을 해 보았으나 아무 유익함이 없었으니, 공부하는 것보다 더 나은 것이 없더라.
- 사람의 성품은 태어날 때 비슷하지만 공부하는 습관에 따라 달라진다.

- 인을 좋아하면서 배우기를 싫어하면 멍청해지기 쉽고, 머리는 영리하지만 배우기를 싫어하면 방탕해지기 쉽고, 신의를 있지만 배우기를 싫어하면 의로움을 해치기 쉽고, 정직하지만 배우기를 싫어하면 각박해지기 쉽고, 용감하지만 배우기를 싫어하면 난폭해지기 쉽고, 강직하면서 배우기를 싫어하면 날뛰기 쉽다.

- 배우고 생각하고 실천한다. 학생이 교육할 때, 마땅히 깊게 생각하게 하고, 깨닫지 못하면 다시 계도시킨다. 학생이 자신의 의견을 말하고 싶은데 말하지 못할 때는 다시 그를 계발시킨다. 그러나 학생이 알지 못한다면 주입시킬 필요는 없다.

- 분발하지 않으면 깨닫도록 도와주지 않고 뭔가 깊이 깨달은 바는 있지만 그것을 표현할 수 없어 안타까워 할 때야 비로소 길을 열어 준다.

- 군자는 말에 앞서 먼저 행하고, 행한 연후에 말하느니라.

- 증자가 말했다.
  "나는 매일 세 가지 일을 반성하나니,
  남을 돕는데 충심을 다 했는가? 친구를 사귐에 있어 신의가 없지는 않았는가? 스승님께서 가르쳐주신 학문을 충분히 복습했는가?"

- 아아, 끝장이구나. 내 여태껏 자기 허물을 보고 스스로 마음속으로 꾸짖는 자를 보지 못하였구나.

- 하늘을 원망하지 말고 남을 탓하지 말라.

- 소인은 과실을 저지르면 어물쩍 숨겨 넘어가려 한다.

- 잘못을 고치지 않는 것, 그것이 곧 잘못이다.

- 고집부리지 마라.

- 자만하지 마라

- 연장자로부터 인정을 받고 동년배로부터 신뢰받고 연소자로부터 공경을 받는다. 이것이 바로 나의 이상이다.

- 죽음과 삶은 명에 달려 있고, 부귀와 부는 하늘에 달려 있다.

- 지위가 없음을 불평하지 말고 실력을 기르는 데 힘쓰라.

- 인을 행하는 것은 자신에게 달려있는 것이지, 남에게 달려있는 것이겠는가?

- 인자仁者는 자기가 서려고 하면 다른 사람을 서게 하고, 자신이 어떤 목적을 이루고자 한다면 남도 이루도록 해주는 사람이다. 가까운 자기 자신부터 비슷한 경우를 취하여 남을 대접하는 것이 바로 인의 실천방법이다.

- 자공이 공자에게 물었다. "한마디 말로써 일생 행동의 지침으로 삼을만한 것이 있습니까?"
  공자가 말했다. "그것은 바로 서恕이다. 그것은 내가 하기 싫은 일을 남에게 시키지 말라는 것이다."

- 효제는 인仁을 행하는 근본이다.

- 자기 사사로운 욕심을 버리고 예禮로 돌아가는 것이 인仁이다. 하루 동안이라도 사사로운 욕심을 이기고 예로 돌아가면 천하가 인으로 돌아가는 것이다.

- 어진 행동을 실천하는 것은 스승에게도 양보하지 않아야 한다.

- 어진 이를 보면 그 사람을 본받고자 노력하고, 어질지 못한 자를 보면 반성의 대상으로 삼아야 한다.

- 모르면 어찌 인仁을 할 수 있겠는가.

- 배우기를 널리 하고 뜻을 돈독히 하고, 절실하게 묻고 가까이 생각하면 인仁은 그 가운데 있다.

- 앎이 지켜지더라도 인이 능히 지켜내지 못하면, 처음에는 얻더라도 끝내는 반드시 잃는다.(지식은 도덕적으로 사용되어야 한다는 말이다)

- 어진 사람만이 사람을 좋아하고 미워할 수 있다.

- 어진 자는 용기가 있다.

- 중용의 덕이 지극하구나. 이 덕을 소유한 사람이 지극히 적구나.

- 세 사람이 길을 갈 때 그 중 하나는 반드시 내 스승이다.

- 군자는 남의 아름다움을 도와 이루게 해주고 남의 악한 점을 선도하여 악을 저지르지 못하게 하지만, 소인은 이와는 정반대다.

- 썩은 나무로는 조각을 할 수 없고 더러운 흙과 같은 담벼락엔 칠을 할 수 없다.

- 관직이 없음을 걱정하지 말고, 자신이 의지할 곳이 없음을 걱정하라. 자신이 알아줄 사람이 없음을 걱정하지 말고, 자기 스스로 남이 알아줄 사람이 되도록 노력하라.

- 남이 알아주지 않는 것을 걱정하지 말고 내가 남을 알지 못하는 것을 걱정하라.

- 서둘러 이루려 하지 말고, 작은 이익을 탐하지 말라. 서둘러 하면 철저하지 못하고, 작은 이익에 매달리면 큰일을 이루지 못한다.

- 진정으로 강한 것은 겉으로 드러난 용맹과 싸우기를 좋아하는 것이 아니라 마음속으로 단호하게 참으며 정도를 걷는 것이다.

- 군자가 경계할 것이 셋이 있으니, 젊어서는 혈기가 안정되어 있지 않기

때문에 여색을 경계해야 하고, 장년기가 되어서는 바야흐로 혈기가 왕성하므로 싸움을 경계해야 하고, 노년에는 혈기가 쇠하기 때문에 탐욕을 경계해야 한다.

- 자네는 어렸을 때는 공손하지 못했고, 자라서도 이렇다 할만한 일도 하지 않더니 늙어서도 여태 죽지 않았으니 생명의 도둑이다.

- 좋은 시를 배우지 않고는 아름다운 말을 할 수 없다.

- 임금은 임금다워야 하고, 신하는 신하다워야 하며, 부모는 부모다워야 하고, 자식은 자식다워야 한다.

- 거친 밥을 먹고, 물을 마시며, 팔을 베고 자더라도 즐거움이 그 안에 있구나. 옳지 않게 얻은 부귀영화는 내게는 뜬구름 같구나.

- 부富라는 것은 만일 구할 수 있다면 내 비록 마부 노릇이라도 하겠지만, 억지로 구할 수 없는 것이라면 내가 하고자 하는 바를 하겠다.

- 세상이 나를 이해해주는 사람이 없구나. 나의 정치적 이상은 통하지 않는구나! 나는 무엇을 후세에 남길 것인가?

- 얼굴빛을 온화하게 하는 것이 어렵다.

- 임무는 무겁고 길은 멀다.

- 하늘을 원망하지도 않고, 사람을 탓하지도 않는다.

- 가난하면서 원망하지 않기는 어렵다.

- 작은 일을 참지 못하면 큰일을 이루어 낼 수 없다.

- 사치하면 불손해지고, 너무 검소하면 인색해지기 쉽다. 불손하기보다는 그래도 인색한 편이 낫다.

- 군자는 한 가지만 담을 수 있는 그릇이 되어서는 안 된다.
- 군자는 세 가지 서로 다른 모습을 보여야 한다. 멀리서 보면 엄숙한 사람, 가까이 다가가면 따뜻한 사람, 말을 들어보면 합리적인 사람.
- 군자는 말은 어눌하지만 행동은 민첩하다.
- 사오십대가 되어도 그 이름이 알려지지 않는 사람은 두려워할 것이 못 된다.
- 자라나는 후배들을 두려워하라.
- 한 사람에게 모든 것에 완벽하기를 바라지 마라.
- 예가 아니면 보지 말고, 예가 아니면 듣지 말고, 예가 아니면 말하지 말며, 예가 아니면 행동하지 말라.
- 아는 것을 안다고 하고 모르는 것을 모른다고 하는 것, 이것이 바로 아는 것이다.
- 좋은 약은 쓰나 병에 잘 듣는다. 충고는 귀에 거슬리나 행함에 효험이 있다.
- 아랫사람에게 묻기를 부끄러워 마라.
- 아는 척 하지 마라.
- 정직한 사람과 성실한 사람, 박학다식한 사람과 벗하면 유익하지만, 아첨하고 성실하지 못한 사람과 말 둘러대기를 좋아하는 사람과 벗하면 해롭다.
- 길거리에서 들은 말을 길거리에서 말한다면 이것은 덕을 잃는 것이다.
- 여러 사람이 미워할지라도 반드시 살펴보아야 하며, 여러 사람이 좋아할

지라도 반드시 살펴보아야 한다.

- 육포 한 묶음이라도 가지고 와서 가르침을 청하는 자를 내 일찍이 학생으로 받아들여 가르치지 않은 적이 없다.
- 삶도 모르면서 어떻게 죽음을 알겠는가?
- 오직 지극히 지혜로운 자와 어리석은 자는 변화시킬 수 없다.
- 초조해하지 말 것. 그리고 작은 이익에 휘둘리지 말아야 한다. 초조해하면 손해를 입고 조그마한 이익을 보면 큰일을 이룰 수 없다.
- 화합하되 획일하지 않는다.
- 옛것을 잊지 않고 새 것을 알면 스승이 될 수 있다.
- 듣기 좋게 말하고 얼굴빛을 좋게 꾸미는 자들 중에 착한 사람은 없다.
- 좋은 말로 꾸미고, 얼굴빛을 좋게 하고, 지나칠 정도로 공손한 태도를 보이는 사람을 경계하라.
- 말을 꾸미고 안색을 부드럽게 하고 약간 모자란 듯한 태도로 상대에게 알랑거리는 것은 수치스러운 일이다.
- 잘못했다면 고치는 것을 꺼리지 말아야 한다.
- 잘못을 알고도 고치지 않는 것을 바로 잘못이라고 한다.
- 아침에 도를 깨달았다면 죽어도 여한이 없다.
- 덕은 외롭지 않으니 이웃이 있다.
- 사람이 죽어갈 때는 그 말이 선하다.
- 지나친 것은 모자라는 것만 못하다.

- 군자는 두루 사랑하여 편애하지 않지만, 소인은 편애하여 두루 사랑하지 않는다.

- 군자는 태연하되 교만하지 않는다.

- 일을 대충대충 해서는 안 된다. 항상 성실함을 잃지 말아야 한다.

- 부하가 충분히 능력을 발휘할 수 있도록 해야 한다. 또한 작은 실수는 책망하지 말고 인재 발탁에 힘써야 한다.

- 마음속으로는 상대를 경멸하면서도 겉으로만 친구로 사키는 것은 수치스러운 일이다.

- 가난하면서 원한이 없기란 어렵고, 부자이면서 교만하지 않기란 어렵다.

- 여럿이 종일토록 모여 얘기를 한다면 그것은 의義에 미치지 못하고, 잡담으로 시간을 보낸다면 사람 구실하기가 어렵다.

- 먹고 마시며 머리도 쓰지 않고 빈둥거리고 있을 바엔 도박이라도 하는 것이 낫다.

- 군자는 본래부터 곤궁하다. 소인은 곤궁하면 흐트러진다.

- 죽음은 피할 수 없다. 죽음은 피할 수 없지만 이 사회에서 보람이 없어진다면 살아도 그 보람이 없을 것이다.

- 남에게는 관대하고 자신에게는 엄격해야 한다.

- 지혜로운 자는 당황하지 않고, 어진 자는 근심이 없으며, 용기 있는 자는 두려움이 없느니라.

- 임금의 신임을 얻은 후에 바른 말로 간할지니, 신임이 없이 간하면 자기를 비방하는 줄로 여길 것이다.

- 군자는 자신이 알지 못하는 일에 대해서는 말을 않고 내버려두는 법이다……. 그러므로 군자는 명분을 세우면 반드시 말로 설명할 수 있고, 말로 설명하면 반드시 실행할 수 있는 것이다. 군자는 자신의 한 말에 대해서는 구차한 경우가 없어야 한다.

- 자로가 키신 섬기는 도리를 물어 보자 공자가 말했다. "아직 사람 섬기는 도리도 모르는데 어찌 키신 섬기는 도리를 알겠느냐?" 자로가 이번에는 죽음에 대해 묻자. "아직 삶의 도리도 깨치지 못했는데 어찌 사후의 일을 알겠느냐?"

- 나는 성인을 만나지 못했다. 군자라도 만날 수 있다면 좋겠다.

- 화합이 가장 키하다.

- 군자는 서로 화합하되 사욕을 도모하지 않으며, 소인은 사욕을 도모하되 남과 화합하지 못한다.

- 군자는 화합하나 똑같지 아니하고, 소인은 같으나 화합하지 않는다.

- 지혜로운 사람은 물을 좋아하고, 어진 사람은 산을 좋아한다.

- 세상의 모든 것이 이처럼 흐르는 물과 같으니 밤낮없이 잠시도 쉬지 않고 흘러가는구나.

3. 어떤 명언이 좋은지 한 번 써보시고 그 이유를 말해 보세요.

3부
장자

1. 장자의 사상

　노자의 자연주의를 물려받은 장자는 노자의 작은 공동체적인 삶과는 달리 철저하게 세속을 벗어나 자연과 하나가 되기를 희망한다. 그는 일국의 재상 자리마저 거부하고 더러운 도랑에서 유유자적하기를 희망한다. 자신의 행복을 위해서라면 세속에서 벗어난 철저한 자유주의자가 되고 싶은 것이다.

　세상에서 인재가 되면 쓸모 있는 나무가 잘리 듯 언제든 잘릴 것이지만 쓸모없는 인간이 되면 그럴 위험성이 없어진다. 이것은 분명 우리들의 세속적인 삶과 다른 역발상이다. 우리는 똑똑해야 잘 산다고 생각하지만 장자는 똑똑할수록 위험한 삶을 산다고 역설하고 있는 것이다. 그래서 장자는 세상에 대해 어리석게 살라고 충고하고, 그러면서도 자연의 도에 순응하여 세상에서 오는 불행을 차단하고자 하였다.

　그리고 자연에 순응하기 위해 인간적인 관점에서만 세상을 보지 말라고 충고한다. 우리가 물고기처럼 물속에서 살 수 없는 것처럼 자연이 준 본성에 맞게 살아야 한다는 것이다. 이런 자연의 도를 무시하고 세속에 목메고 사는 것은 불행의 씨앗이 된다. 그런 불행을 차단하는 것은 자연의 이치를 깨닫고 그에 따라 행동하는 것이다. 그래서 그는 죽음마저도 인간의 고향인 자연으로 돌아가는 것이니 슬퍼할 것이 아니라 오히려 기뻐해야 한다고 하였다.

　그런 장자의 재기 넘치는 이야기를 들어보자.

2. 장자의 명언들

- 초나라 위왕이 장자가 현명하다는 소리를 듣고선 사자를 시켜 재상이 되어줄 것을 허락해 달라는 뜻을 전하자, 장자는 사자에게 웃으면서 답했다.
"천금은 거액이요, 재상 자리는 존귀한 자리입니다. 그러나 키하는 제사 때 희생으로 잡은 소를 보지 못했습니까? 소는 몇 해 동안 잘 먹고 수놓은 비단옷을 입어 '이제야 비로소 홀로 자유를 즐기는 소가 되겠지' 생각하겠지만 어찌 마음대로 되겠습니까? 당신은 빨리 돌아가 더 이상 나를 모독하지 마시오. 나는 차라리 이 더러운 도랑에서 자유를 즐길지언정 정치가의 굴레에서 매어있기는 싫소."

- 장자가 여기저기 꿰맨 자국투성이인 삼베옷을 입고 짚신을 신은 채 위왕을 만났다. 위왕이 물었다.
"선생께서는 어찌하여 이토록 괴롭게 사십니까?"
"나는 가난할 뿐, 괴로운 것이 아닙니다. 선비가 도덕을 지니고도 행하지 못한다면 그게 바로 괴로운 것이지요. 옷이 해어지고 신발에 구멍이 난 것은 가난한 것이지 괴로운 것이 아닙니다……"

- 세상 사람들이 키하게 여기는 것은 부귀와 장수와 행운뿐이다. 좋아하는 것은 몸이 편안한 것, 맛있는 것, 화려한 옷차림, 색욕을 충족하는 것, 좋은 음악 따위이다. 싫어하는 것은 가난과 천함과 질병 따위이다. 고생이라 여기는 것은 몸이 편하지 않는 것, 좋은 음식을 먹지 못하는 것, 화려한 옷차림을 하지 못하는 것, 색욕을 충족시키지 못하는 것, 좋은 음악을

듣지 못하는 것, 등이다. 즉 형체가 있는 것의 만족을 얻지 못하면 크게 걱정하고 근심한다. 이러한 처사는 매우 우둔한 것이 아닐 수 없다.

- 물고기는 물속에 살지만, 사람은 물속에서 죽는다.
- 물고기가 물을 얻어야 사는 것처럼, 인간은 도道를 얻어야 한다. 물을 얻기 위해서는 웅덩이를 파서 그 곳에 물을 채우면 되듯이, 도를 얻어 오래 살려면 어떤 것에도 안달하지 않고 정해진 대로 살면 된다. 그러므로 물고기는 물속에 살고 있다는 사실을 잊고, 사람은 도道속에 살고 있음을 잊는다.
- 행복은 간단한 삶과 만족에서 온다.
- 뱁새가 깊은 숲속에 둥지를 트는 데는 나뭇가지 하나면 충분하다.
- 현자는 온 세상의 황제가 되는 것보다 외딴 산천에 둑에 앉아 있는 것이 낫다.
- 궁窮해도 즐기고, 통通해도 즐긴다.(곤궁해도 인생은 즐기고 살아야 한다는 것)
- 그대가 자연에 따라 처신한다면, 슬픔이나 기쁨이 끼어들 수 없다.
- 숲 속의 장끼는 열 걸음 만에 벌레 한 마리를 잡아먹고, 백 걸음만에 물을 마실 수 있어도, 우리 속에 갇히기를 원치 않는다. 정신적 자유를 누리는 것이 훨씬 좋은 것이다.
- 옛날, 갈매기 한 마리가 노나라 교외로 날아왔다. 노나라 제후가 즉시 신하를 시켜 그 새를 모당으로 모시고 가서 연회를 베풀었다. 임금이 친히 지은 구소라는 음악을 연주하고 소와 양, 그리고 돼지로 만든 훌륭한 음식으로 대접하였으나, 그 새는 눈이 부시고 아찔하여 먹으려고 애만 쓸 뿐 고기 한 점 물 한 잔 먹지 못하고 사흘 만에 굶어 죽고 말았다. 이런

처사는 자기에 맞게 새를 키운 것이지 새의 뜻이나 본성에 맞게 기른 것이 아니다.

- 무릇 호랑이를 기르는 자는 호랑이에게 적당한 먹이를 주어, 호랑이의 거친 야성이 드러나지 않게 해야 한다. 그러므로 호랑이를 키우는데 있어서는 호랑이의 성품에 따라 잘 키우면 순응하지만, 자칫 호랑이의 성질을 거스르면 위험하기 짝이 없다.

- 자연적인 것은 안에 있고, 인위적인 것은 밖에 있다. 그러면 무엇을 자연적이라 하고 무엇을 인위적인 것이라고 할 것인가? 소와 말은 네다리를 가지고 있다. 이것을 자연적이며, 말머리에 멍에를 얹고 소의 코에 고삐를 꿰는 것은 인위적이다. 그러므로 사람은 자연을 해치지 말아야 한다. 계획과 계책 등에 의해 운명을 거스르지 않아야 한다. 또 세속적 허영으로 삼아서도 안 된다.

- 공명을 바라지 말고, 계략을 꾸미지 말라. 번거로운 세속의 일을 맡지 말며, 영악한 지혜의 주인이 되지 말라. 다함이 없는 도와 하나가 되어 비방도 칭찬도 없는 자유의 세계에 노닐며, 하늘로부터 받은 자신의 몸을 잘잘 지키고, 세속의 이익을 얻으려 다투지 말며, 오직 마음을 비우고 욕심을 없애는 것이 좋다.

- 모든 것이 형통하고 벼슬과 재물이 함께 닥치면 부자가 되지만, 사물이 주는 이득은 자신의 것이 아니며, 자신의 명命은 그것에 속해 있지 않다. 군자는 도둑질을 하지 않으며, 현명한 사람은 남의 것을 탐하지 않는다. 그러니 내가 취한다면 어떻게 되겠는가?

- 소인은 재물 때문에 목숨을 버리고, 선비는 명예 때문에 목숨을 버리고, 대부는 나라를 지키기 위해 목숨을 버리고, 성인은 천하를 위해 목숨을 버린다.

- 찾아오는 부키는 물리칠 수 없고, 떠나가도 막을 수 없다. 얻고 잃는 것이 나에게 있는 것이 아니라고 생각하니, 아무 근심이 없다. 더구나 존귀한 것이 재상이라는 벼슬에 있는 것이라면 나와 상관없는 일이고, 존귀함이 내게 있다면 벼슬과는 상관없는 일이다. 나는 유유자적하며 사방을 들러보고 있으니, 인간의 키천을 돌아볼 겨를이 어디 있겠는가?

- 천지 사방을 출입하고, 온 세상을 노닐며, 마음 내키는 대로 홀로 갔다 홀로 돌아온다. 이것을 '독유獨有'라 하며, 독유의 인간이야말로 가장 존귀한 것이다.

- 기夔(다리 하나 밖에 없는 전설상의 동물)는 지네를 부러워하고, 지네는 뱀을 부러워하고, 뱀은 바람을 부러워하고, 바람은 눈을 부러워하고, 눈은 마음을 부러워하고, 마음은 기를 부러워한다.

- 합하는가 하면 떨어지고, 이루어지면 무너지고, 깨끗하게 몸을 지키면 수치를 당하고, 존귀하면 구설수에 오르고, 유능하면 방해를 받고, 현명하면 책략에 의해 함정에 빠지며, 어리석으면 사기 당한다. 어떻게 어느 것이 좋다고 하여 근거로 삼을 수 있을까? 슬픈 일이다. 잘 새겨두어라. 인간이 의지해야 할 곳은 오직 도덕의 고향(자연의 도)이라는 것을!
  스스로 나타나는 자는 아무 것도 이룰 수 없고, 설사 이룬다 해도 곧 허물어질 것이다. 명예를 얻어도 보잘 것 없이 될 것이다.

- 마음을 비우고 간단히 살아라.

- 마음을 비우고 상대방을 대하라(소통하라).

- 사람은 흐르는 물을 거울삼지 않고 가라앉은 물을 거울삼는다.

- 곧은 나무는 먼저 잘리고 달콤한 샘물은 먼저 말라 버리는 법이니, 선생께서도 자신의 지식과 지혜를 감추고 어리석은 척하며 깨끗한 몸가짐으로 밝게 행동하여 떳떳하면 아무런 해도 입지 않을 것이오.

- 내가 잠시라도 쓸모가 있었다고 한다면, 이토록 오래 살 수 있었는가?
- 사람들은 모두 쓸모 있는 것의 쓸모 있음만 알지 쓸모없는 것의 쓸모 있음을 알지 못한다.
- 나는 도대체 나를 무엇에 비교하여 쓸모가 없다고 하는가? 어차피 인간에게 쓸모가 있는 나무와 비교한 것이지. 과연 배나무나 탱자나 무처럼 열매가 있는 나무는 너희들에게 쓸모가 있을 것이다. 그렇지만 열매를 맺기 때문에 가지가 부러지고 잡아 채여서 천수를 누리지 못하고 죽는다.
- 먹이를 노리는 것은 또한 자신의 먹이가 된다는 건가. 이득을 좇는 것은 손해를 초래한다. 위험하다. 위험해.
- 사물은 연관되어 서로 간에 먹이사슬을 이루고 있다.
- 신령스런 거북은 원군의 꿈속에 나타나도 여저의 그물을 피하지 못했다. 72가지 정확한 점괘를 가지고도 죽음을 피하지 못했으니 명확한 지식으로도 알 수 없는 어려움이 있고, 영묘한 정신으로도 피할 수 없는 재난이 있다. 비록 대단한 지혜가 있다고 해도 많은 사람의 계략을 당해낼 수 없다. 물고기가 그물을 피한다 해도, 물새가 노리고 있다. 작은 지혜를 버리면 큰 지혜를 얻고, 눈에 보이는 선을 버리면 저절로 선해진다. 갓난아기는 날 때부터 스승이 없어도 말을 할 줄 안다. 이것은 말하는 사람과 함께 있기 때문이다.
- 통발은 물고기를 잡는 도구이다. 그러나 물고기가 잡히면 통발은 잊혀진다. 덫은 토끼를 잡기 위한 도구이다. 그러나 토끼가 잡히면 덫은 버려진다. 말은 생각한 바를 전달하기 위한 수단이다. 그러나 마음에서 생각한 것을 전달하고 나면 잊혀 지게 된다. 세상에서는 진정으로 생각한 것보다 허위에 찬 말을 소중히 한다. 우리는 언제 어디서 말을 잊어버린 사람과 만나 마음이 서로 통할 수 있을까.

- 스스로 장점은 스스로의 생명을 단축시킨다. 다시 말해서 스스로 원해서 세속에 유린당하는 것이다. 무릇 이 세상의 사람이나 사물 모두 유용하다며 똑같은 어리석음을 반복하고 있는 것이다. 그렇지만 나는 다르다. 나는 오늘날까지 쓸모없으려고 노력해왔다. 천수를 마치려는 이 순간이 되어서야 겨우 쓸모없는 나무가 될 수 있었다. 만일 내가 쓸모 있었다면 벌써 옛날에 베어졌을 것이다.

- 우리는 자신의 관점을 마치 모든 것이 그것에 달려 있는 것처럼 집착한다. 그러나 우리의 의견은 영원하지 않다.

- 아는 사람은 말이 없고, 말하는 자는 모르는 것이다. 그래서 '성인'은 말하지 않고 '무언의 가르침'을 행한다.

- 우물 속의 개구리에게 큰 바다 이야기를 해줄 수 없는 것은, 개구리가 언제나 좁은 장소에 있기 때문이다. 여름철의 하루살이에게 얼음 이야기를 해 줄 수 없는 것은, 여름철의 벌레들이 얼마 안 되는 짧은 기간밖에 살지 못하기 때문이다. 이와 마찬가지로 견문이 좁은 사람에게 도道를 이야기 해 줄 수 없는 것은, 그 사람이 세속적 가르침에 구애받고 있기 때문이다.

- 진정으로 무지하려면 자신의 지식에 만족하는 것이다.

- 기준은 만물에 따라 다르므로 인간이 정한 기준은 결코 확실한 기준이 아니다. 만일 상대적인 것을 확실한 것으로 착각한다면 궁극적인 진실과는 멀어진다.

- 사물은 본디 하나인데, 인간은 사물의 좋고 나쁨을 구별하려고 자기 마음을 괴롭힌다. 이것이 바로 조삼모사다.

- 나와 그대는 똑같이 세상에서 없어지는 사물에 불과할 뿐인데, 사물들끼리 쓸모 있고 없음을 단정하고 판단하는 것 자체가 어리석다고 봅니다.

- 사람은 짐승 고기를 맛있게 먹고, 사슴은 풀을 뜯고, 지네는 뱀을 먹으며, 까마귀는 쥐를 즐겨 먹지. 이 넷 가운데 어느 것이 맛을 알고 있단 말인가? 원숭이는 암놈과 짝을 맺고, 미꾸라지는 물고기와 함께 헤엄을 치고 다니지. 애희와 여희를 두고 미녀라 하지. 그 미녀를 본 물고기가 물속으로 숨고, 새는 놀라 날아오르고, 사슴은 필사적으로 달아나지. 과연 이들 가운데 누가 세상의 아름다움을 안단 말인가?

- 산의 나무는 스스로를 베고, 기름은 스스로를 다 태워버린다. 계수나무는 먹을 수 있어서 베이고, 옻나무는 칠이 방부제로 쓰이기 때문에 사람들이 그어 댄다. 쓸모 있는 것의 용도만 알 뿐, 쓸모없는 것의 용도는 모른다.

- 동시(추녀)가 서시(미인)의 찡그린 얼굴을 따라하다가 더욱 추녀가 되었다.

- 설결이 왕예에게 물었다.
"사물의 진가가 같다는 것을 아시는지요?"
"난 그런 건 모른다!"
"그럼 왜 모르고 있는지 아시는지요?"
"난 그것도 모른다!"
"그렇다면 인간은 원래부터 사물의 진가를 몰랐을까요?"
"그런 건 모른다니까! 그러나 시험 삼아 말한다면, 내가 알고 있다고 생각하는 사실이 알지 못하는 것인지도 모르며, 내가 모른다고 생각하는 것이 사실은 알고 있는 것인지도 모른다. 그것을 인간이 판단할 수는 없다고 생각한다. 이제는 내가 네게 물어 보겠다. 사람이 습기가 많은 곳에 살면 허릿병이 생기고 반신불수가 되기 쉬운데, 미꾸라지도 과연 그럴까? 사람이 높은 나무 위에서 살면 떨어질까 두려워 손발을 꼼짝하지 못하는데, 원숭이도 과연 그럴까? 그렇다면 이 셋 가운데 누가 올바른 거처를 정하고 사는 것일까?"

- 통찰력이 있는 내면의 눈, 내면의 키를 이용하여 사물의 핵심을 꿰뚫으면 지적인 지식은 필요 없다.

- 좌망이란 오체에서 힘을 빼고 모든 감각을 없애며 심신 모두 공허한 상태로 만들어 '도'의 작용을 받아들이는 것이다. '도'의 작용을 받아들이면 시비선악의 감정에 휘둘리지 않고 '도'와 함께 변화하여 무한한 자유를 획득할 수 있을 것이다. 그건 그렇고 너는 거기까지 이미 나아갔는가? 나도 뒤처지지 않도록 노력해야겠다.

- 동곽자가 장자에게 물었다.
  "당신이 말한 도는 도대체 어디 있소?"
  "없는 곳이 없지요."
  "예를 들어 분명히 말해 주시오."
  "벌레 속에 있소."
  "그럼 아주 천한 것이구려."
  "피 속에도 있소."
  "점점 형편없어지는 구려."
  "기왓장에도 있소."
  "갈수록 태산입니다."
  "똥오줌 속에도 있소."
  동곽자는 더 이상 대꾸하지 않았다.

- 위대한 변론은 말로 하지 못하고, 위대한 어짊은 어질지 않은 듯하다.

- 모르는 사람이 깊고, 아는 사람은 얕은 것이다. 안다고 하는 것은 속은 모르고 거죽만 알고 있는 것이다.

- 사람들이 무시해야 할 것은 무시하지 않고 무시해서는 안 될 것을 무시하는 것을 무지라고 한다.

- 배우려는 자는 그가 배울 수 없는 것을 배우고, 실천하는 자는 실천할 수 없는 것을 행하고, 변론하는 자는 변론할 수 없는 것을 밝히며, 지혜는 알지 못하는 것을 얻고자 해야 한다. 그렇지 않으면 본성을 잃고 말 것이다.

- 사람들은 자기가 영리한 체하며 온갖 노력을 기울이지만, 성인은 어리석은 자처럼 사물을 알려고 하지 않는다. 만년에 걸친 세월을 두고 구별도 없이 서로 어울려 하나를 이룬다.

- 발로 밟은 땅은 신발 크기에 불과하다. 그리고 밟지 않은 땅을 의지하지 않는다면 멀리 나가지 못한다. 사람이 아는 것이 매우 제한적이다. 그래서 모르는 것에 의지해야만 도를 알게 된다…… 깨닫지 못한 것 같고, 아는 것도 모르는 것 같은 무심無心의 지知가 참된 지다.

- 작은 지혜는 큰 지혜를 따를 수 없고, 짧은 생명은 긴 생명을 따르지 못한다. 아침에 태어났다가 저녁에 죽는 하루살이는 초하루와 그믐 사이가 한 달이라는 것을 알지 못하고, 매미는 봄과 가을을 알지 못한다.

- 재주가 많은 자는 피곤하고, 지식이 많은 사람은 걱정이 많다. 무능한 사람은 바라는 것이 없어 배불리 먹고 여기저기 놀러 다닌다.

- 물고기가 아닌데 어찌 물고기의 즐거움을 안단 말인가?

- 인간의 일손을 트지 않게 하는 약은 쓰는 용도에 따라 쓰는 가치가 달라진다.

- 남을 업신여기며 자신의 능력을 과시하는 것이야말로 위험한 일이다.

- 자기가 사랑한다고 상대방도 그 사랑을 이해하는지 어떤지는 알 수 없는 노릇이니, 조심해야 한다.

- 생은 유한한데, 알아야 할 것은 무한하다. 유한한 일생으로 무한한 사물

을 다 알려고 애쓰면, 일생을 허비하게 될 뿐이다. 그럼에도 불구하고 지혜를 쓰려고 하는 자는 일생을 망치려는 것이다. 그러므로 좋은 일을 행해도 세상의 좋은 평판을 얻지 않고 나쁜 일을 해도 형벌을 받지 않는 것처럼, 어느 쪽으로도 치우치지 않고 자신의 내면을 법으로 삼아야 한다. 그렇게 하면 타인으로부터 비난을 받지 않고 자신을 재앙으로부터 지킬 수 있으며, 집안을 평화롭게 하여 부모를 섬기는 것도, 타고난 수명을 다하는 것도 가능하다.

- 도를 체득한 사람이 있어야 비로소 참된 앎이 성립한다. 어떤 사람을 진인이라 하는가? 옛적에 진인은 상대방이 약하다고 학대하지도 않았고, 자신이 강하다고 뽐내지 않았으며, 뛰어난 선비를 뽑아 그들을 부리려 하지도 않았다. 그와 같은 사람은 잘못이 있더라도 그것을 마음에 새겨 두지 않고, 일이 잘 되어 가도 크게 기뻐하지 않았다. 아무리 높고 위험한 곳에 오르더라도 두려워하지 않고, 큰 불 속에 들어가더라도 타지 않으며, 어떤 일에도 마음이 움직이지 않았다. 결국 그 지혜가 도에 이르면, 이처럼 어떤 경우에도 그 행동이 일정하다.

- 사람들은 영리한 체하며 온갖 노력을 기울이지만, 성인은 어리석은 자처럼 사물을 알려고 노력하지 않는다. 만년에 걸친 세월을 두고 구별도 없이 하나로 어울리게 된다. 세상 만물이 각기 성장하여 서로 간의 구별이 없이 어울리는 것이다. 우리는 살아 있는 것이 기쁨이라고 잘못 생각하고 있는지도 모른다! 죽는 것을 슬픈 일이라고 생각하여 꺼리고 싫어하는 것은, 마치 어릴 때 고향을 떠나 객지를 떠돌며 고향을 돌아가지 않는 것과 다르지 않은가!(최고의 행복은 물아일체의 경지)

- 남쪽 나라로 항해를 할 때 봉황이 해면 3천리에 날개를 날면 바람을 타고 9만리 높이로 올라간다.

- 어떤 것이든 변화하지 않으면 죽는다.

- 대지가 기운을 토해내면 그것이 바로 바람이다. 바람이 일면 대지의 모든 구멍이 소리를 내지 않는 것이 없다. 산림이야말로 훌륭한 연주자다. 모든 나무의 구멍들, 즉 코, 입, 키, 두공, 그릇, 절구, 깊은 웅덩이, 얕은 웅덩이처럼 생긴 구멍들이 꾸짖는 소리, 물이 바위에 부딪히는 소리, 우는 살처럼 날카롭고 높은 소리, 숨소리, 외치는 소리, 울부짖는 소리, 그윽한 소리, 새가 지저귀는 소리처럼 울려 퍼진다. 앞서는 소리에 뒤따르는 소리가 서로 조화를 이루고, 찬바람은 작은 조화를 이루고, 더운 바람은 큰 조화를 이룬다. 사나운 바람이 불면 모든 구멍은 잠잠해진다. 사나운 바람이 지나간 뒤 부드러운 바람이 조화를 이루는 경우를 보지 않았느냐?

- 수영에 능한 자라면 곧 할 수 있다는 것은 물을 의식하지 않기 때문이다. 잠수의 명인이라면 금세 다룰 수 있는 것은 강물도 육지와 같다고 생각하기 때문이다. 그렇기에 눈앞에 어떤 사태가 일어나도 마음이 동요되지 않는다. 항상 태연자약하게 대처할 수 있다.(행복은 자연과 하나가 되는 것을 강조)

- 신발을 신고 있다는 것을 모르게 해주는 신발이 가장 잘 맞는 신발이며, 두르고 있다는 생각을 느끼지 않게 하는 허리띠가 가장 잘 맞는 허리띠다. 마찬가지로 사람의 지혜가 사물의 좋고 나쁨을 생각하지 않게 되어야만, 편안함을 유지하며 정신도 변함이 없다. 그래야 밖의 사물에 흔들리지 않고 화합의 즐거움을 누릴 수 있다.

- 술 취한 사람은 수레에서 호되게 떨어져도 죽지 않는다. 뼈마디는 여느 사람과 같지만, 입는 해는 다르다. 그것은 정신이 그에게 있지 않기 때문이다. 수레에 탄 것도 모르고 떨어진 것도 몰라 생사의 공포 따위가 마음속에 들어 갈 수 없기 때문에 떨어져 죽지 않는다. 그것은 술에 취해 자신을 망각했기 때문에 자연의 보호를 받는다.

- 역경에도 불만을 품지 않고 영달을 기뻐하지도 않고 만사를 있는 그대로

맡기며 작위를 부리지 않는다. 실패해도 걱정하지 않고 성공해도 의기양양하지하지 않는다.

- 성공을 원한다면 실패를 받아들여야 한다.

- 이해관계로 맺어진 사람들은 곤경에 처하면 서로를 버리고 만다.

- 오동나무가 아니면 봉황새는 내려앉지 않는다.

- 마음은 거울 같은 것이다. 자신은 전혀 움직이지 않는다. 오는 것은 그대로 비추지만, 떠나버리면 어떤 흔적도 남기지 않는다. 따라서 어떤 사태에도 대응할 수 있으며 또한 상처도 입지 않는다.

- 인간이 일단 이 세상에 태어나 신체를 갖추면, 곧 죽지 않는다 해도 머지 않아 다하여 없어진다. 신체는 세상일에 몹시 부대끼고 시달려, 그 없어져 가는 것이 마치 말이 달리듯 빠르며, 그 누구도 그것을 멈추게 할 수 없다. 참으로 슬픈 일 아닌가? 평생 고생하며 애쓰면서도 성공하지 못하고, 피로하고, 지치고 병들면서도 가는 곳이 어디인지 모른다. 그런데도 사람들은 '인간은 헛되이 죽는 것은 아니다'라고 하는 데, 그것이 무슨 보탬이 되겠는가?

- 과거와 미래에 매몰 되어 현재를 잃지 마라.

- 오래 살면 욕먹을 일이 많아진다.

- 노담(노자)가 죽자, 진실이 문상을 갔다. 그는 세 번 소리내어 울면서 노담의 죽음을 슬퍼한 다음, 곧 나와 버렸다. 그러자 그의 제자가 물었다.
"저 분은 선생님의 친구 분이 아니십니까?"
"맞다."
"그런데 문상의 예를 갖추지 않고, 그와 같이 하셔도 되는 겁니까?"
진실이 대답했다.

"괜찮다. 처음에는 나도 저들처럼 하는 것이 죽은 사람을 위한 것으로 생각했다. 그러나 지금은 그것이 옳지 않다고 생각하여 그냥 나온 것이다. 앞서 내가 방에 들어가 조문할 때, 나이를 먹은 사람들은 마치 자신의 자식이 죽은 것처럼 울며 아우성치고, 젊은 사람들은 부모가 죽은 것처럼 아우성쳤다. 저들이 이곳에 모인 것은, 애도하지 않아도 되는데 굳이 떠들고, 울고불고할 필요가 없는데 굳이 탄식하고 슬퍼하기 위해서다. 이것은 자연스런 인간 생사의 진실함에 어긋나며, 인간이 부여받은 명을 잊은 것이다. 옛날에는 이것을 아무도 피할 수 없는 하늘의 정함을 피하려는 극악한 죄라고 했다. 우연히 이 세상에 왔던 것은 선생께서 때를 얻었던 것이며, 또 우연히 이 세상을 떠난 것은 선생께서 때의 흐름에 따른 것이다. 이처럼 생사를 마음 편히 때의 흐름에 맡겨 두면, 죽음을 슬퍼하고 태어남을 즐거워하는 것과 같은 어리석은 감정이 끼어들 여지가 없다. 옛날에는 이처럼 때의 자연스러운 흐름에 모든 것을 맡기는 것을 '상제上帝가 내린 형벌로부터의 해방'이라고 했다."

- 인간의 생과 사는 피할 수 없는 운명이다.

- 우리는 살아 있는 것이 기쁨이라고 잘못 생각하고 있는지도 모른다! 죽는 것을 슬픈 일이라고 생각하여 꺼리고 싶은 것은, 마치 어릴 때 고향을 떠나 객지를 떠돌며 고향에 돌아가지 않는 것과 같은 것인지도 모른다.

- 한참 꿈을 꿀 때는 그것이 꿈인 줄 모른다. 꿈속에서 길흉화복을 점치는 경우도 있다. 그리고 눈을 뜨고서 비로소 꿈인 줄 안다. 무릇 큰 깨달음이 있어야, 이 세상도 큰 꿈을 것을 알 수 있다.

- 생각이 짧은 인간은 인간의 모습을 지니고 태어났다는 것만으로도 기뻐하지만, 그 인간의 모습이라는 것은 변화무쌍하여 제한이 없다. 따라서 그 기뻐함은 참된 즐거움이라고 할 수 없다.

- 죽음에는 군왕도 신하도 구별이 없다. 사계절도 없고 다만 천지와 함께

할 분이다. 천지의 봄가을이 나의 봄가을이라, 이 같은 즐거움은 어디에 도 없다.

• 대지는 인간에게 형체를 주어 일을 하게 하고, 도는 삶을 꾸려 가게 하며, 늙으면 일에서 풀려나게 하여 죽음이라는 휴식에 들어가게 한다. 그러므로 현실에 주어진 생명을 키하게 여기는 것이 죽음을 평안하게 맞이하는 방법이다.

• 장자가 죽음을 맞이하였다. 제자들이 후한 장례를 치르기로 결정하자 장자가 이렇게 말했다.
"하늘과 땅을 관으로 삼고, 해와 달을 벽으로 삼으며, 별들을 진주로 삼고, 만물을 장례품으로 삼아라. 이보다 더 훌륭한 장례가 어디 있겠느냐?"
"까마키나 독수리가 스승님을 먹을까 두렵습니다."
"그렇다면 까마키나 독수리에게서 나를 빼앗아, 땅 속 개미 따위의 벌레들에게 가져다주려고 하느냐?"

• 장자가 말하는 사람들의 8가지 결점과 4가지 나쁜 버릇
사람에게는 여덟 가지 결점이 있고, 네 가지 나쁜 버릇이 있는데, 이를 분명히 하지 않으면 안 된다. 자신이 해야 할 일도 아닌데 멋대로 일에 나서는 것, 이를 주제넘는다고 한다. 일의 사정이나 상대방의 의향도 생각하지 않고 교묘히 자기 생각을 강요하는 것, 이것을 말재주가 있는 것이라고 말한다. 상대방의 기분을 맞춰가며 듣기 좋은 말만 하는 것, 이것을 알랑거린다고 말한다. 옳고 그름을 가리지 않고 남의 기분을 맞추기 위해 말하는 것, 이것을 아첨한다고 말한다. 즐거운 마음으로 남의 단점을 잘 들추는 것, 이것을 헐뜯는다고 말한다. 남들의 친밀한 교제를 이리저리 날 뛰며 깨뜨리는 것, 이것을 파괴한다고 말한다. 남을 칭찬하는 척하면서 나쁜 꾀로 남을 망하게 하는 것, 이것을 간교하다고 말한다. 좋은지 그른지를 판정하지 않고 양쪽 다 좋다고 하면서 자신에게 이로운 것만

을 취하는 것, 이것을 간악하다고 말한다. 이상의 여덟 가지 결점은 남을 어지럽힐 뿐 아니라 자신의 몸도 손상시킨다. 덕이 있는 군자는 이런 결점을 지닌 사람을 친구로 사키지 않고, 또 지혜를 갖춘 군주는 이런 사람을 신하로 부리지 않는다.

아까 말한 네 가지 나쁜 버릇이란 다음과 같은 것들이다. 엄청나게 큰 사업을 시작하고 싶어 하고, 게다가 관례를 깨트리며 상식으로 되어 있는 것마저 바꾸어 자신의 이름을 떨치려는 것, 이것은 주제를 모르는 것이라 한다. 자기만 알고 있는 것처럼 제멋대로 행동하고 다른 사람의 영역까지도 침범하기를 마다하지 않는 것, 이것을 욕심 부린다고 말한다. 자기의 잘못을 알면서도 고치지 않으며 남의 타이름을 들으면 오히려 크게 화를 내며 더 성질부리며 더 하는 것, 이것을 어그러지다고 한다. 자기의 생각과 같으면 그저 좋아하고, 자신과 다른 생각을 하면 그 사람의 행위가 선하더라도 그것을 선하다고 인정하지 않는 것, 이것을 교만함이라 한다. 이상이 네 가지 나쁜 버릇이다.

지금 말한 8가지 결점을 제거할 수 있고, 4가지 버릇을 없앨 수 있어야 비로소 가르침을 받을 수 있다.

3. 어떤 명언이 좋은지 한 번 써보시고 그 이유를 말해 보세요.

4부

맹자

1. 맹자의 사상

맹자는 공자의 도덕정치를 발전시킨 엄격한 도덕주의자다. 맹자는 성선설을 기반으로 공자의 도덕정치를 정당화하는 왕도정치를 주장했기 때문이다. 맹자는 인간의 선한 마음, 즉 측은지심, 시비지심, 수오지심, 사양지심을 가지고 태어났기 때문에 왕은 당연히 도덕정치를 해야 하고 백성들 또한 도덕적이어야 한다고 주장한다. 인간은 다른 사람의 불행을 보지 못하는 사회적 동물이기 때문이다. 그렇지 않고 착한 마음이 사라지고 개인의 욕망이 앞서는 이익 사회가 되면 힘이 지배하는 패도정치가 되고 억압과 폭거로 인해 인간미가 상실되는 불행한 사회가 된다. 남의 불행이 곧 나의 행복이 되는 것이다. 이런 불행한 사회를 막기 위하여 맹자는 이익보다는 도덕을 앞세워 인간미가 넘치는 사회가 되어야 한다고 말한다. 진정한 즐거움은 혼자서 즐기는 즐거움이 아니라 여럿이 함께 하는 즐거움이기 때문이다. 그는 도덕적 사회가 되기 위해 특별히 의로움을 강조하고 의로움을 위해 호연지기를 기를 것을 주문하였다. 호연지기란 큰 용기로써 호연지기가 있을 때 비로소 대의를 수행할 수 있는 대장부가 될 수 있다고 말한다.

그럼 그의 도덕주의적 가르침을 직접 들어보자.

2. 맹자의 명언들

- 나는 나이 사십에 흔들리지 않는 마음을 가졌다.

- 곤궁하면 혼자서 자신을 선하게 해나갔고, 잘 되면 천하를 모두 선하게 해나갔다.

- 작은 것 때문에 큰 것을 해치거나 천한 것 때문에 귀한 것을 해쳐서는 안 된다. 작은 것에 집착하는 사람은 소인이고, 큰 것을 기르는 사람은 대인이다.

- 어째서 이익, 이익이라고만 말씀만 하십니까? 중요한 것은 인의입니다. 왕은 나라의 이익만 생각하고 중신은 일가의 이익만 생각하고, 관리와 서민은 자신의 이익만 생각하여, 각각의 이익만 추구하기에 나라가 망하는 것입니다. 만석을 가진 나라의 왕을 죽이는 것은 틀림없이 천석을 받는 중신이며, 천석을 가진 나라의 왕을 죽이는 것은 틀림없이 백석의 녹을 받는 중신입니다. 만석의 나라에서 천석의 녹을 받고, 천석의 나라에서 백석의 녹을 받으면 부족함이 없을 것입니다. 그런데도 만족하지 못하고 나라 전체를 약탈하려 함은 인의를 무시하고 이익을 첫 번째로 생각하기 때문입니다. 인의 마음가짐으로 부모를 버린 예가 없고, 의를 따르면서 주군을 무시한 적은 없습니다. 왕이여 어떻게든 인의를 말해야지 어찌 이익, 이익이라고만 하십니까?

- 마음을 곱고 바르게 가지려면 욕심을 줄여야 한다.

- 하늘의 때를 얻었다고 해서 땅의 이익을 얻을 수 없고, 땅의 이로움을

얻었다 해도 사람의 조화가 없으면 성공할 수 없다.

- 하늘의 기상조건은 지리(지형적 조건)만 못하고, 지리는 인화만 못하다.
- 인간이라면 누구나 아름다운 마음씨를 가지고 있다.
- 사람이라면 모두 다른 사람의 불행을 차마 두고 보지 못하는 마음을 가지고 있다.
- 내가 사람에게는 모두 남을 동정하는 마음이 있다고 말하는 이유는 이제 우물에 빠지려고 하는 어린 아이를 본다면 사람들은 모두 놀라고 측은해 하는 마음을 갖기 때문이다.
- 측은해하는 마음은 인의 단서이고, 부끄러워하는 마음은 의의 단서이고, 사양하는 마음은 예의 단서이고, 시비를 가리는 마음은 지의 단서이다.
- 진정한 즐거움이란 혼자서 즐기는 것이 아니라 여럿이 함께 하는 것이다.
- 사람은 반드시 자신을 모욕한다면 남도 그를 모욕하기 마련이다.(자신을 존중할 줄 모르면 남들에게 존중받기 어렵다.)
- 자기 수양을 하여 남을 편안히 해준다.
- 널리 은혜를 베풀면 세상을 평안하게 할 수 있고, 널리 은혜를 베풀지 못하면 처자를 지키지 못한다.
- 일정한 생활 근거가 없어도 일정한 마음을 갖는 것은, 오직 선비만이 그렇게 할 수 있다. 일반 백성의 경우, 일정한 생활 근거가 없으면 일정한 마음이 없게 됩니다. 일정한 마음이 없게 되면 방탕, 편벽, 사악, 사치 등 못하는 것이 없게 됩니다.
- 삶 또한 내가 바라는 것이지만, 삶보다 더욱 바라는 것이 있기 때문에 삶을 버리기까지 하는 것이다. 죽음 또한 내가 싫어하는 것이지만 죽음보

다 더한 것이 있기 때문에 죽음을 피하지 않는다…… 밥 한 공기와 죽 한 그릇에 생사가 달린 경우라 할지라도 욕설을 퍼부어준다면 아무리 떠돌이 거지라도 그것을 마다할 것이다.(인격의 존엄성이 삶과 죽음보다 높다는 말)

- 도는 가까운 것에 있건만 먼 데서 찾는다.

- 임금이 신하 대하기를 자기의 손발같이 대하면 신하도 임금을 배와 가슴처럼 여길 것이고, 임금이 신하 대하기를 쓰레기같이 대하면 신하도 임금을 원수처럼 대한다.

- 오직 어진 자만이 크면서도 작은 것을 섬길 수 있다. 오직 지혜로운 자만이 작으면서 큰 것을 섬길 수 있다.

- 생각을 하면 우리는 성공을 거두게 되고 생각을 하지 않으면 우리는 실패한다.

- 훌륭한 인격과 빼어난 재능은 환란 속에서 연마된다.

- 머리로 일하는 사람은 남을 다스리며 육체로 일하는 사람은 남에게 다스림을 받는다.

- 지성을 다하면 감동하지 않는 자가 없다.

- 다른 사람을 접할 때 애정을 쏟아도, 상대방이 자신에게 친숙함을 느끼지 못하면 자신이 인(仁)으로써 교제하는지를 반성하라. 이끌려 해도 상대가 따르지 않으면 뛰어난 지혜로써 이끌었는가를 반성하라. 노력해도 보상을 받지 못하면 원인이 자신에게 있지 않는가를 반성하라. 자신이 오르지 못하면 천하의 사람들을 복종시킬 수 없을 것이다.

- 하늘을 우러러 부끄럼 없고 아래를 굽어보면 사람들에게 꺼리길 것이 없다.

- 자신의 원칙을 굽히는 자는 지도자가 되어도 바르게 이끌지 못한다.
- 덮어놓고 책을 믿으면 오히려 책이 없는 것보다 못하다.
- 거처하는 환경이 기상을 바꾸고, 봉양하는 것이 몸을 바꿔 놓으니, 대단하구나. 거처하는 환경의 힘이란! 다 같은 사람의 아들이 아닌가?
- 하늘이 내린 재앙은 피할 수 있어도 자기가 불러들인 재앙은 결코 피하지 못한다.
- 중단해서는 안 될 처지에서 중단하는 자는 무슨 일을 하든지 도중하차 한다.
- 오십보나 백보나 도망간 것은 마찬가지다.
- 깊이 팠는데도 물이 안 나온다고 해서 우물을 파는 것을 포기해서는 안 된다.
- 비록 좋은 농기구를 가지고 있더라도 때를 기다려 농사를 짓는 것만 못하다.
- 뒷전에서 남의 단점을 들춰 말하는 것은 군자의 도리가 아니다. 게다가 그런 짓을 하다가는 재앙을 불러오기 마련이며, 심하면 원수지간으로까지 발전한다.
- 가는 사람 뒤쫓지 말고, 오는 사람 거절하지 마라.
- 상대방을 알려면 눈을 보는 것보다 좋은 방법이 없다.
- 사람의 최대 병폐는 남의 스승이 되기를 좋아하고 남의 가르치기를 너무 좋아한다는 것이다.
- 자신의 덕을 소중히 하고, 의를 지킴에 기쁨을 느낀다면 쾌담해질 수 있다. 지도적 입장에 있는 자는 가난해도 의를 잃지 않고 영달을 하더라도

도에서 벗어나지 않는다. 가난해도 의를 잊지 않는다. 자존심을 지킬 수 있다. 영달하더라도 길에서 벗어나지 않으면 백성의 신망을 모으게 된다.

- 타당하지 않은 이야기를 들으면 상대방이 어느 부분을 감추고 있는지를 판단한다. 되지도 않는 말을 들으면 무엇을 속이고 있는지를 판단한다. 부정한 말을 들으면 어디에서 도리가 벗어났는지를 판단한다. 치고 도망 갈 이야기를 들으면 어디에서 막혀 있는지를 판단한다.

- 호연지기란 한없이 광대하고 한없이 강건한 것이다. 자신은 항상 옳은 일을 한다는 자신을 가지고 그것을 키워나가면 이윽고 그 기운이 천지 사이에 충만하다. 그러나 이는 도와 의가 있어야 비로소 존재하며, 그것이 없으면 곧 없어져버린다. 의를 반복해서 행하는 사이에 저절로 얻어지는 것이다. 어쩌다 의를 행했다고 얻을 수 있는 것이 아니다. 또한 마음에 꺼림직한 것이 있어도 없어져 버린다.

- 호연지기는 의로움義과 짝하는 것이다.

- 어진 자는 대적할 수 없다.

- 나를 굽혀 다른 사람을 아름답게 만들 수 없다.

- 내가 힘이 없을 때 힘이 있는 자에게 머리를 숙일 줄 아는 사대는 지혜로운 생존방식이고, 반대로 힘이 있는데도 작은 힘을 가진 이에게 머리를 숙이는 사소는 지혜로운 자들의 생존방식이다.

- '인仁'이라는 광대한 세계에 살면서 '예禮'라는 공정한 입장을 지키고 의라는 큰길을 걷는다. 금전에 이끌리지 않고 빈곤하여도 절조를 바꾸지 않으며 권력의 뜻을 빼앗기지 않는다. 이런 인물이야말로 훌륭한 사람, 즉 대장부라 할 수 있다.

- 사물에 이른 뒤에야 지식이 완전에 이르고, 지식이 완전에 이르고 난 뒤

에야 뜻이 성실해지고, 뜻이 성실하게 된 뒤에야 마음이 바르게 되고, 마음이 바르게 되고 난 뒤에야 몸이 닦이고, 몸이 닦인 뒤에야 집안이 바로잡히고, 집안이 바로잡힌 뒤에야 나라가 다스려지고, 나라가 다스려진 뒤에야 천하가 화평하게 된다.

- 훌륭한 인물은 자신의 발언에 충실하지 않는다. 또한 시작한 일을 반드시 끝까지 해나가지도 않는다. 다만 의로움을 따름뿐이다.

- 관직을 나가는 것은 생활을 위함이 아니다. 그러나 때로는 생활을 위해 관직에 나서야 하는 경우도 있다. 아내를 맞이하는 것은 신변을 돌보기 위함이 아니다. 그렇지만 때로는 신변을 돌보도록 하기 위해 맞아들여야 하는 경우도 있다.

- 나는 백이나 이윤과는 생활방식이 다르다. 백이는 그럴만한 군자라면 섬기고, 그럴만한 백성이라면 지도했다. 잘 다스려지는 세상이라면 정치를 하고 혼란한 세상이라면 은둔했다. 이윤은 누구를 섬기더라도 군주면 군주, 누구를 지도하더라도 백성은 백성이라고 구별하였으며 정돈된 세상이건 난세이건 정치를 했다. 이에 비해 공자는 섬겨야 할 군주는 섬기고, 피해야 할 때는 피하며 오래 머무르고 싶으면 머물렀고, 빨리 떠나야 할 때는 미련 없이 떠났다. 이 세 명은 모두 성인이다. 나는 아무리 해도 그 흉내를 낼 수 없다. 그러나 공자를 배우고 싶다.

- 정치를 하면서도 선왕의 도를 따르지 않으면 지혜롭다고 할 수 있겠는가.

- 큰일을 이루고자 하는 임금에게는 반드시 대하기 어려운 신하가 있다. (맹자: 오늘날 각 왕들은 모두 고만고만해서 걸출한 인물을 찾아 볼 수 없다. 그것은 자기보다 못한 사람만을 신하로 쓸 뿐, 자기보다 월등한 인물을 신하로 쓰지 않기 때문이다)

- 이치에 맞지 않으면 한 그릇의 밥도 받아서는 안 되고, 이치에 맞으면

순임금처럼 천하를 물려받아도 지나치지 않는다.

- 본성이 하고자 하는 것을 선하다 하고, 선한 덕성을 지니고 있는 것을 신용 있다 하고, 선이 충만하게 채워져 있는 것을 아름답다 하고, 충만하게 채워져 있으면서 광휘에 있는 것을 위대하다 하고, 위대하면서 감화시키는 것을 성스럽다 하고, 성스러우면서도 알아 볼 수 없는 것을 신령하다 하는 것이다.

- 군자가 일반인과 다른 점은 자신의 마음을 반성하는 점에 있다.

- 군자는 살아가는 동안 번민은 있어도 외부로부터 오는 마음의 동요는 없다.

- 군자는 종신토록 세상을 걱정하지만, 하루아침에 왔다가 사라지는 개인의 걱정은 없다.

- 군자는 육체의 종말에 대한 근심은 있지만 하루아침의 걱정은 없다.

- 군자는 의로움을 최고로 친다. 군자가 용기만 있고, 의로움이 없으면 난동을 일으킨다.

- 하늘이 큰일을 맡기는 큰 영을 내린다. 그러므로 하늘에서 그런 사람에게 큰일을 맡기는 명령을 내릴 때는 반드시 먼저 그들의 마음을 괴롭히고, 그들의 육체를 수고롭게 하고, 몸을 궁핍하게 하여, 그들이 하는 것이 그들이 해야 하는 일과 어긋나게 한다. 이것은 마음을 움직이고 자기의 성질을 참아서 그들이 해내지 못하던 일을 할 수 있도록 하기 위해서다.

- 임금이 백성들의 즐거움을 자신의 즐거움으로 여기고 즐거워하면, 백성들도 임금의 즐거움을 자신들의 즐거움으로 여기고 즐거워할 것입니다. 임금이 백성들의 근심을 자신의 근심으로 여기고 근심한다면, 백성들도 임금의 근심을 자신들의 근심으로 여기고 근심하게 될 것입니다. 온 천하

사람들과 더불어 즐거워하고, 온 천하 사람들과 같이 근심하면서도 왕도 정치를 하지 못한 사람은 지금까지 한 명도 없었다.

- 군자에게는 세 가지 행복이 있다. 천하의 왕노릇 하는 즐거움도 이 세 가지 행복에 끼지 못한다. 첫째, 부모가 살아계시고 형제들이 아무런 일 없이 건강한 것이다. 둘째, 하늘을 우러러 한 점 부끄럽지 않고, 땅을 내려 보아 남에게 창피하지 않게 사는 것이다. 세째 , 천하의 똑똑한 영재들을 모아 가르치는 것이다.

- 무력으로 인仁을 가장하는 것을 패도라 하고, 도덕으로 인을 실행하는 것을 왕도라 한다. 힘으로 사람을 복종시키는 것은 마음으로 복종시키는 것이 아니며, 힘이 부족하니까 복종하는 것이다. 그러나 덕으로 복종시키는 것은 사람이 진심으로 기뻐서 복종하는 것이다. 예컨데 70제자들이 공자에게 복종하는 것과 같다.

3. 어떤 명언이 좋은지 한 번 써보시고 그 이유를 말해 보세요.

5부

한비자

1. 한비자의 사상

한비자는 공자와 맹자의 인仁, 그리고 묵자의 겸애兼愛를 강력하게 반대한다. 인간은 선한 동물이 아니라 욕망을 가진 이기적인 동물이기 때문이다. 한비자가 볼 때 세상이 혼란스러운 것은 근본적으로 인간이 이기적이기 때문이다. 어린 아이라고 순진한 것이 아니다. 어린 아이도 어른처럼 천연덕스럽게 거짓말하고 도둑질하기는 마찬가지인 것이다. 이것은 인간이 욕망을 가지고 태어났기 때문에 이기적으로 변하여 자신에게 이익에 되는 일에는 용감하게 달려들지만, 자신에게 이익이 없거나 손해가 되는 일에는 냉정하게 되돌아서기 때문이다. 사람들이 부자를 좋아하고 가난한 사람을 멀리하는 것은 부자는 자신에게 이익이 될 수 있지만, 가난한 사람은 자신에게 부담만 되기 때문이다. 그래서 한비자는 강한 채찍, 즉 법이 없이는 다스릴 수 없다고 주장한다. 잘한 일은 상으로 보상하지만, 잘못을 했을 경우 그에 걸 맞는 강한 처벌이 필요하다는 것이다. 그렇지 않으면 세상의 질서가 무너져 나라가 망하는 것은 시간문제라는 것이다.

이런 인간관과 세계관은 자신의 스승인 순자의 성악설의 영향을 받은 것이다. 순자는 인간은 본성은 이기적이므로 '예'라는 강력한 규범을 만들어 사람을 착하게 만들어야 한다고 하였다. 한비자는 순자의 이런 이기적인 인간관을 받아들이면서 맹자의 성선설을 거부한다. 만일 맹자의 주장처럼 인간이 착하다고 한다면, 한비자가 말하는 강한 법보다는 공자나 맹자처럼 윤리나 도덕을 통해 세상이 돌아가는 것이 정상이다.

하지만 한비자는 세상은 악의 가득 차서 더 이상 윤리 도덕으로 다스릴 수 없다고 생각한다. 인간들이 막 되먹어서 더 이상 말로 해서는 되지 않는다는 것이다. 공자가 인(仁)을 내세우며 전국을 유세하며 돌아다녔지만 누구도 공자 말에 귀를 기울이지 않은 것은 전쟁의 와중에 윤리와 도덕으로 나라를 다스릴 수 없기 때문이며, 질서가 무너지고 사회가 혼란에 빠진 것은 나라를 바로 잡을 수 있는 강력한 법이 없기 때문이라는 것이다. 그래서 한비자는 나라가 강력한 법으로 무장하지 않으면 망할 수밖에 없다고 말하는 것이다. 지금의 미국처럼 법을 근거로 실용성을 추구하는 정치만이 나라를 구하는 유일한 길이라는 것이다.

그런데 나라를 이끄는 지도자는 그만큼 엄중해야 하며, 그래서 지도자가 되는 것은 그리 간단하지 않다. 지도자가 되려면 우선 세상의 흐름을 파악하고 사람을 보는 눈, 즉 지혜가 필요하고, 악한 것과 타협하지 않는 강력한 의지도 필요하고, 불의에 대항하기 위해 강력한 용기도 있어야 하며, 어려움을 딛고 일어서는 불굴의 인내심이 필요하다. 뿐만 아니라 사람을 다스리는 카리스마적 힘과 통치술도 있어야 한다. 아무리 훌륭한 자질이 있어도 사람을 다루지 못하면 지도자로서 성공할 수 없다. 일은 결국 사람이 하기 때문이다. 사람이 일을 하는데, 사람을 제대로 다스릴 수 없다면 이것이야말로 지도자로서 능력이 없는 것이다.

한비자는 이런 점을 이미 간파하고 지도자로서 갖추어야 할 자질을 폭넓게 이야기하고 있다. 서양의 마키아벨리와는 비교가 되지 않을 정도로 지도자가 갖추어야 할 모든 것을 총망라하였다고 해도 과언이 아닐 정도다. 특히 근신하며 탐욕스럽지 말아야 한다는 노자 사상을 기반으로 하여 지도자로서 갖추어야 할 덕목을 말하고 있다. 한비자는 딱딱한 마키아벨리와는 달리 많은 역사적 고증 자료를 근거로 내세우며 지도자가 어떻게 해야만 성공할 수 있는지를 잘 보여주고 있다고 생각한다.

그 당시는 전제적인 통치 개념을 전제로 한 지도자 개념이어서 현재 민주적인 지도자 개념과는 약간 엇박자가 될 수 있는 면도 있지만, 지금도 한비자의 통치 개념은 많은 면에서 유효하다고 할 수 있다. 인간은 선하기보다는 이기적인 면이 강하기 때문이다. 지도자로서 갖추어야 할 능력과 덕목, 그리고 신하를 다루는 통치술 등은 누구에게도 볼 수 없는 것들이 많다. 그래서 〈한비자〉는 제왕학의 왕이라 불리며 많은 지도자들의 필독서 중 하나라고 할 수 있다. 특히 진시황이 〈한비자〉에 탄복하여 한비자가 사는 한나라를 공격하여 한비자를 진나라로 데리고 온 것으로 유명하다.

그럼 한비자의 통치술을 보도록 하자. 한비자 사상은 고증적이어서 짧게 말하기 어렵다는 점 알아주었으면 한다.

2. 한비자의 명언들

- 무릇 옛날과 지금은 풍속이 다르고 새 시대와 옛 시대는 방책이 다르다. 만일 관용을 베푸는 느슨한 정치로써 급박한 세상의 백성을 다스리려고 한다면 마치 고삐와 채찍 없이 사나운 말을 모는 것과 같을 것이다. 이것은 현실을 몰라서 생긴 병폐이다. 지금 유가와 묵가 모두는 선왕이 천하를 두루 사랑했기 때문에 마치 부모처럼 백성들을 대했다고 말한다. 무엇으로 그렇다고 말할 수 있는가?

- 함께 일하지 않아도 양식은 충분했으며, 인구는 적은데도 여유가 있었다. 따라서 사람들은 경쟁하지 않았다. 바로 이 때문에 후한 상을 주지 않고, 중벌을 사용하지 않아도 사람들은 스스로 질서를 지켰다. 요즘 사람들은 다섯 명의 자녀가 많다고 생각하지 않는데, 그 자녀들이 다시 다섯 명의 자녀를 두어, 할아버지는 아직 돌아가지 않았는데 이미 스물다섯 명의 손자가 있다. 사람은 많은데 자원은 적고, 힘써 일하는데도 양식이 부족한 것은 바로 이 때문이다. 따라서 사람들은 경쟁을 하며, 비록 보상을 배로 하고 처벌을 가중해도 혼란을 피할 수 없다.

- 이익을 눈앞에 두고는 용감해지기 마련이다.

- 안전하고 이로우면 가까이 하고 해로운 것을 피하는 것이 인지상정이다.

- 왕량이 말을 사랑했고, 월나라 임금 구천은 사람을 사랑했다. 사람을 사랑한 것은 전쟁에 쓰기 위함이고, 말을 사랑한 것은 타고 다니기 위함이다. 의사가 남의 상처를 빨고 남의 나쁜 피를 머금게 하는 것은 혈육의

정이 있어서가 아니라, 그렇게 함으로써 많은 이익을 얻기 때문이다.

- 수레를 만드는 장인은 사람들이 모두 부자가 되었으면 좋겠다고 생각한다. 관을 만드는 장인은 사람들이 모두 빨리 죽었으면 좋겠다고 생각한다. 그러나 전자를 착한 사람이라고 하고 후자를 악한 사람이라고 할 수 없다. 부자가 되어야만 수레를 사 줄 것이고, 죽어야만 관을 팔아주기 때문이다. 사람을 증오하기 때문이 아니라 사람이 죽으면 이익이 되기 때문이다.

- 공자와 묵자처럼 변설과 지혜를 널리 익힌다 해도 공자나 묵자는 농사를 짓지 못하니, 국가에 무슨 이익이 될까. 또 증자나 사추와 같이 효행을 닦고 욕심을 적게 하여 수행했다 하더라도 증자나 사추는 전쟁에 나가 싸우지 못하니 무슨 도움이 되겠는가? 그러므로 선왕의 인의를 말하는 자가 조정에 가득하더라도 어지러움을 면하기 어렵다.

- 지나간 선왕 시대의 정치하는 방법으로 지금 시대의 사람들을 다스리면 모두 그루터기에서 토끼를 기다리는 사람들과 같다.

- 무릇 인자함이란 사람의 고통을 보고 참지 못하는 마음을 말하는 것이다. 시혜施惠라는 것은 남에게 베풀기를 좋아하는 마음을 뜻하는 것이다. 그러나 남의 고통을 보고 정에 못 이겨 참지 못하면 잘못이 있어도 벌하지 못하며, 남에게 베풀기를 좋아하면 공적을 세우지 않아도 상을 주게 되는 것이다. 이렇듯 잘못이 있어도 벌하지 않고, 아무런 공적이 없는데도 상을 주게 된다면, 나라가 망한다한들 조금도 이상할 것이 없지 않는가?

- 또한 백성들은 진실로 권세에 복종하지만, 의에 따를 수 있는 자는 적다. 공자는 천하의 성인(공자)으로 몸을 닦고 도를 밝히며 온 천하를 돌아다녔다. 천하 사람들은 그가 주장한 인을 좋아하고 그 의를 찬미하였지만 복종한 자는 일흔 명뿐이었다. 대체로 인을 키하게 여기는 자는 적고 의를 실행하기는 어려웠기 때문에 천하는 넓지만 복종하는 자는 일흔 명뿐

이고 인의를 실천하는 자는 한 사람뿐이었다.

• 요즘 재능 없는 자식들은 부모가 그들을 꾸짖어도 고치려 하지 않고, 마을 사람들이 나무래도 움직이려 하지 않으며, 스승이나 어른이 가르쳐도 바꾸려고 하지 않는다. 대체로 부모의 사랑, 마을 사람의 지도, 스승이나 어른의 지혜라는 이 세 가지의 미덕이 더해져도 끝내 움직이지 않고 털끝만치도 고치지 않으려 한다. 그런데 지방 관리가 관병을 이끌고 나라 법령을 발동해서 나쁜 사람을 잡으려 하면 그 때부터 두려워하며 태도를 바꾸고 행동을 고친다. 그래서 부모의 사랑으로는 자식을 가르치기에 부족하고 반드시 지방의 엄한 형벌에 기대야만 하는 것은 백성들이 본래 사랑에는 기어오르고 권위에는 복종하기 때문이다……. 그러므로 현명한 왕은 법을 험준하게 하며 형벌을 엄격하게 해야 한다.

• 법을 벗어나면 벌을 받아야 하지만 여러 학자들은 학문으로써 등용이 되고, 금령을 범한 자는 마땅히 벌을 받아야 하지만 여러 협객들은 사사로운 무술을 가지고 고용되고 있다. 그러므로 법을 어겼는데도 군주는 그들을 채용하고, 관리들이 벌주는 자를 군주는 고용하는 것이다. 위법과 임용, 양성과 징벌이라는 네 가지가 서로 상반되어 확정된 기준이 없으면, 비록 열 명의 황제가 있다고 하더라도 그 나라는 다스릴 수는 없다.

• 지금 군주가 신하의 주장을 들을 경우에는 교묘한 말만을 좋아하고 그 말이 실제로 맞는지를 확인하지 않으며, 신하의 행동을 볼 경우에도 그 명성만을 찬미하고 그 공적은 추궁하지 않는다. 그러므로 천하 사람들 가운데 말을 하는 자는 교묘한 궤변에만 힘쓰고 실용성을 멀리 한다. 그래서 선왕을 칭찬해 인의를 말하는 자로 조정이 채워져 정치는 혼란을 면하지 못하게 됐다. 몸을 닦는 자는 고상하게 되려고만 다투고 공적에는 합치하지 못한다. 그래서 지혜로운 인사는 동굴의 집으로 물러나 살면서 군주가 주는 봉록을 받지 않았고, 병사들은 약함을 면하지 못하게 됐으

며, 정치는 혼란에 빠지고 말았다. 이것은 무엇 때문인가? 백성들의 칭찬과 군주의 예우가 나라를 혼란스럽게 하는 방법이 되었기 때문이다. 지금 나라 안의 백성들은 모두 정치를 말하고 상앙과 관중의 법령을 집집마다 간직하고 있지만 나라가 더욱더 가난해지는 것은 농사일에 대해 말하는 자는 많지만 쟁기를 직접 잡는 자가 적기 때문이다. 나라 안에서는 모두 군사에 관해 말하며 손무와 오기의 병서를 집집마다 간직하고 있지만, 병력이 점점 더 약해지는 것은 군사에 대해 입으로 말하는 자는 많지만 갑옷을 직접 챙겨 입는 자가 적기 때문이다. 그러므로 현명한 군주는 백성들의 힘을 사용하더라도 그들의 말만 듣지 않고, 그 공적에 상을 주더라도 반드시 쓸모없는 행위는 금지한다. 그러면 백성들은 사력을 다해 그 군주를 따르게 된다.

- 묵자는 참으로 뛰어난 솜씨를 지닌 사람이다. 실용성 있는 수레의 축을 만드는 일을 훌륭하다고 하고, 실용성 없는 연을 만든 자기 솜씨는 형편없다고 하니, 그야말로 진정한 솜씨를 아는 사람이다.

- 어떤 나라가 혼란에 빠져 힘이 약해졌을 때, 사람들은 더욱 국법을 무시하고 사사로운 이익을 도모하게 된다. 이는 마치 섶을 지고 불을 끄려는 것처럼 혼란이 극심해지고 나라가 쇠망의 길로 들어서는 것이다.

- 오늘날, 사사롭고 잘못된 것을 버리고 공적인 법치로 나아가 백성들을 편안하게 하고, 나라를 잘 다스리기 위해서는 공평무사한 법을 시행해야 한다. 그래야만 군대가 강해지고 적은 약해질 것이다.

- 무릇 호랑이가 강아지를 굴복시키는 근본은 날카로운 이빨과 발톱이다. 만약 호랑이의 이빨과 발톱을 뽑아 버리고 강아지에게 그것을 달아 준다면, 호랑이가 오히려 강아지에게 굴복하고 말 것이다. 임금은 형벌과 덕으로써 신하를 통제하는데, 만약 임금이 형벌과 덕의 권한을 버리고 신하에게 준다면, 임금은 오히려 신하의 통제를 받게 될 것이다.

- 군주의 이로움은 능력 있는 자를 얻어 관직에 중용하는데 있지만, 신하의 이로움은 무능하면서도 임무를 얻어내는 데에 있다. 또 군주의 이로움이 일 잘하는 사람을 기용하여 작위와 봉록을 주는 데 있지만, 신하의 이로움은 공이 없으면서 부귀를 차지하는 것에 있다. 군주의 이로움이 호걸들의 능력을 발휘시키는 데에 있다면, 신하의 이로움은 패거리를 지어서 사리사욕을 채우는 데에 있다.

- 대신들은 우매하고 타락한 자들을 껴안고 위로는 군주를 속이고 아래로는 백성들에게서 이득을 강탈한다. 그들은 패거리를 만들어 서로를 두둔하며 입을 맞추어 군주를 현혹시키고 법도를 어지럽힌다. 그리고 인사와 백성들을 혼란스럽게 하고 나라를 위태롭게 해 영토를 깎이게 하여 군주가 고초를 겪고 욕을 당하게 하는 것이다. 신하에게 큰 죄가 있는데도 불구하고 군주가 이를 금지하지 않고 있으니, 이것이야말로 군주의 크나큰 실책이다. 만약 군주가 이런 간악한 신하가 큰 죄를 범하고 있는 데도 나라가 망하지 않기를 바라는 것은 어리석은 일이다.

- 지금 왕께서 권력 싸움을 하고 있는 두 사람을 기용하신다면, 힘이 강한 자는 패거리를 만들 것이고 힘이 없는 자는 다른 나라의 힘을 끌어들일 것입니다. 그러면 신하 가운데 어떤 자는 안으로는 패거리를 만들어 군주를 속일 것이고, 어떤 자는 밖에서 다른 제후와 결탁하여 영토를 떼어줄 것이다. 그러면 왕의 나라는 위태롭게 될 것이다.

- 회라는 벌레는 몸은 하나지만, 입은 두개다. 먹을 것을 보면 서로 다투며 물어뜯다가 죽고 만다. 이와 마찬가지로 신하들이 그 세력을 다투다가 마침내 멸망을 자초하는 일이 많다. 이러한 신하들은 모두 회 같은 벌레들이다.

- 법이란 공적이 있으면 그에게 알맞은 공적을 주면 되는 것이다. 허나 법률을 정해 놓고도 임금인 자가 공적 능력을 헤아리지 못하고, 측근에 있

는 신하들의 청만 들어준다면 법도를 실행하기 어려운 것이다.

- 월권의 피해가 추위보다 심하다.

- 명석한 임금이 신하를 양성할 때, 신하가 직무 이상의 일에 손을 써 공을 세우는 일을 허용하지 않는다. 의견을 말해 놓고 행동이 말과 맞지 않는 것도 용서하지 않는다.

- 현명한 임금은 누구든지 받을 수 있는 포상 제도를 만들어 사람들에게 착한 일을 장려하고, 또 누구라도 피할 수 형벌의 제도를 만들어 사람이 못 된 짓을 피해가도록 한다.

- 명군은 신하를 조종하는 데 두 개의 자루가 있다. 두 개의 자루란 형과 덕이다. 형이란 벌을 가하는 것이요, 덕이란 상을 주는 것이다. 부하란 벌을 두려워하고 상을 좋아하는 법이다. 그러므로 군주는 상과 벌의 두 가지 권한을 제대로 움켜쥐고 휘두른다면, 부하들을 뜻대로 움직일 수 있다.

- 임금의 칭찬 한마디만으로 사람의 목숨을 바치게 할 수 있다.

- 군주는 권력의 핵심만 파악하고 있으면 그걸로 충분하다. 신하에게 맡겨도 되는 일까지 일일이 자신이 하려면 졸리는 것도 당연하다.

- 삼류 경영자는 자신의 능력을 사용하고, 이류 경영자는 다른 사람의 힘을 이용하고, 일류 경영자는 다른 사람의 지혜의 힘을 이용한다.

- 옛말에 이르기를, "남을 천거하는 데 있어서는 원수라도 상관하지 말아야 하며, 가까운 사람을 천거함에 있어서는 자식이라도 상관하지 말아야 한다."라고 했다.

- 천거하는 것은 공적인 일이고, 원망하는 것은 사적인 것이다.

- 닭이 때를 알리고 고양이가 쥐를 잡듯 부하 한 사람 한 사람에게 능력을 발휘시키면 위에 서 있는 자는 스스로 손을 쓸 필요가 없다. 위에 서 있는 자가 스스로 능력을 발휘하면 일은 부드럽게 돌아간다.

- 현명한 군주가 되는 길은 지혜로운 자로 하여금 그의 지혜를 다하게 하고, 군주는 그들의 지혜로 나라 일을 결정하니 군주의 지혜가 무궁해질 것이다.

- 용감하게 싸우는 사람에게는 반드시 상이 있기 때문이다. 하물며 법에 따라 어진 사람을 등용하고 격려한다면, 그 효과가 얼마나 크겠는가?

- 위로는 하늘에 속하지 않고, 아래로는 땅에 속하지 않으며, 위장을 근본으로 삼아 먹지 않으면 살 수 없다. 이 때문에 이익을 얻으려는 마음에서 벗어나지 못하는 것이다. 이익을 얻으려는 마음을 제거하지 못하는 것이 인간의 근심이다. 그래서 옷은 추위를 막아주고 음식은 허기를 달래주어 만족함을 주기 때문에 성인은 근심이 없다.

- 정치를 잘 하는 사람은 금은보화를 창고에 쌓아두지 않고 백성에게 쌓는다.

- 군주가 그 병사들을 자주 싸움터로 내몰지 않는다면 백성들은 많아질 것이고, 백성들이 많아지면 나라는 넓어질 것이다.

- 지혜는 눈과 같아서 백 걸음 앞에 있는 것도 볼 수 있으나 정작 자기의 눈썹을 볼 수 없다. 자기를 아는 것은 매우 중요하다. 자신을 아는 것이 자신을 구하는 첫걸음이다.

- 자신을 이기는 자가 굳세다.

- 뜻을 이루기 어렵다는 것은 다른 사람을 이기는 것이 어렵다는 것이 아니라 자기 스스로를 이기기 어렵다는 것이다.

- 수영을 잘 하는 사람은 물에 빠지고, 말을 잘 타는 사람은 말에서 떨어진다.

- 자신이 틀리면서 충신의 의견을 듣지 않고 고집을 관철시키려 하면 오히려 명성을 잃고 세상의 비웃음을 산다.

- 욕심이 끝이 없고 만족할 줄 모르고 눈앞에 이익을 좇아 덕을 보려고 한다면 나라가 망할 것이다.

- 지백은 다른 나라를 치려다 죽었고, 우나라 왕은 명마와 보석을 좋아하다가 나라를 잃고 자신은 죽게 되었다. 탐욕으로 자신을 해치지 않는다면 멸망하지 않을 것이고 자신도 죽지 않을 것이다. 그래서 노자는 "재앙 중에 만족할 줄 모르는 것보다 더 큰 것이 없다."고 하였다.

- 3년 동안 날개짓을 하지 않는 것은 장차 높고 멀리 날고자 하는 것이고, 날지도 않고 울지도 않은 것은 민중을 잘 살피려는 것이다. 지금은 비록 날지 않지만, 한 번 날면 하늘이 닿는 곳까지 비상할 것이며, 지금은 울지 않지만 울면 세상을 크게 놀라게 할 것이다……. 그래서 노자는 "큰 그릇은 늦게 만들어지며, 큰 소리는 잘 들리지 않는다."라고 하였다.

- 월나라 구천은 오나라와 싸워 패하자, 오나라 조정에 들어가 부차를 신하의 예로서 섬겼다. 임금인 부차가 외출할 때면 스스로 창과 방패를 들고 호위하면서 충실한 개노릇을 하였기 때문에, 나중에 고소에서 부차를 죽이고 원수를 갚을 수 있었다.

- 관중과 같이 사리가 밝은 사람과 습붕과 같은 슬기로운 사람도 자기가 모르는 것이 있으면 늙은 말이나 개미를 스승으로 삼았다. 요즘 사람들은 자신의 어리석음을 알지 못하고 성인의 지혜를 스승으로 삼을 줄 모르니, 이 또한 허물이 아니겠는가?

- 도에 따라 일을 하는 사람은 성공하지 못할 것이 없지만, 도를 저버린 사람은 세상으로부터 버림받고 재산도 잃고 말 것이다. 그럼 도란 무엇인

가? 사람은 재앙을 당하면 마음이 두려워지고, 마음이 두려워지면 행동이 단정해지며, 행동이 단정해지면 재앙과 화가 없게 되고, 재앙과 화가 없으면 천수를 다하게 된다. 행동이 단정하면 생각이 무르익고, 생각이 무르익으면 사물의 이치를 얻게 되고, 사물의 이치를 얻게 되면 반드시 공을 이루게 된다. 천수를 다하면 온전하게 장수할 것이며, 반드시 공을 이루면 부유하고 키해질 것이다. 온전하게 장수하고 부유하고 키한 것을 '복'이라고 한다. 복은 본래 재앙이 있는 곳에서 생긴다. 그래서 "재앙이란 복이 기대는 곳이다."라고 한 것이다.

- 사람에게 복이 있으면 부유함과 키함에 이르고, 부유함과 키함에 이르면 입을 것과 먹을 것이 좋아지며, 입을 것과 먹을 것이 좋아지면 교만한 마음이 생기고, 교만한 마음이 생기면 행동이 사악하고 괴벽해져 도리를 벗어나는 행동을 하게 되며, 행동이 사악하고 괴벽해지면 요절하고, 도리를 저버리는 행동을 하면 공을 이루지 못한다. 무릇 안으로는 요절의 재난이 있고, 밖으로는 공을 이룬 명성이 없는 것은 큰 재앙이다. 재앙은 본래 복이 있는 곳에서 생긴다. 그래서 "복은 화가 숨어 있는 곳이다."

- 말 관상을 잘 보기로 유명한 백락은 자기가 미워하는 사람에게는 하루에 천리를 달리는 준마를 감정하는 방법을 가르쳐 주고, 자기가 좋아하는 사람에게는 느리게 달리는 보통의 말을 감정하는 방법을 가르쳤다. 그 이유인즉, 천리마를 감정하는 일은 드물기 때문에 돈이 되지 않지만, 보통 말의 감정은 아주 많아 돈을 많이 벌 수 있기 때문이다. 그래서 <주서>에 이르기를 "하찮은 말이 요긴하게 쓰일 때가 있는 법이다."라고 하였다.

- 군자는 남이 탐하는 것을 탐하지 않고, 얻기 어려운 재화를 키중하게 생각하지 않는다.

- 왕에게 사랑을 받을 때는 지혜를 낼 때마다 모두 왕의 마음에 들고 더

친밀해지지만, 왕에게 미움을 받을 때는 아무리 지혜를 짜내어서 말을 해도 왕에게는 옳은 말로 들리지 않아 벌을 받고 더욱 멀어지기만 한다. 따라서 간언을 하거나 논의를 하고자 하는 신하는 군주가 좋아하고 싫어하는 것을 미리 살핀 뒤에 설득하지 않으면 안 된다.

- 진언이라는 것은 어렵다. 그것은 진언하는 자가 충분한 지식을 익히기 어렵다는 것도 아니다. 하물며 꾸밈없이 솔직히 말할 수 있는 용기가 어렵다는 것도 아니다. 진언의 어려움이란 상대의 마음을 읽어낸 후 자신의 의견을 거기에 끼워 맞추는 것, 바로 이 하나에 있다. 명예를 바라는 상대방에게 돈 버는 이야기를 한다면 경원당할 것이다.

- 임금에게 득이 되는 충언은 키에 거슬리고 마음을 뒤집어 놓는 것이기 때문에 지극히 성스러운 임금이 아니고서는 바로 듣지 않는다. 그렇기 때문에 군자는 말하는 것을 어렵게 여긴다.

- 터득한 선비가 도를 임금에게 아뢰려고 해도, 측근에 있는 대신들이 사나운 개처럼 달려들어 물어뜯고 임금의 키를 가린다. 그래서 도를 터득한 선비가 중용되지 않는다.

- 임금에게도 또한 거슬러 난 비늘이 있다.

- 용이라는 동물은 순해서 길들이면 탈 수 있다. 그러나 턱 밑에 한 자쯤 되는 거꾸로 난 비늘 '역린'이라는 것이 있는데, 만약 사람이 그 비늘을 잘못 건드리는 날이면 반드시 용은 그 사람을 죽인다. 군주에게도 역린이 있다. 설득하려는 자는 군주의 역린을 건드리지 않고 진언할 수 있어야만 성공을 기대할 수 있다.

- 좋은 약은 쓰다. 그러나 지혜로운 사람은 그 약을 삼킨다.

- 종기는 침으로 째면 아프고, 약을 마시면 쓰다. 아프고 쓰다고 해서 종기를 째지 않고 약을 마시지 않는다면, 곧 자신의 몸을 상하게 하고 병도

낫지 않는다.

- 상대가 자만하고 있는 사실을 칭찬한다. 부끄러워하는 일은 잊게 한다. 이러한 요령을 아는 것이 중요하다. 이기적이지 않느냐며 행동하길 주저하는 상대방에게는 대의명분을 내세우며 자신감을 갖도록 한다. 하찮다고 알고 있으면서도 그만두지 못하는 상대방에게는 나쁜 일이 아니므로 그만두지 않아도 된다고 말하며 안심시킨다.

- 대수롭지 않은 것을 꿰뚫어 보는 것이 곧 밝음이다.

- 꾸며서 말해 사람을 속이기보다는 서투를지라도 진심을 다하는 것이 좋다.

- 한 사람의 힘은 대세를 이길 수 없다. 한 사람의 지혜로는 모든 것을 주시할 수 없다. 한 사람의 지혜와 힘을 쓰기보다는 나라 전체의 지혜와 힘을 사용해야 한다. 설령 한 사람의 생각만으로 일을 처리하면 성공하더라도 몹시 지친다.

- 남에게 의지하는 것이 자신을 믿는 것만 못하고, 다른 사람이 나를 위해 주는 것이 내가 나를 위해 주는 것만 못하다.

- 자신의 힘을 정확히 인식하지 못하고 외국의 힘에 의존하는 것은 나라를 좀먹는 근원이다.

- 작은 이익을 돌보는 것은 곧 큰 이익을 해치는 것이 된다.

- 아무리 좋은 재주가 있어도 소용되지 않는다면, 가난해지지 않을 수 없다.

- 먼 곳에 있는 물로는 가까운 불을 끌 수 없다.

- 사람의 용모와 복장을 보고 말을 들어보는 것으로는 공자라도 그의 능력을 알기가 어렵다.

- 조각할 때 코는 큼직하게 하고 눈은 조금 작게 시작하는 것이 좋다. 큰코는 깎아서 작게 할 수 있지만 큰 눈은 작게 고칠 수가 없기 때문이다. 세상의 일도 마찬가지다. 이후에 바로잡을 수 있는 여지를 남겨 두면 실패할 일이 없다.

- 신은 발에 신는 것인데 월나라 사람은 맨발로 다니고, 비단 모자는 머리에 쓰는 것인데 월나라 사람들은 머리카락을 짧게 자르고 생활한다. 당신의 기술이 아무리 뛰어난다 해도 쓰이지 않는 나라로 간다면, 가난해지지 않으려고 발버둥을 친다고 해도 그렇게 되겠는가?

- 행동이 현명하면서 스스로 현명하다고 생각하는 마음을 버린다면 어디 간들 존중받지 않겠는가?

- 새 중에는 도도라는 새가 있는데, 머리가 무겁고 꽁지가 굽어서 물가에서 물을 마실 때마다 반드시 앞으로 고꾸라진다. 그래서 다른 한 마리가 날개를 물어주고 있는 상태에서 물을 마신다. 사람도 혼자서는 물을 마실 수 없다면 반드시 날개를 받쳐주는 자를 찾아야 한다.

- 왕수라는 사람이 책을 짊어지고 주나라로 가던 도중에, 은사인 서풍을 만났다. 서풍이 왕수에게 말했다.
"일이라는 것은 실천하는 것이네. 같은 일을 해도 때에 따라 그 결과가 다르기 때문에 언제나 똑같이 처리할 수는 없는 법이야. 책이라는 것도 옛사람의 말을 기록해 놓은 것으로, 말이란 다만 지식에 불과하다. 그러므로 옳게 아는 사람은 책 따위에 기대지 않는 법인데, 너는 어찌하여 책을 짊어지고 다니는 것인가?"
그 말을 들은 왕수는 짊어졌던 책을 모두 불살라 버리고 기뻐하며 덩실덩실 춤을 추었다. 그러므로 진정한 지식을 갖춘 사람은 말로만 가르치지 않고, 지혜 있는 사람은 책을 쌓아 두고 배우지 않는다고 하였다.

- 요즘 학자들은 옛 책을 해석할 때, 그 뜻을 왜곡하여 그럴싸하게 얼버무

리는 경우가 허다하다.

- 탁상공론은 나라 안의 학자들을 이길 수 있어도, 실제적인 일을 관찰하거나 구체적인 일을 논하는데 있어서는 한 사람도 속일 수 없다.
- 하찮은 말이 요긴하게 쓰일 때가 많은 법이다.
- 어떤 일이든 조그만 징조가 보이면, 우물쭈물하지 말고 결단을 내리지 않으면 안 된다.
- 이웃 나라에 성인이 있는 것은 적국의 근심이다.
- 모름지기 일이란 비밀리에 성공되지만 말이 새어나감으로써 실패하게 된다.
- 높은 제방도 개미나 땅강아지의 작은 구멍으로 무너진다.
- 남을 의지하지 않고 살아가는 것은 나라를 위하여 아무런 도움이 되지 않는다. 마치 너무 견고하여 아무 쓸모없는 조롱박 같은 존재라 할 수 있다.
- 만약 겉꾸밈에 치중하게 되면 세상 사람들은 그 꾸미는 것에만 뜻을 품고 실용성을 잊게 되어, 꾸밈으로 말미암아 실용을 해치게 될 것이다.
- 멀리 있는 물이 가까운 곳의 불을 끌 수 없다.
- 전쟁에 임해서는 거짓으로 꾸며 속임을 꺼리지 아니한다.
- 앉아서 걱정만 한다고 말이 살이 찌지 않는다.
- 천하의 주인이 된 자가 온 나라 사람들이 모두 날짜 가는 줄도 모르게 만들었으니 천하가 위태롭게 되었다. 온 나라 사람들이 모두 날짜를 모르는데, 나만 그것을 안다면 내가 위태롭게 된다. 가서 술에 취해 알지 못한다고 하여라.

- 항상 술을 마시면, 천자는 천하를 잃고 백성은 몸을 잃게 된다.

- 교묘하게 속이는 것은 서투른 성실함만 못하다.

- 큰일을 하는 사람은 결코 어려울 때 포기하는 법이 없다. 이들은 이성적인 태도로 냉정하게 이겨낼 방법을 찾는다. 이런 용기와 이성이 없다면 난관을 이겨내기는커녕 오히려 패배할 것이다.

- 그 스승을 키하게 여기지 아니하고 자신에게 도움이 되는 사람을 사랑하지 않으면, 비록 지혜가 있다고 하더라도 크게 헤매게 된다.

- 원숭이를 우리 속에 가두면 돼지처럼 된다.

- 나라를 보존하고 몸을 보존하려는 자는 반드시 또 도를 터득해야 한다. 도를 터득하면 지혜가 깊어지고, 지혜가 깊어지면 계획이 원대해지며, 계획이 원대해지면 일반 사람들은 그 극점을 볼 수 없다. 오직 도를 터득한 사람만이 그 일의 끝을 볼 수 없게 할 수 있다. 일을 끝을 볼 수 없게 할 수 있어야 그 몸을 보존하고 그 나라를 유지할 수 있다. 그래서 "그 극점을 알지 못하게 하면 나라를 보존할 수 있다.

3. 어떤 명언이 좋은지 한 번 써보시고 그 이유를 말해 보세요.

6부

홍자성의 《채근담》

1. 홍자성의 사상

　홍자성의 사상은 노자의 자연주의나 공자의 도덕주의와 같이 하나의 원칙만을 고수하지 않는다. 그래서 체계성은 없는 것처럼 보인다. 그러나 홍자성은 이런 사상들을 나름대로 정리하여 자신만의 삶에 대한 생각을 맛깔나게 이야기하고 있다. 덕을 강조함에 있어서 도덕주의적 색깔을 가지고 있지만 그렇다고 강한 도덕적인 원칙만을 고집하지 않는다. 속세와 어느 정도 거리를 두는 자연주의적 색체도 가지고 있지만 그렇다고 속세를 등지는 것을 거부하고 있다. 더욱이 상황에 따라 처신을 달리해야 한다고 주장한다. 굉장히 탄력적 사고다. 그리고 탄력적 사고에는 '중용'이라는 생각이 짙게 깔려 있다고 생각한다. 과도함을 아주 경계하고 있다. 그래서 홍자성의 〈채근담〉을 읽으면 인생에 대한 지혜를 준다는 생각을 지울 수 없다. 비록 대학과 같은 강단철학에서는 가르쳐지고 있지 않지만 읽으면 읽을수록 어떤 책보다도 삶에 대한 깊이를 전해준다고 생각한다. 이론적이기보다는 실천적인 가르침이다. 그래서 동양의 인생철학의 숨은 진주 같은 책이다. 한 마디 한 마디가 삶의 격언이다. 인생을 살아가는데 있어 이보다 좋은 가르침이 없다는 생각이 든다.

　그럼, 그의 독특한 매력을 맛보도록 하자.

2. 홍자성의 명언들

• 하늘과 땅은 영원히 존재하는데 우리는 두 번 다시 태어나지 못하며, 인생은 백년인데 오늘 하루도 허망하게 지나가 버린다. 마땅히 태어난 몸이니 인생의 즐거움도 몰라서는 안 되며, 헛되이 살아서는 더욱 안 된다.

• 자신을 반성하는 사람은 접촉하는 일마다 모두 약이 되지만, 남을 원망하는 사람은 생각하는 것마다 모두 창과 칼이 된다. 하나는 선의 길을 열어 주고, 다른 하나는 모든 악의 근원을 이루는 것이니, 서로의 차이는 하늘과 땅만큼 큰 것이다.

• 냉철한 눈으로 사람을 보고, 냉철한 귀로 말을 듣고, 냉철한 뜻으로 감정을 대하며, 냉철한 마음으로 세상의 이치를 생각해야 한다.

• 행복하기를 서두르면 오히려 화를 자초하고, 삶에 집착하면 오히려 죽음을 자초한다. 이러한 진리를 빨리 깨닫는 것을 탁견이라 한다.

• 맹수를 쓰러뜨리기는 쉽지만, 사람의 욕심은 무너지기 어렵다.

• 지금의 평안이 지속되리라고 생각하지 마라.

• 하나의 일이 일어나면 반드시 하나의 해가 생긴다.

• 처음 당한 곤경을 피하려 하지 마라.

• 세상의 일을 조금이라도 줄이면 그 만큼 속세에서 벗어날 수 있다.

• 복福 중에는 일이 적은 것보다 더 큰 복이 없고, 화禍 중에는 마음을 많이

쓰는 것보다 더 큰 화는 없으니, 일에 시달림을 당해 본 사람만이 일이 적은 것이 복됨을 알고, 마음이 평온한 사람만이 마음을 많이 쓰는 것이 화임을 알게 된다.

- 인생이란 것은 매사 늘리려고 생각하면 그만큼 속세에서 빠져나올 수 없다. 예를 들면 교재를 줄이면 분쟁을 면한다. 말 수를 줄이면 비난을 조금밖에 받지 않는다. 분별을 줄이면 마음이 덜 피곤하다. 지혜를 줄이면 본성을 보전할 수 있다. 줄일 것을 생각하지 않고 늘리는 것만 생각하는 자는 이 인생에 얽매여 옴짝달싹 못하게 된다.

- 자신의 입장을 확실히 확립하여 다른 것에 지배받지 않으며 성공했다고 의기양양하지 않으며, 실패했다고 끙끙 앓지도 않는다. 이 세상 어디를 가도 유유자적한 태도로 대처할 수 있다.

- 작은 길에서도 혹은 좁은 길에서도 잠시 멈추어서 남이 먼저 지나가게 하고, 좋은 음식은 조금 남겨 두어 남에게도 먹게 하라. 이것이 바로 세상 사는 가장 안락한 방법이다

- 이 세상을 살아가려면 양보하는 마음을 잃지 말아야 한다. 한 걸음 물러서는 것은 한 걸음 나아가기 위한 전제가 된다. 인간관계에서는 되도록 관대함을 주로 갖는 것이 좋다. 다른 사람을 위해 도모하는 일이 결국에는 자신의 이익이 되어 돌아오는 것이다.

- 인정은 변하기 쉽고 세상을 살아가는 길은 험하다. 그렇기에 험준한 곳에서는 한 걸음 물러서서 양보하고, 수월하게 지나갈 수 있는 곳에서도 삼분의 일은 다른 사람에게 양보하는 마음가짐이 필요하다.

- 어떤 일이건 여유를 가지고 조심스럽게 대처하라. 그렇게 하면 다른 사람은커녕 천지의 신들도 위해를 가하거나 재난을 내리지 않는다. 사업에서도 공명에서도 철저히 추구만 하고 그칠 줄 모른다면 어떻게 되겠는가?

안에서 배신당하거나 밖에서 무너져서 실패를 면할 수 없다.

- 태평성대에는 사방팔방 통해 있어야 하며, 난세에는 원만해야 한다.
- 사변에 대처해서는 인내에 인내를 거듭하여 후일의 성공을 도모해야 한다.
- 작은 은혜를 몰래 베풀어 큰일에 손상을 주어서는 안 된다.
- 오랫동안 날개를 접고 머물러 있는 새는 한 번 날면 반드시 높게 난다.
- 사업을 일으키고 성공하는 사람은 머리 회전이 빠른 사람이다.
- 꽃은 반쯤 핀 것이 아름답고, 술은 약간 취기가 오른 정도로 마신다.
- 사람들은 명예와 지위만이 즐거움이 되는 줄만 알고, 명예가 없고 지위가 없는 한적한 생활이 진정한 즐거움이 되는 것을 깨닫지 못한다. 사람들은 가난한 것이 근심이 되는 줄만 알지 굶주리지 않고 춥지 않는 유복한 생활이 더욱 근심거리가 되는 것을 알지 못한다.
- 사치스러운 사람은 아무리 재물이 많아도 결코 만족할 줄 모른다. 가난하면서도 편안하고 여유로운 사람이 더 낫다. 재주를 자랑하는 사람은 실컷 고생하고도 남의 원한까지 산다.
- 부귀나 명예도 여러가지다. 사람됨이나 인덕으로 얻은 사람은 자연이 피어나는 꽃처럼 내버려 두어도 잘 자란다. 노력으로 얻은 사람은 화분 속의 꽃처럼 잘 자라기도 하고 말라 죽기도 한다. 권력으로 그것을 얻은 사람은 꽃병에 꽂아준 꽃과 같이 뿌리가 없기 때문에 금방 말라죽는다.
- 지위는 너무 올라가지 않는 것이 좋다. 끝까지 올라가면 함정이 기다리고 있다. 재능은 너무 많이 발휘하지 않는 것이 좋다. 너무 많이 내보이면 오래가지 못한다. 훌륭한 행동도 적당히 하는 것이 좋다. 너무 지나치면

오히려 비난을 받게 된다.

- 부귀한 집안에서 자란 사람들은 욕심이 성난 불길 같고 권세 또한 강렬한 불꽃같아서 만일 조금이라도 마음을 맑고 깨끗하게 정제하지 않으면, 그 불꽃이 비록 남을 태우지 않더라도 반드시 자신을 태워버리고 말 것이다.

- 아첨하고 푸대접하는 것은 부귀한 사람이 가난한 사람보다 더 하고, 투기 하는 마음은 혈육이 남보다 더한다.

- 사람이 단 한번이라도 자기 이익을 탐하는 마음을 가지면 강한 의지도 녹아서 약해지고, 지혜도 막히어 어두워지고, 어진 마음도 변하여 가혹해 지고, 깨끗한 마음도 물들어 더러워져 평생의 인품을 망가뜨리게 된다. 그러므로 옛 사람은 탐욕스럽지 않은 것을 보배로 여겼으니, 이로써 세상 사를 초월한 생활을 하였다.

- 작은 일 처리에도 소홀히 하지 않는다. 다른 사람이 보지 않는 곳에서도 나쁜 일에 손대지 않는다. 실의에 가득 찼어도 중도에 그만 두지 않는다. 그래야만 비로소 훌륭한 인물이라 할 수 있다.

- 자신을 단련할 때는 금을 정련하듯 하라. 속성으로 단련해서는 뜻한 바를 이룰 수 없다.

- 역경이나 빈곤은 인간을 훌륭하게 연마시키는 용광로와 같다. 이 속에서 단련되면 심신이 모두 강해진다. 단련된 기회를 가지지 않으면 좋은 인간 으로 성장할 수 없다.

- 역경 가운데 있을 때는 몸 주위에 있는 모든 것이 침이 되고 약이 되어 절개와 행실을 연마하는데 도움이 되는데도 사람들은 어리석어 이것을 깨닫지 못하고, 순경 가운데 있을 때는 눈앞에 있는 것이 모두 창과 칼이 되어 기쁨을 찌르고 뼈를 깎는 아픔을 주는데도 사람들은 어리석어 이것 을 알지 못한다.

- 너무 들뜬 나머지 가볍게 승낙하지 말고, 술에 취한 나머지 성내지 말 것이며, 기쁨에 흥분한 나머지 일을 많이 벌이지 말며, 권태롭다고 하여 일을 당장 그만두지 말아야 한다.

- 지혜로 일하면 모가 난다. 인간의 정으로 노를 저으면 뜻하지 않는 방향으로 흘러가게 된다. 고집을 피우면 옹색해진다. 이렇듯 인생을 살기가 어렵다.

- 실패의 책임은 공유해야 하는 법이지만, 성공의 보수는 다른 사람에게 양보하는 것이 좋다. 그것까지 공유하려 들면 틀림없이 사이가 벌어진다. 괴로움은 공유해야 하는 것이지만 즐거움은 다른 사람에게 양보하는 것이 좋다. 그것까지 공유하려 하면 서로 미워하게 된다.

- 사람에게 은혜를 베푸는 경우에는 생색을 내거나 감사를 기대하는 태도를 보여서는 안 된다. 그런 것을 보이지 않으면 가령 쌀 한 되를 베풀었다고 하더라도 백만 석의 값어치를 낳는다.

- 세상을 살아감에 있어서 반드시 성공하기만을 바라지 마라. 실패하더라도 다시 일어서면 그게 비로 성공이다.

- 실패한 연후에 성공이 따르는 법이니, 일이 뜻대로 되지 않는다고 해서 즉시 그 일에 손을 떼지 않도록 주의해야 한다.

- 일이 조금 뜻대로 되지 않을 때는 나보다 못한 사람을 생각하면 원망과 탓하는 마음이 저절로 사라진다. 마음이 조금 나태해질 때는 나보다 나은 사람을 생각하면 정신이 저절로 분발하게 된다.

- 해로운 인간을 배제함에 있어서도 도망갈 길만은 남겨 두어야 한다. 도망갈 길을 박탈하는 것은 쥐구멍을 막아서 퇴로로 차단하는 것과 같다. 그렇게 되면 상대가 중요한 것을 물고 늘어지게 된다.

- 사람의 결점은 가능한 한 조심스럽게 다루어야 한다. 무턱대고 다그치면 결점이 결점을 크게 두드러지게 해서 효과가 나지 않는다. 완고한 인간은 참을성 있게 설득해야 한다. 감정적으로 다가서면 완고함을 불러서 이야기가 진정되지 않는다.

- 작은 과실을 꾸짖지 않는다. 숨겨둔 일을 폭로하지 않는다. 옛 상처는 잊어 준다. 다른 사람에 대해서도 이 세 가지를 명심하면 자신의 인격을 높일 뿐 아니라 사람의 원한을 사는 법이 없다.

- 열 마디 말 중에서 아홉 마디가 맞아도 반드시 신기하다고 칭찬하지 않으면서, 한 마디 말이라도 어긋나면 탓하는 소리가 사방에서 들려온다. 열 가지 계획 중에서 아홉 가지를 이루었다 하더라도 공을 그에게 돌리지 않으면서, 한 가지 계획만 어긋나도 헐뜯는 소리가 사방에서 들려온다. 그러므로 군자는 차라리 침묵을 지킬지언정 떠들지 않고, 차라리 서툴지언정 그럴듯하게 포장하지 않는 까닭이 여기에 있는 것이다.

- 남을 책망함에 있어서 너무 엄하게 하지 말아야 한다. 그가 받아서 감당해 낼 수 있는가를 생각해 보아야 한다.

- 사람의 책임을 추궁할 때에는 과실을 지적하면서 동시에 과실이 없었던 부분을 평가해 준다. 그렇게 하면 상대도 불만을 품지 않는다. 자신을 반성할 때에는 성공 속에서 굳이 과실을 찾아내는 엄격한 태도가 바람직하다. 그렇게 하면 인간적으로도 극히 높이 성장할 것이다.

- 타인의 과실에는 관대하라. 그러나 자신의 과실에는 엄격해야 한다. 자신의 괴로움에는 이를 악물어라. 그러나 타인의 고통을 간과해서는 안 된다.

- 세상을 살아가려면 너무 결백해서도 안 된다. 더러움이나 오욕마저도 모두 가슴속에 넣어둘 만큼의 도량을 가져야 한다. 인간관계에서는 좋고

싫다는 감정을 너무 밖으로 보이면 안 된다. 어떤 타입의 상대도 받아들일 만큼의 포용력을 가져야 한다.

- 검약은 미덕이지만 지나치면 인색하고 천박해져 도리어 정도를 해치며, 겸손은 아름다운 행실이지만 지나치면 아첨과 비굴한 공손이 되어 꾸민 거짓 행동을 하게 된다.

- 더러운 흙에는 작물이 자라지만 너무 맑은 물에는 물고기가 머물지 않는다. 더러운 것도 받아들일 수 있는 도량을 가져야만 군자가 될 수 있다. 독선적인 결벽은 피해야 한다.

- 분주한 가운데 냉정을 잃지 않으면 마음의 여유를 가질 수 있다.

- 쓸쓸한 모습은 번성한 가운데 있고 새로 자라나는 움직임은 시듦 속에 있으니, 군자는 편안할 때 마음을 바로 잡아 후환에 대비해야 하고 어려운 처지에 놓여있을 때는 백번을 참고 견디어 성공을 도모해야 한다.

- 착한 사람을 대할 때는 마땅히 너그러워야 하고, 악한 사람을 대할 때는 마땅히 엄해야 하며, 보통의 사람을 대할 때는 너그러우면서 엄해야 한다.

- 욕심을 부리는 병은 고칠 수 있지만 고집을 내세우는 병은 고치기 어렵다.

- 가난한 사람보다는 부자나 지위가 높은 사람이 더 불안해한다. 모르는 남들끼리 보다는 가까운 사람끼리 더 미워한다. 인간의 마음이란 이렇게 미묘한 것이라 무슨 일을 하든 냉철한 마음을 놓아서는 안 된다. 그렇지 않으면 쓸데없는 일로 고생한다.

- 나쁜 일을 하고 다른 사람이 모르기를 바라는 것은 그 마음속에 양심이 있기 때문이다. 좋은 일을 하고 남이 알아주기를 바라는 것은 그 마음속

에 욕심이 있기 때문이다.

- 덕은 재능의 주인이요, 재능은 덕의 노예이다.

- 덕은 사업의 근본이니, 근본이 단단하지 않고서는 그 집이 오래가지 못한다.

- 자신에게도 타인에게도 세심한 배려를 하고 무슨 일이나 마음 쓰는 인물이 있다. 그런가 하면 자신도 타인도 돌보지 않고 무슨 일이나 담백한 태도를 취하는 인물이 있다. 너무 마음 써서도 안 되고 너무 덤덤해서도 좋지 않다. 훌륭한 인물은 균형 잡힌 태도로 일관해야 한다.

- 청렴하면서도 포용력이 있고, 동정하면서도 결단력이 있다. 통찰력이 있으면서도 남의 흉을 들추지 않는다. 순수하면서도 과격하지 않다. 이런 인물이야말로 '꿀을 써도 너무 달지 않고, 소금을 써도 너무 짜지 않다'는 것이며, 이는 이상적인 존재방식에 가깝다.

- 양념을 많이 한 요리에는 진정한 맛이 없다. 진짜 맛은 담백한 것이다. 두드러져 보이는 사람은 인격자라 할 수 없다. 인격자는 결코 두드러져 보이지 않는다.

- 맛있는 진수성찬은 모두 몸속의 장을 고통스럽게 하며 뼈를 썩게 하는 독약이다. 마음에 들뜬 즐거움은 모두 몸을 망치며 덕을 잃는 원인이 된다. 적당히 하지 않으면 후회를 하게 된다. 여자들을 끼고 친구들과 함께 질탕하게 놀다 보면 밤이 깊어지는 어느 순간 향도 사라지고 차도 싸늘하게 식어버린다. 그쯤 되면 주변은 아랑곳하지 않고 후회하는 사람도 나타나서 더욱 음울한 분위기를 자아낸다. 세상의 즐거움이란 대체 이런 것이다. 어째서 적당히 그만두지 못할까?

- 입에 맞는 음식은 모두 창자를 곯게 하고 뼈를 썩게 하는 약이니 반 정도만 먹어야 재앙이 없고, 마음에 즐거운 일은 다 몸을 망치고 덕을 잃게 하는 매체이니 반 정도에서 그만두어야 후회됨이 없을 것이다.

- 앞으로 나가갈 때는 반드시 뒤로 물러설 것을 생각하라. 그렇게 하면 담장에 뿔이 박힌 양처럼 몸을 운신할 수 없게 될 우려는 없다. 무엇을 착수할 때에는 우선 손을 뗄 때를 생각하라. 그렇게 하면 호랑이 등에 탄 것처럼 무턱대고 앞으로 뛰쳐나갈 위험을 피할 수 있다.

- 산을 오를 때는 험난한 길을 참아내고, 눈길에서는 위험한 다리를 참아내고 '앞으로 나아가라'는 말이 있지만 이 참아낸다는 것에 깊은 의미가 포함되어 있다. 인정은 험악하고 인생의 길은 엄격하다. 인내를 의지하여 살아가지 않으면 금세 덤불숲에 길을 잃고 구멍에 빠져버린다.

- 내리막길로 돌아갈 징조는 전성기에 나타나며, 새로운 것의 태동은 쇠퇴기에 생긴다. 순조로울 때에는 마음을 긴장시키고 이변에 대비하며, 난관에 부딪쳤을 때는 오로지 참고 견디며 초지일관해야 한다.

- 하늘의 의지는 예측할 수 없다. 시련을 주는가 하고 생각하면 영달을 보증하고, 영달을 보증하는가 하면 다음에는 또 시련을 내린다. 아무리 영웅호걸이라도 이럴 때는 휘둘려 넘어진다. 그러나 훌륭한 인물은 역경에 부딪혀도 이를 감내하고 따르며, 태평성대에도 닥쳐올지 모를 위험에 대한 대비를 잊지 않는다. 그렇기에 하늘도 어찌할 수 없는 것이다.

- 오랜 시간 동안 웅크리고 힘을 비축한 새는 일단 날아오르면 반드시 높이 올라간다. 남들보다 먼저 핀 꽃은 지는 것도 빠르다. 이 도리를 잘 알고 있으면 도중에 녹초가 될 걱정도 없고, 안달하며 공적을 바라다 화내는 경우도 없다.

- 바쁠 때는 당황해서 쩔쩔매지 않으려면 한가할 때 정신을 확실히 단련해 두어야 한다.

- 끊임없이 불유쾌한 충고를 키담아 듣거나 마음대로 되지 않았던 일을 계속 품고 있으면 자신을 향상시킬 수 있다. 항상 좋은 말만 키담아 듣고

마음먹은 대로 모두 이루어진다면 자신의 인생을 일부러 독에 담가 놓은 것과 같다.

- 복숭아나 자두는 화려한 꽃을 피운다. 그렇지만 소나무나 떡갈나무의 뛰어난 녹색에는 미치지 못한다. 배나 살구는 단 열매를 갖는다. 그렇지만 등나무나 밀감의 상쾌한 향기에는 미치지 못한다. 여기서 알 수 있듯이 화려하고 수명이 짧은 것은 수수하고 오래가는 것에 미치지 못하고 조숙은 만성에 미치지 못한다.

- 절조가 굳은 인물은 온화한 태도를 익혀야 한다. 그렇게 하면 쓸모 없는 싸움에 휘말리지 않고 자연스럽게 해결된다. 공명심이 왕성한 인물은 겸양의 미덕을 익혀야 한다.

- 도를 얻으려 하면 우선 엄격하게 자세를 바르게 할 필요가 있지만, 한편으로는 다른 일에 구애받지 않는 산뜻한 정신도 필요하다. 오로지 자신을 괴롭히기만 한다면 가을의 서늘함은 있지만 봄의 따뜻함은 없다. 이로써 어찌 만물을 품어낼 수 있겠는가?

- 남을 믿는 사람은 남이 성실하기 때문이 아니라 자기가 곧 성실하기 때문이며, 남을 의심하는 사람은 남을 속여서가 아니라 자기가 속이기 때문이다.

- 친구를 사귐에는 모름지기 서푼의 의협심이라도 있어야 하고, 사람이 되려면 한 점의 본심이라도 있어야 한다.

- 배가 부르면 맛의 구별이 사라지고, 여자와 자고 난 뒤의 남자는 여자에게 흥미를 잃는다. 무슨 일이든 시작하기 전에 나중 일을 마음에 담아두면 흔들림이 없고 망상도 일어나지 않아 실체를 뚜렷하게 볼 수 있게 되고 잘못을 저지르지 않게 된다.

- 병이 들어서야 건강의 고마움을 알고, 전쟁이 일어나고 나서야 비로소

평화의 소중함을 알게 된다. 그러나 그 때는 이미 늦다. 행복하기를 서두르면 오히려 화를 부르고, 삶에 집착하면 죽음을 자초한다. 이러한 진리를 빨리 깨닫는 것을 탁견이라고 한다.

- 욕망에 관한 한 쉽게 즐길 수 있다 하더라도 조금이라도 손끝에 물들이지 않도록 해야 한다. 한 번 손끝에 물들이게 되면 만길 벼랑으로 굴러떨어질 것이다. 우리가 해야 할 도리에 관한 한 비록 어렵더라도 뒤로 물러서지 말아야 한다. 한 걸음 물러서게 되면 천리나 되는 산을 사이에 둔 것만큼 멀리 떨어질 것이다.

- 가난한 집이라도 자주 청소를 하고, 못생긴 여자라도 단장을 잘하면 화사함을 없을지라도 무엇인지 모를 기품이 생기는 법이다. 사나이는 아무리 곤궁에 처해 있어도 스스로 무너져 품격을 잃어서는 안 된다.

- 멋은 많음에서 오는 것이 아니다. 좁은 연못이나 작은 돌에도 자연의 정취가 깃들어 있다. 훌륭한 경치는 먼 곳에 있는 것이 아니다. 오막살이 초가집에도 한가로이 맑은 바람이 불고 밝은 달이 비추고 있다.

- 권세나 명리를 가까이하려 하지 않는 사람은 훌륭하다. 그러나 그것을 가까이 하면서도 물들지 않는 사람이 더 훌륭하다. 권모술수를 모르는 사람은 인격자다. 그러나 그것을 알면서도 악용하지 않는 사람은 더 훌륭한 인격자다.

- 귀에 거슬리는 말을 듣고 마음속에 거리낌을 품고 있는 사람은 그것이 숫돌이 되어 인격을 수양하고 행동을 제어할 수 있을 것이다. 말마다 귀에 즐겁고, 일마다 흡족하면 그것은 스스로 독주 속에 자기 자신을 빠트리는 것과 같다.

- 남에게 도움을 준 일은 빨리 잊어라. 그러나 남에게 피해를 준 일은 절대로 잊어서는 안 된다. 남에게 은혜를 입은 일은 결코 잊지 말라. 남에게

피해를 입은 일은 빨리 잊어라.

- 자신이 세상의 다툼에 관여하지 않았다고 해서 다른 사람의 다툼을 경멸하지 말라. 스스로의 마음이 고요하고 담백하다고 해서 혼자 깨달은 사람처럼 티를 내지 말라.

- 길이란 서로 다투면 좁아지지만, 한 걸음 물러나면 넓어진다. 짙은 맛에는 금방 질리고 말지만, 담백한 맛은 오래 즐길 수 있다.

- 조용한 환경 속에서 조용한 마음을 가지는 것만으로는 진정한 평정이라고 할 수 없다. 진정으로 조용한 평정은 격렬한 움직임 속에도 조용한 마음을 얻는 것이다. 즐거운 곳에서 즐거운 마음을 가지는 것은 진정한 즐거움이 아니다. 진정한 즐거움이란 괴로움 속에 있으면서도 즐거움을 느끼는 것이다.

- 속세를 떠난다 해서 반드시 인간관계를 끊거나 산림에 은거하는 것을 말하지 않는다. 그것은 늘 일상 속에 있는 것이다.

- 깨달음이란 욕망과 인연을 모두 끊고 마음을 재로 만드는 것이 아니다. 그것은 고뇌의 끝에서 얻어지는 것이다.

- 능히 속세를 벗어나면 이 사람은 기인이 되고 만다. 일부러 기인이기를 바라고 기인인 척하는 사람은 괴짜에 불과하다. 더러움에 섞이지 않으면 그것이 바로 청렴이다. 속세와의 인연을 끊고 청렴을 구하면 그 사람은 결코 청렴한 사람이 아니다. 기인일 뿐이다.

3. 어떤 명언이 좋은지 한 번 써보시고 그 이유를 말해 보세요.

7부

법구경

1. 법구경

　불교의 핵심 사상은 만물은 흐르고 흐른다는 만물 유전과 모든 것이 인연과 인연으로 맺어져 졌다는 인연 연기 사상이다. 그런데 인간은 어리석어서 자신이 영원히 살 것처럼 행동하고 자기만 잘 살면 된다고 생각하여 탐욕스럽고 분노에 찬 삶을 산다는 것이다. 그래서 인생이 무척이나 고달프다는 것이다.

　불교는 이처럼 염세적 색체가 강해 성공을 위해 '긍정의 힘'을 강조하는 자본주의 논리와는 이질적이다. 하지만 우리는 모두가 성공할 없고, 더구나 죽음 앞에 누구나 자유롭지 않다. 그래서 인간은 언젠가는 패배의 맛을 볼 수밖에 없다. 그 때의 세상을 깨닫게 하는 것이 바로 불교의 세계가 아닌가 한다. 고달픔을 없애기 위해서는 먼저 왜 인생이 고달픈지를 깨달아야 하고 그 깨달음을 바탕으로 바른 길(8正道)을 갈 때 비로소 해탈의 경지에 도달할 수 있다고 한다. 바로 이런 가르침을 주는 것이 〈법구경〉이다.

　〈법구경〉은 불교의 창시자 석가모니의 말을 제자들이 그대로 전한 말이다. 그런 점에서 공자의 〈논어〉와 비슷하다. 법구경의 중심 사상은 '사체팔정도四諦八正道'와 '삼귀오계三歸五戒'가 있는데 전자가 특히 중요한 비중을 차지하므로 여기에 비중을 많이 두어 실었다.

2. 법구경의 명언들

- 창조된 모든 것은 무상한데 지혜롭게 이 이치를 깨달은 사람은 고뇌로부터 멀어질 수 있으리니 이것이 곧 평안에 이르는 길이다.

- 창조된 모든 것은 괴로운데 지혜롭게 이 이치를 깨달은 사람은 슬픔으로부터 멀어질 수 있으리니 이것이 곧 평안에 이르는 길이다.

- 인간으로서 태어나기도 어렵고 죽어야 할 자가 살아있는 것도 어렵고 진실한 교법을 듣는 것도 어렵고 그러나 깨치는 일은 더욱 어렵다.

- 가장 높은 가르침을 모르고 백년을 사는 것보다 가장 높은 이치를 알고 하루를 사는 것이 낫다.

- 왜 기뻐하고 있는가, 왜 웃고 있는가? 이 세상은 얼마나 불타고 있는데 어두운 무지에 쌓여 있는데 어찌하여 빛을 구하지 않는가?

- 아들이나 부모나 죽음에 사로잡힌 자에게 의지할 수 있는 친척은 없다. 자기 자식, 자기 가죽에만 마음을 쏠려 있는 자를 죽음은 휩쓸어 간다. 마치 홍수가 잠든 마을을 휩쓸어 가듯이.

- 사랑하는 자를 가까이하지 말라. 사랑하지 않는 자를 가까이하지 마라. 사랑하는 자를 보지 못하는 것도 괴로운 일이나 사랑하지 않는 자를 보는 것도 괴로운 일이다.

- 지혜의 눈을 흐린 사람은 애욕에 빠지고 싸움을 즐긴다.
  지혜의 눈이 맑은 사람은 근신을 보물처럼 지켜나간다.

- 사랑에서 근심이 생기고 사랑에서 두려움이 생긴다.
  사랑에서 완전한 자유를 얻은 사람에게 어찌 근심과 두려움이 있겠는가?

- 탐내지 말고 싸움을 좋아하지 말며 애욕에 빠지지 말라.
  잘 묵상하고 방종하지 않으면 반드시 마음의 평안을 얻게 되리라.

- 하늘이 보물을 소나기처럼 내려도 사람의 욕망을 채울 수 없다.
  욕망에는 적은 쾌락과 많은 괴로움이 있음을 아는 이는 현자이다.

- 쾌락에 눈이 어두워 관능을 바로 잡지 못하고 음식을 절제하지 못하는 사람은 마음이 약하며 게으르며 악마에게 미혹되어 바람에 날리는 풀잎처럼 평안을 얻지 못한다.

- 잠 못 이루는 이에겐 밤이 길고 피로한 이에겐 지척도 천리다.
  어리석은 사람에겐 윤회가 길어도 진리를 알지 못한다.

- 이 아이는 내 아이고 이것은 내 재산이라고 어리석은 사람은 오직 급급하지만 내 자신조차 내 것이 못 되거늘 어찌 아들과 재산이 내 것이 되겠는가.

- 탐욕보다 강렬한 불길은 없고 분노보다 강한 악력이 없으며 어리석음보다 가느다란 그물이 없고 애욕에 능가하는 빠른 물결이 없다.

- 어리석은 자는 한평생 다하도록 현명한 이에게 배워도 진리를 알지 못한다. 마치 숟가락이 국 맛을 모르듯이.

- 육체는 성곽과 같아 뼈는 근간이 되고 살로 벽을 쌓아는 데 태어나서 늙고 죽음에 이르기까지 그 속에 분노와 교만이 숨어 있다.

- 어리석은 사람은 이득을 탐하고 헛된 명예를 구한다. 집에서는 스스로 질투를 하고 항상 남에게 공양을 바란다.

- 작은 악을 가볍게 여기지 말라. 재앙이 내리지 않는다고 해도 물방울은

- 비록 보잘 것이 없으나 점차로 큰 그릇을 채우니 무릇 악으로 가득 차게 됨은 보잘 것 없는 것부터 쌓여 이루어진다.

- 비록 악을 저질렀다 해도 다시는 저지르지 말며 그 일을 마음에 두지 말라. 악을 행하다 보면 참을 수 없는 고통이 된다.

- 음탕한 행위에 마음을 둔 자는 애욕의 가지가 자라서 불길이 일어나듯이 무성하게 퍼지나니 마치 숲속에 열매를 탐내는 원숭이처럼.

- 몸에 상처가 없으면 독은 해를 입히지 않으니 악을 행하지 않는 자에게 어찌 악을 침범할 수 있으랴.

- 깨끗한 행위를 하지 않고 재산을 모아 놓지 못하면 늙어서 백로처럼 물고기 없는 연못만을 지킨다.

- 근신하는 것은 영생의 길이고 방종함은 죽음의 길이니 게으르지 않으면 죽지 않을 것이고 게으르면 죽음에 이른다.

- 마음이 흔들리면 경박해져서 가누기 어렵고 조종하기 어려운데 현명한 자는 자신을 바르게 하나니 마치 활을 만드는 이가 화살을 곧게 만들 듯이.

- 자기 몸을 물 위에 뜬 물거품이며 아지랑이라고 보는 이는 애욕의 악마가 쏘는 꽃화살을 떨어뜨리고 죽음이 미치지 못하는 곳에 이르게 된다.

- 만물이 한결같이 않으니 이 삶은 멸망에 이른다. 생멸生滅이 이미 다했으니 고요함을 즐거움으로 삼아야 한다.

- 모든 현상의 법은 꿈, 환상, 물거품, 그림자와 같고 이슬과 같고 번개와 같으니 바로 이것이 사실이다.

- 어리석은 자가 스스로 어리석다고 말한다면 그는 이미 어리석지가 않으

며 어리석은 자가 스스로 지혜롭다고 말한다면 그는 이미 매우 어리석은 자다.

- 애욕에 빠지지 않고 남을 미워하기를 좋아하지 않으며 선과 악에 사로잡히지 않은 마음이 넉넉한 사람에게는 고뇌가 없다.

- 진리를 좋아하는 사람은 평안히 잠들고 마음은 즐거우며 맑으나니 부처님의 가르침 속에서 지혜의 눈이 자연히 뜨인다.

- 마음이 이미 안정되고 언행 또한 바르면 바른 것으로부터 즐거움을 깨닫게 되니 마음과 언행이 고요해진다.

- 부지런함을 즐기고 게으름을 두려워하는 수행자는 마음에 얽힌 가쇄(수갑)를 불이 모든 것을 태워버리듯이 태워버린다.

- 화살을 만드는 사람은 화살을 곱게 만들고 물 위에서 사는 사람은 목공이 나무를 다듬듯이 배를 다듬으니 현명한 사람은 자기 자신을 다듬는다.

- 모든 악행을 저지르지 말고 모든 선을 좇아서 행하여 스스로 그 마음을 깨끗이 하는 것이 모든 부처들의 가르침이다.

- 괴로움과 괴로움의 원인과 괴로움의 초월과 괴로움의 정지로 인도하는 8가지 바른 길이 있다.

- 세상은 어리석음으로 덮여 있어 보고도 보지 못하는 사람이 있으니 사악함과 의심이 도를 막는다. 그물에서 벗어나 나는 새가 드물 듯이.

- 남이 저지른 잘못을 보지 말고 남의 그릇된 행실을 탓하지 말라.
  항상 자신을 반성하고 자기가 저지른 잘못이나 그릇된 행실을 눈여겨 보라.

- 자기 마음을 스승으로 하라. 자기 마음을 두고 달리 스승을 구하지 마라.

자기 마음을 스승으로 하는 자는 참된 지혜의 가르침을 얻을 수 있다.

- 비록 천 마디 말이라도 의롭지 않으면 무익한 것이니 의로운 한 마디야말로 마음의 평안을 얻을 수 있는 생명의 말이다.

- 하나의 가르침도 지키지 않고 거짓말하는 사람은 내세를 생각하지 않으니 온갖 죄악을 저지르게 된다.

- 거친 말을 하지 말라. 그 말은 반드시 두려움으로 갚으니 해악과 재앙이 들어와 응보의 매가 내릴 것이다.

- 스스로 방종하지 아니하고 이로부터 깨달음이 많은 사람은 경주하는 말이 다른 말을 앞질러 달리듯이 악을 버리고 어질게 된다.

- 꽃향기는 바람을 이기지 못하고 부용도 전단의 향기도 마찬가지다. 가르침을 따르는 사람의 향기는 바람에 거슬러 흘러가 퍼지니 선한 사람은 어느 곳에서나 그 향기를 맡게 된다.

- 전에는 게을렀던 사람도 나중에 깊이 정진하여 게으르지 않으면 이는 마음과 세상을 비출 것이니 마치 구름을 헤치고 비추는 달처럼.

- 항상 마음을 지켜 악행을 막고 성내고 원망하는 것을 절제하고 마음속의 나쁜 생각을 버려 깊이 사유하고 도를 생각하라.

- 세상에 태어나 이미 평안하여 원망함에 성내지 않으니 사람이 원망을 하더라도 원한을 품지 않고 산다.

- 원망을 원망으로 풀지 않으면 마침내 편안함을 얻을 것이니 참는 데서만 원망을 풀 수 있다. 이것은 불변의 진리이다.

3. 어떤 명언이 좋은지 한 번 써보시고 그 이유를 말해 보세요.

8부
사마천 ≪사기≫

1. 사마천의 ≪사기≫

　사마천의 〈사기〉는 아버지가 하던 역사적 집필을 이어받아 역사서를 집필하기로 하였다. 그리고 사마천이 간언하다 황제의 비위를 건드는 바람에 궁형에 처하게 되자 그 당시의 사회상을 고발하기 위해 역사서를 집필하기로 하였다. 궁형은 신체뿐 아니라 이름과 명예 등 모든 것을 잃는 것을 말한다. 그는 그 울분을 풀기 위해 대단원의 서사 ≪사기≫를 집필하였다. 역사적인 사실을 단순히 나열하기만 한 역사서가 아니다. 사기는 중국 한나라 시대의 역사적 인물들의 생애를 다루고 있고, 약 130명의 인물들을 중심으로 그들의 삶과 업적을 기록한 책이다. 사마천은 인물들의 내면적인 갈등과 성격을 중심으로 역사를 기술하면서도 역사적인 사건을 통해 그 속에 담긴 인간적인 교훈을 담고 있다. 사마천은 각 인물의 성공과 실패를 통해 인간의 성격과 다양한 인간적인 특성들을 잘 그리고 있다. 그래서 우리는 각 인물들의 특징과 그들이 겪은 성공과 좌절, 그리고 갈등과 선택의 결과 등을 잘 정리하면 인생의 큰 교훈을 얻을 수 있다고 확신한다.

2. 사마천 ≪사기≫의 명언들과 명장면

- 난 사내답게 죽겠소. 당신처럼 연명하지 않겠소……. 나는 살아서 역사서를 쓸 것이오.

- 이 나라 간신배들이 어떻게 망쳐놓고, 황제가 얼마나 어리석었으며, 백성들이 얼마나 고통을 당했는지 나는 분명 살아서 모든 것을 역사에 남길 것이오.(사마천이 간언하다 역적으로 몰려서 사형을 받았을 때의 말)

- 나는 궁형을 받은 다음 곰곰이 생각했다. 생각컨데 고대의 <시경>이라든가 <서경>이 깊은 의미를 가지고 있으면서도 간결한 표현으로 되어 있는 것은 말하고자 하는 내용을 압축했기 때문이다. 옛날 주나라 문왕은 은나라 주왕에 감금당했기 때문에 <역>을 체계화했다. 공자는 여행지에서 곤궁했기 때문에 <춘추>라는 역사책을 지었다……. 사람들은 마음에 담고 있는 불평불만이 있고 뜻한 바가 이루어지지 않기 때문에 과거를 말하는 것이며 미래를 생각하는 것이다.(사마천이 궁형을 당한 다음 역경을 딛고 역사서를 쓰게 된 동기)

- 불행은 좋은 것이다. 불행이 없으면 아무리 재능이 있다 하더라도 그것을 나타낼 기회가 없다.

- 받고자 하면 먼저 주라. 이것이 정치의 요체다.

- 큰일을 행할 때마다 사사로운 일을 돌아보지 않으며, 크게 예의를 갖출 때에는 사사로운 사양을 따지지 않는다.

- 작은 절개나 의리에 구애 받으면 이름을 떨칠 수 없고, 작은 수치에 겁내면 큰일을 이룰 수 없다.
- 부키영화를 좇고 미색에 빠지면 가슴 속에 품었던 큰 뜻을 잃는다. 그래서 예로부터 천하영웅은 부키영화와 미색을 멀리했다.
- 날랜 토끼는 굴을 세 개 판다.
- 한 가지 재능이라도 제대로 배우면 자기 몸 하나 세상에 세울 수 있다.
- 결국 자신이 어디에 있느냐에 따라 그 사람의 가치가 결정된다.(진나라 재상 이사가 뒷간에 있는 쥐는 똥을 먹고 살지만 창고에 사는 쥐는 풍부한 먹을거리를 마음껏 먹고 사는 것을 보고 한 말)
- 한 번 머리를 감을 시간이라도 세 번 나가 인재를 만나야 한다.
- 사람을 얻는 자는 흥하고 사람을 잃는 자는 망한다.
- 최선을 다하며 노력해도 중용되지 않는다면 그것은 위정자의 수치이다.
- 태산은 한 줌의 흙이라도 사양하지 않는다. 그래야 태산 같이 큰 산이 될 수 있다. 황하와 바다는 조그만 물줄기라도 가리지 않는다. 그래서 깊은 물이 되었다. 군왕도 백성들을 차별해서는 안 된다. 그래야 군왕의 덕을 천하에 밝힐 수 있다.
- 맹상군은 천하의 인재를 모아 식객으로 대접했다. 그 소문을 듣고 수배 중인 죄인까지 찾아오는 지경이라 그 식객만 해도 '수천 명'이나 되었다. 맹상군이 제나라 왕의 사자가 되어 진나라로 가게 되었을 때 식객 몇 사람이 수행하게 되었는데, 그 가운데 도무지 쓸모없는 두 사람이 끼어 있었다. 한 사람은 개의 흉내를 내며 도적질을 잘 하는 사람이고, 또 하나 사람은 닭 울음을 그럴 듯하게 흉내 내는 사람이었다.
맹상군 일행을 맞이한 진나라의 소왕은 맹상군의 힘으로 제나라가 강해질 것을 두려워해 일행을 연금하고는 죽이려 했다.

이에 맹상군은 소왕의 애첩에게 손을 써서 그 도움으로 풀려나려 했으나 애첩이 그 대가로 여우의 겨드랑이 털로 만든 옷을 달라고 요구해 곤경에 빠지고 말았다. 똑같은 옷은 이미 맹상군이 소왕에게 바쳤고, 그것은 천하에 둘도 없는 진품이라 구할 수 없었기 때문이다.

맹상군은 식객들과 의논을 해보았지만, 아무도 별다른 묘안을 내지 못했다. 그때 구석 자리에서 한 남자가 나섰다.

"제가 해보겠습니다."

밤이 되자 그 남자는 왕궁으로 숨어들어 소왕에게 헌상했던 그 옷을 훔쳐냈다. 맹상군은 그것을 애첩에게 바치고 풀려날 수 있었다.

일행은 서둘러 도성을 탈출해 위조한 통행증을 들고 캄캄한 밤에 함곡관에 도착했다. 그러나 규칙에 따라 아침에 닭이 울어야 문을 열어줄 수 있다는 것이었다. 소왕은 벌써 맹상군 일행이 도망친 것을 알고 추격병을 파견한 상태였다. 맹상군은 초조했다. 그 때 일행의 말석에 앉아 있던 식객이 손을 들고 앞으로 나오더니, 닭 울음소리를 흉내 내는 것이 아닌가. 그 울음소리를 듣고 주변의 닭들이 덩달아 울기 시작하자 병사들이 관문을 열었다. 이어서 추격병들이 뒤쫓아왔지만 맹상군 일행은 이미 함곡관을 떠난 뒤였다. 식객들은 그 두 사람에게 감복하지 않을 수 없었다.

- 성공하면 그 자리에 머무르지 않고, 공을 세우면 과감하게 물러나야 한다.

- 땔 나무 위에 눕고 쓸개를 맛본다.(와신상담臥薪嘗膽 모든 고뇌를 씹으며 기회를 기다린다는 의미)

- 월나라 왕 구천은 오나라 부차에게 뼈아픈 패배를 하고 굴욕적인 강화조약을 맺고 부차의 개노릇하면서 '회계산의 수치'를 씻기 위해 와신상담하며 때를 기다린다. 마침내 20년 후 오나라를 멸망시키고 한을 푼다. 이 때에 월나라 왕을 도와 복수를 성공시킨 공신이 바로 범려라는 사람이

다. 공적에 의해 대장군이라는 최고의 지위에 임명된 범려는 "최고조로 득의양양하고 있는 우두머리 밑에 오래 있는 것은 위험하다. 더구나 구천이라는 사람은 어려움은 나눌 수 있어도 즐거움을 나눌 수 있는 사람이 아니다."라고 생각하고 편지로 사의를 표명하였다. 구천은 진의를 알지 못해 필사적으로 막았지만 범려는 이를 돌아보지도 않고, 지위를 아까워하지도 않으며 모든 것을 버리고 제나라로 이주한다. 제나라로 옮긴 그곳에서 자식들과 함께 사업을 경영하여 곧 막대한 부를 쌓았다. 제나라에서도 그 능력을 알아보고 재상 취임을 간청했다. 그러나 그는 말하면서 제나라 초대를 고사한 후 재산을 마을 사람에게 나누어 주고 제나라를 떠나 도陶라는 곳으로 이주한다. 들에서는 천금의 부를 축적하고, 나아가서는 재상에 오른다. 필부의 신분으로 이 이상의 영달은 없다. 그렇지만 영예가 오래 지속되는 것은 화를 부른다.(명철보신明哲保身깊은 통찰력을 발휘하여 몸을 지킨다는 말)

- 자신의 분수를 모르고 잘 난 척하는 것은 병패이다.

- 반딧불이를 주머니에 담고 눈빛에 비추다.(아무리 힘들고 가난해도 반딧불을 비추며 고학하는 모습을 그린 말)

- 좋은 시기는 얻기 힘들고 잃기 쉽다.

- 진키한 물건이기에 사 둘만한 가치가 있다.

- 공은 이루기 어렵고 패하기는 쉽다.

- 행복과 불행은 같은 집에 산다.

- 애매하게 행동하면 명성을 얻지 못하고 모호하게 일을 하면 공을 세우지 못한다.

- 이름은 헛되이 나지 않고 선비는 까닭 없이 어울리지 않는다.

- 만세의 걸친 이상이 눈앞의 이익보다 경시되어서는 안 된다.

- 사람은 돈의 정체를 몰라서 그릇을 키우지 않고 담으려고만 한다. 그래서 한두 번 성공하다가 결정적 순간에 잃어버린다.

- 나는 부귀한 몸이 되어 주인에게 눌려 살기보다는 오히려 빈천한 몸으로 세상을 가볍게 마음 내키는 대로 살고 싶다.

- 진짜로 훌륭한 사람은 주체성을 가지고 행동한다. 남이 칭찬할만한 일이 있으면 칭찬하고, 비판할 필요가 있으면 보복 따위는 신경 쓰지 않는다.

- 재능이 없는 데도 높은 지위에 앉아서 진짜 훌륭한 인재를 밀어낸다면 그것은 지위를 도둑질한 것이다. 잔당을 만드는 자가 등용되고 재력이 있는 자가 우대를 받는 것은 큰 잘못이다.

- 하늘의 덕은 머리가 될 수 없다.(<역경>의 말로 인격자는 가급적 두각을 나타내지 않고 있는 편이 훌륭하고 안전하다는 뜻으로 조직을 움직이고 적과 싸우기 위해서는 부덕해야 한다는 말)

- 욕심이 지나치면 반드시 가지려던 것을 잃게 되고 가진 것에 만족할 줄 모르면 가진 것도 잃는다.

- 새나 짐승은 안전한 자리에 서식하기 위해 온 힘을 기울인다. 그렇건만 인간에게 포획당하는 이유는 먹이에 마음을 빼앗기기 때문이다. 소진과 지백은 지혜가 대단했던 사람으로서 그들이 남에게 죽임을 당한 것은 눈앞의 욕심에 마음을 빼앗겼기 때문이다.

- 왕후장상이라고 해도 보통사람과 그 씨는 같다.

- 큰일을 앞에 두고 작은 일에 구애받지 마라.

- 그 사람을 알지 못하면 그 사람의 친구를 보라.

- 배우길 좋아하고 깊이 생각하면 마음으로 그 뜻을 알게 된다.

- 처단해야 할 것을 처단하지 않으면 나중에 오히려 해를 초래한다.

- 용모가 쇠퇴하면 총애가 느슨해진다.

- 한번 엎질러진 물을 다시 주어 담을 수 없는 것처럼, 한 번 끊어진 인연을 다시 맺을 수 없다.

- 죽음은 때로는 태산보다도 무겁고 때로는 새털보다도 가볍다.

- 바지가랑이 밑을 지나가는 모욕(한신이 건달과의 다툼에서 비롯된 일. 큰 일을 위해서는 굴욕을 참고 견뎌내야 한다는 뜻)

- 사슴을 가르켜 말이라 한다.(조고가 황제에게 사슴을 바치며 한 말, 윗사람을 농락하여 권세를 휘두른다는 말)

- 위아래의 언로가 막히면 나라가 망가진다.

- 예의란 최악의 경우에 일어날 일을 미연에 방지하는 최소한의 예방책이다.

- 주머니 속의 송곳.(낭중지추. 평원군과 모수의 인재 문답에서 나온 말. 재능이 뛰어나거나 출중한 사람은 숨어 있어도 저절로 드러나 알려진다는 의미)

- 나는 지금까지 1천명의 인물을 감정했으며 내 눈이 멀지 않았다고 은근히 자랑했는데 그것이 얼마나 어리석은 것인지를 깨닫게 되었다.

- 행동을 주저하면 명성을 얻을 수 없고, 일을 추진하면서 머뭇거리면 공을 이룰 수 없다.

- 우두머리란 자는 항상 겸허해야 하며, '우물 안의 개구리'가 되어서는 안 된다.

- 작은 일에 일일이 화를 내면 부하를 감동시킬 수 없다. 관용적이고 포용적이어야 부하의 신뢰를 얻을 수 있다.

- 능력이 있는 인간은 가볍게 죽음을 택하지 않는다. 자살 따위를 하는 것은 다시 한 번 해보겠다는 의욕이 없기 때문이다.

- 오기(오자)는 항상 부하를 배려하면서 군에 있을 때는 항상 병졸과 같은 것을 입고, 같은 것을 먹었다. 또한 잘 때에도 자리는 말지 않았고, 행군할 때도 수레를 타지 않았고, 자신의 식량은 스스로 가지고 다녔고, 매사에 병사와 괴로움을 나누었다. 어느 때 한 명의 병사가 막사에서 종기로 괴로워하고 있었다. 그것을 본 오기는 자신의 입으로 종기를 빨아주었다. 그렇지만 나중에 이야기를 전해들은 어머니는 울음을 터트렸다. 옆에 있던 남자가 이상하게 생각하며 "당신 아드님은 일개 병사인데도 장군이 스스로 고름을 빨아주지 않았소. 그런데 왜 우는 것입니까?"라고 물었더니 어머니는 이렇게 대답했다. "그렇지 않습니다. 실은 몇년 전에 오기 장군님께서 그 애의 아버지의 고름을 빨아주셨습니다. 그 후 그 사람은 오기장군님을 따라 전쟁터에 임했는데, 어떻게든 그 은혜를 갚으려고 적에게 절대로 등을 보이지 않고 싸우다 죽었습니다. 들어보니 이 번에는 제 아들을 빨아주셨으니…… 이로써 그 아이의 운명도 결정된 것 같습니다. 그래서 울고 있습니다."

- 젊은이가 나를 우습게 보는 것은 내가 부족하기 때문이다.

- 백성들과 처음부터 같이 일을 도모할 수 없으며 오직 이뤄진 연후에 함께 즐길 수 있을 뿐이다. 덕이 높은 사람은 세상과 타협하지 않고 큰 공을 이루려 하는 사람도 남과 상의하는 법이 아니다.

- 토끼를 잡으면 사냥개를 삶아 먹는다.(한신의 토사구팽)

- 도덕은 생활의 여유에서 발생한다. 군자는 생활의 여유가 생기면 슬슬

덕을 쌓으려고 한다. 소인도 생활의 여유가 생기면 소인 나름대로 자신의 생활방법을 바꾸려는 법이다. 물이 깊은 것에 물고기가 살고 산이 깊은 곳에 모여 살듯이 사람은 부유해져야만 인의의 마음을 가지게 된다. 따라서 인간은 부유해지면 해질수록 덕망도 높아지는데, 일단 부를 잃고 나면 의지할 곳조차 없어 실의에 빠지고 만다.

- 3년 동안 날지 않더라도 한 번 날아오르면 하늘 끝까지 이를 것이다. 3년 동안 울지 않았어도 한 번 울면 세상이 놀랄 것이다.(조용히 준비하여 기반을 다진 뒤 일시에 분위기 쇄신을 한다는 의미)

- 장왕은 즉위하여 3년 동안 정치를 모두 팽개치고 매일 밤 놀기만 하였다. 더구나 나라에 "간언하는 자는 사형에 처한다"고 명하였다. 그렇지만 개중에는 장왕의 행동에 못 마땅해하는 신하도 있었다. 그 중의 한 사람, 오거라는 중신이 알현을 청했다.
"수수께끼를 하나 드리겠습니다."
"말해보시요."
"언덕 위에 새가 있습니다. 3년 동안 날지도 울지도 않습니다. 이건 어떤 새일까요?"
장왕의 대답 역시 기발하였다.
"3년 동안 날지 않아도 한 번 날아오르면 하늘 끝까지 이를 것이오. 3년 동안 울지 않았지만 한 번 울면 세상이 놀랄 것이다. 공이 하고 싶은 말은 내가 알고 있소. 이제 물러가도록 하시오."
그러나 몇 개월이 지나도 장왕의 유희는 그치지 않았다. 그치기는커녕 전보다 훨씬 흥청망청하는 것이었다.
이 번에는 소종이라는 신하가 나섰다. 소종은 오거와는 달리 솔직하게 직언을 하였다. 처음부터 목숨을 내걸고 간언을 한 것이다. 장왕이 다시 말했다.
"간언한 자는 사형이라고 포고했다. 알고 있을 터인데……."

"임금께서 지금의 혼란을 깨달을 수 있다면 죽어도 괜찮습니다."
이런 각오를 들은 장황은 유희를 그만 두고 정치 쇄신에 힘쓰기 시작했다. 우선 이제까지 함께 놀던 주변의 수 백명의 무리를 처리하고 신인을 등용한 후, 용기 있는 간언을 한 오거, 소종을 두 사람을 국정 최고 책임자로 임명하였다. 그래서 장왕은 후진국인 일약 초나라를 최강의 나라로 만들었다.

- 암탉은 새벽에 울지 않는다. 암탉이 울면 집안이 망한다.

- 어떤 시대나 성인이 있고, 어떤 나라에도 현자가 있다. 성인을 찾아내서 스승으로 섬기는 자는 왕이 되며, 현자를 찾아내서 벗으로 삼는 자는 패자覇者가 된다.

- 제나라 환공이 패자覇者를 칭한 후 6년이 지났다. 재상 관중管仲이 중병에 걸려 일어나기 힘들 것 같았다. 제환공은 조급해 하며 친히 찾아가 그를 만나보았다.
환공이 물었다. "대신 중 누가 그대의 지위를 물려받을 만합니까?"
관중이 대답했다. "군주는 마땅히 누구보다도 자기의 신하를 잘 알아야 합니다. 임금께서는 마땅히 현자를 택해 쓰셔야 합니다."
제환공에게는 세 명의 총애하던 신하가 있었는데 바로 역아易牙 개방開方 수도豎刁였다. 그들은 환공의 깊은 신임을 얻고 있었다. 제환공이 물었다. "역아는 어떻습니까?"
관중은 "그는 제 자식을 죽여 군주에 영합했으니 인정이 없고 현덕지사賢德之士라 할 수 없습니다. 그러니 쓸 수 없습니다."
제환공이 또 물었다. "개방은 어떻습니까?"
관중은 "그는 자기의 부모를 배반하여 군주에 영합했으니 역시 현덕지사가 아니라 임용할 수 없습니다."라고 대답했다.
제환공이 또 물었다. "그럼 수도는 어떻습니까?"

관중은 "그는 군주를 위해 자신을 거세했으니 더욱 현덕지사라 할 수 없습니다. 이런 사람을 신임하면 매우 위험합니다!"라고 대답했다.

제환공은 관중이 죽은 후 그의 의견을 듣지 않고 이 세 사람을 중용했다. 그래서 이 세 사람은 함께 결탁하여 조정의 대권을 거머쥐었다.

제환공에게는 3명의 정부인正夫人이 있었지만 모두 아들이 없었다. 그러나 이 외에 또 첩이 많았으며 첩 소생의 십여 명의 아들이 있었다. 그중 공자公子 강무궤姜無詭 강소姜昭 등이 있었다. 관중이 살아있을 때 제환공은 강소를 태자로 세웠으며 그를 송나라 국군 송양공에게 보살펴 달라고 부탁한 일이 있다.

관중 사후 제환공의 아들들이 서로 싸우기 시작하면서 모두 제나라 국군國君의 자리를 차지하려고 생각했다. 겨울 어느 날 제환공이 세상을 떠났다. 그의 신하 역아는 병사를 이끌고 궁중으로 들어와 수도와 함께 많은 대신들을 죽였다. 그리고는 강무궤를 군주로 옹립했다. 그러자 태자 강소는 송나라로 도망갔다.

제환공이 병이 들자 그의 아들들은 파벌을 만들고 쟁탈전을 벌이기 시작했다. 제환공이 세상을 떠나자 더욱 상대를 공격하고 시끄러워 해결할 수 없었다. 이 때문에 궁중에는 아무도 없어 제환공의 시신을 누구도 관에 넣을 수 없었다. 시신은 침상에서 67일간이나 방치된 채 부패되어 구더기가 생겨 심지어 문밖으로 기어 나왔다. 결국 강무궤가 제위에 오르자 비로소 입관을 하고 부음을 내고 장례 의식을 거행했다…….

당당했던 일대의 패자가 죽을 때 이처럼 비참하게 죽었으니 이는 그가 "현자를 임용하라."는 관중의 말을 따르지 않고 소인을 중용했기 때문이다. 자업자득이라!

• 좋은 약은 입에 쓰나 병에 이롭고, 충직한 말은 키에 거슬리나 행동에 이롭다.

• 지형이 좋고 그름이 나라의 보배가 아니다. 위정자의 덕이야말로 나라의

보배다.

- 먼 나라와 손잡고 가까운 나라를 친다.
- 종으로 합하여 생존하고 횡으로 연결하여 살아남자.(합종연횡)
- 결심을 하고 감행하면 키신도 이를 피한다.
- 신하가 임금의 권세와 비슷해지면 나라가 위태로워지고, 첩이 지아비와 뜻이 비슷해지면 망하지 않는 집이 없다.
- 술에 도가 지나치면 어지럽고, 즐거움도 도가 지나치면 슬퍼진다.
- 패배한 장군은 감히 무용담을 말할 자격이 없다.
- 군자는 사람과 사귐을 끊은 뒤에도 상대방을 악평을 하지 않고, 충신은 떠나면서 변명을 하지 않는다.
- 나라의 정치에는 두 가지 방식이 있다. 하나는 강인함의 정치, 하나는 부드러움의 정치인데, 일반적으로는 강인함의 정치를 하는 것이 좋다. 이 두 가지를 비유해 보면, 불과 물 같은 것이다. 불의 성질은 격하고 보기만 해도 가까이 다가오려 하지 않는다. 그러기에 오히려 불 때문에 죽는 자는 적다. 그렇지만 물의 성질은 원래 약하기에 사람들은 물을 두려워하지 않는다. 그렇기에 물로 죽는 자가 많다. 부드러움의 정치는 물 같은 것이다. 언뜻 보면 쉬워 보여도 실은 대단히 어렵다.
- 복숭아와 배는 꽃과 열매가 있기에 초대하지 않아도 다투어 사람이 찾아오기에 그 아래 저절로 길이 생긴다.
- 1년을 살려거든 곡식을 심고, 10년을 살려거든 나무를 심고, 백년을 살려거든 덕을 베풀어라.
- 혁대를 훔치면 사형에 처하지만 나라를 훔치면 왕이 된다.

- 망설이는 호랑이는 쏘는 벌보다 못하다.

- 결단을 해야 할 때 결단을 내리지 않으면 도리어 재난을 당한다.

- 의심하거나 주저하면 성공도 명예도 얻지 못한다. 남들보다 한 걸음 앞서 가는 자, 또는 독창성을 가진 자는 세상에서 받아들이지 않는 것이 보통이다. 지혜로운 자는 아직 보이지 않는 것도 예지하지만 어리석은 자는 보이는 것도 모른다.

- 성공의 그늘에서 오랫동안 머물러서는 안 된다.

- 살아 있는 것은 죽는 것이 당연한 것이며, 부키하면 선비가 몰려들고 비천하면 친구가 적이 되는 것 또한 당연한 도리이다.

- 작은 새가 어찌 큰 새의 뜻을 알리오.

- 복숭아와 자두는 말이 없지만, 꽃을 보고 열매를 따려는 사람들 때문에 그 나무 아래는 저절로 길이 생기듯, 인격자에게는 자연스럽게 사람이 모여든다.

- 전쟁에 나가면 군주의 명령도 받아들이지 않을 때가 있다.

- 부자는 운도 좋아야 하지만 남다른 방법이 있어야 가능하다.

- 돈만 쫓다가는 돈의 노예가 된다.

- 소의 꼬리가 되기보다는 닭의 주둥이가 되라.

- 진짜 장사군은 상점에 비싼 물건을 진열하지 않고 군자는 덕을 쌓아도 외부에 과시하지 않는다.

- 천하가 안정되어 있으면 성인도 능력을 발휘할 기회가 없다.

- 관중과 포숙의 우정(관포지교)

후일 관중은 포숙의 우정에 대해 다음과 같이 말하였다.

나는 지난 날 빈곤했을 때 포숙과 동업으로 장사를 한 적이 있었다. 그 당시 이익금을 나눌 때 언제나 내가 더 차지했지만 포숙은 나를 욕심쟁이라고 하지 않았다. 내가 가난하다는 것을 알고 있었기 때문이다. 또 나는 몇 차례나 벼슬길에 나갔다가 그만둔 일이 있는데 포숙은 나를 보고 무능하다고 하지 않았다. 내가 시운을 타지 않았다는 것을 알기 때문이다. 또 나는 전쟁터에 나갈 때마다 도망을 쳤는데 포숙은 나를 겁쟁이라 하지 않았다. 나에게 노모가 있다는 것을 알고 있었기 때문이다.

- 사람들은 자기보다 재산이 십 배쯤 많은 사람한테는 욕을 하고, 백배쯤 많은 사람은 두려워하고, 천 배쯤 많은 사람한테는 그 사람 밑에서 일을 하고, 만 배쯤 이상 많은 사람한테는 기꺼이 노예가 된다.

- 제일 좋은 정치는 국민의 마음을 따르는 것이고, 그 다음은 이익으로 국민을 유도하는 것이고, 세 번째는 도덕으로 설교하는 것이고, 아주 못한 것은 형벌로 겁주는 것이고, 최악의 정치는 국민과 다투는 것이다.

- 법은 간단히 3장만으로 한다.(유방: 그대들은 오랫동안 진나라의 가혹한 법 때문에 고생했소. 여기서 그대들에게 약속하리다. 법은 삼장만으로 한다고. 사람을 죽이는 자는 사형, 사람에게 상처를 입힌 자는 처벌하고, 남의 물건을 훔친 자도 처벌하겠소. 그리고 진나라가 정한 모든 법은 폐지합니다)

- 사면초가의 빠진 항우의 절규
  힘은 산이라도 뽑고 그 기세는 천하를 덮을 만하네.
  때를 못 만나 추여, 너마저 달리지 않는구나.
  추여, 네가 달리지 않으니 어찌하리.
  우(항우의 연인)여, 우여, 너를 어찌하리 어찌하리.

- 목적을 이루지는 못했지만 항우만한 인물은 앞으로 나오기 힘들 것이다.

그러나 고향 초나라만을 생각하고 중원의 경영을 돌보지 않은 것은 잘못이다. 또한 초나라의 군주였던 의제를 쫓아내고 스스로 제위에 오른 것은 고국을 고려하지 않은 것이고, 제후의 반란을 원망한 것은 어불성설이다. 자신과 자신이 세운 공에 도취해 독선에 빠져들어 무력에만 의존한 결과, 나라를 잃고 자신도 동성에서 죽고 말았다. 또한 자신의 실패를 깨닫지 못하고, 하늘이 자신을 버렸기 때문이지 자신의 전술이 나빴던 것이 아니라고 한 것은 참으로 큰 착각이다.

- 지혜를 가지고 사람을 부린다.

- 주연 석상에서 고조(한 고조 유방)가 여러 신하에게 물었다.
"짐이 천하를 얻은 이유가 무엇이겠소? 그리고 항우가 천하를 잃은 이유가 무엇이겠소? 털어놓고 말들 해보쇼."
원래 진나라 장군이었던 무골 왕릉이 말했다.
"폐하, 폐하께서는 사람을 사람으로 대하지 않으시고 상대를 무시하는 면이 있사옵니다. 그 점에서 볼 때 항우는 정을 베풀며 신하를 사랑했나이다. 하오나 폐하께서는 도성이나 영토를 공략하여 함락시키면 선뜻 신하들에게 나누어주셨지 독점하시지는 않았사옵니다. 항우는 그렇게 하지 않았습니다. 그런 데다가 항우는 시기심이 많아 부하가 수완을 발휘하면 도리어 눈엣가시로 보았습니다. 수중에 들어온 것은 자기 혼자 독점하고 나누어주려고 하지 않은 그것이 천하를 잃은 이유입니다."
고조가 말했다.
"키공은 하나는 알고 둘은 모르는구료. 들어보시오. 군막 안에서 지모를 짜내고 천리 밖에서 승리를 하는 점에 있어서는 짐은 장량에 미치지 못하오. 내정을 충실히 하고 민생을 안정시키면서 군량을 조달하고 보급로를 확보하는 일이라면 짐은 소하를 따를 수가 없소. 또 백만 대군을 자유자재로 지휘하여 승리를 거두는 일에서도 짐은 한신에 미치지 못하오. 이 세사람은 모두 걸출한 인물이라고 해도 좋은 사람들이오. 짐은 이 세사람을 부릴 수가 있었소. 그래서 짐이 천하를 얻은 것이오. 그런데 항우에게는 범증이라는 걸출한 인물 한 사람이 있었으나 그는 범증조차 제대로 부리지 못했소. 이것이 그가 짐에게 패한 이유이오."

- 적은 강을 다 건넌 뒤 진형을 갖추기 시작했다. 그러자 목이가 "지금이라도 공격을 감행해야 한다"고 말했지만 양공은 "아니다, 적이 진형을 다 갖춘 다음에 하도록 하자"라고 말하고 적이 진열을 다 갖춘 뒤에야 비로소 공격을 시작했다.

  그 때문에 송나라 군대는 대패하고, 양공은 부상을 입었다. 사람들이 그 작전은 정말 어리석었다고 비난하자, 양공은 이렇게 말했다.

  "적이 곤란한 틈을 타서 공격하는 것은 군자가 할 바가 아니다. 상대가 준비를 다 갖추지도 않았는데 어떻게 공격 명령을 내릴 수 있단 말인가." 후세 사람들이 적에게 쓸데없는 인정을 베풀어 실패하고 마는 경우를 두고, '송양의 인'이라 조소하게 된 것은 바로 여기에서 비롯되었다.

- 백이와 숙제의 예만 아니라 공자의 많은 제자 가운데 공자가 가장 좋아하는 제자로 인정했던 안회도 너무 가난하여 술지게미도 배불리 먹지 못해 결국 고생만 하다 죽었다. 그에 비해 도척(춘추시대 말기에 유명한 도적)은 매일 사람을 죽이고 천하를 어지럽게 했지만 천수를 누렸다. 도척은 대체 어떤 덕행을 쌓았단 말인가……. 이런 것이 천도라고 한다면, 과연 그 천도는 옳은 것인가 그른 것인가?

3. 어떤 명언이 좋은지 한 번 써보시고 그 이유를 말해 보세요.

9부

탈무드

1. 탈무드

　탈무드는 전통적인 유대인들의 생활철학이라는 생각이 든다. 탈무드는 실생활에 필요한 법률적 논의를 넘어 윤리적인 철학적 논의도 포함하고 있다. 그렇다고 이론적이지 않다. 굉장히 현실적이고 실천적이다. 살아가는데 필요한 지혜를 제공하는 것이다. 그래서 탈무드는 인간의 행동, 도덕적 판단, 사회적 책임, 종교적 의무 등에 대한 깊은 통찰을 제공하고 있고 유대인의 공동체 생활의 교과서이기도 하다. 유대인들이 비록 나라는 작지만 노벨상의 30%를 차지할 정도로 두각을 나타내는 것과 세상에서 눈부신 활약을 하는 것은 지혜를 중시하는 바로 이런 탈무드 정신에서 나왔다고 본다. 그럼 탈무드를 보고 왜 유대인이 두각을 나타내는지 그들의 생활철학을 보자.

2. 탈무드의 명언들

- 파리조차도 인간보다 먼저 만들어졌다는 것은 인간이 결코 오만해지거나 교만해져서는 안 된다는 뜻이다. 따라서 인간은 자연에 대해 겸허한 자세를 가져야 한다.
- 남에게 빼앗길 것 없는 가장 안전하고 확실한 재산은 바로 지식이다.
- 스승은 아버지보다 중요하다.
- 새로 담근 포도주는 처음에는 포도 맛밖에 나지 않지만, 시간이 지날수록 술의 맛이 좋아진다. 지혜도 이와 마찬가지로 해를 거듭할수록 무르익는다.
- 스승보다 더 배우면 인생이 더욱 풍요롭게 되고, 사색을 많이 하면 그만큼 지혜도 많이 쌓인다.
- 운동과 독서는 몸과 마음을 위한 양식이다.
- 책을 읽고 생각하지 않는다면 당나귀가 책을 싣고 걷는 것과 같다.
- 가난한 아들이 칭송받는 것은 그들이 우리에게 삶의 지혜를 주기 때문이다.(가난을 헤쳐 나갈 때 지혜가 생기므로)
- 돈은 나쁜 것이 아니며, 저주의 대상이 아니다. 그것은 인간 축복을 위한 것이다.
- 진정한 부자는 자신이 가지고 있는 것에 만족할 줄 아는 사람이다.

- 돈과 물건은 거저 주는 것보다는 빌려주는 편이 더 낫다. 돈이나 물건을 거저 얻으면 얻는 사람이 준 사람보다 아래의 입장이 되지만, 빌려주면 서로 동등한 입장이 되기 때문이다.

- 부자는 때때로 타인의 슬픔에 냉담하고 불감증이 된다.

- 과일이 맛있으면 벌레가 많이 꼬이듯, 재산이 많으면 그만큼 근심도 크다.

- 진실로 참되고 행복하게 사는 비결은 자기 혀를 조심해서 쓰는 것이다.

- 다른 사람을 칭찬할 줄 아는 사람이야말로 칭찬을 받을만한 사람이다.

- 올바르지 않는 사람은 자신의 욕망에 지배당하지만, 올바른 사람은 자신의 욕망을 지배할 수 있다.

- 진수성찬 앞에서 다투는 것보다는 거친 빵을 먹더라도 마음이 편한 사이가 낫다.

- 열 살이 될 때부터, 사람 마음속에 악에 대한 충동이 선에 대한 충동보다 강하게 일어난다.(열 살이 되면 각박한 세상에 눈이 뜨기 때문이다)

- 악에 대한 충동이 일어나면 무언가를 열심히 배우려고 노력해야만 그러한 충동에서 벗어날 수 있다.

- 자식이 어릴 때에는 엄히 가르쳐야 하지만, 그렇다고 자식이 두려움을 느낄 정도로 가르치는 것은 옳지 못하다.

- 무언가를 약속하고 지키지 않는 것은 아이에게 거짓말을 가르치는 것이다.

- 자식을 꾸짖을 때 엄히 꾸짖되, 한번으로 끝내야한다. 똑같은 문제로 계속 꾸짖으면 잔소리로 들릴 뿐 그 결과가 좋지 않다. 또한 자란 뒤에는 작은 일로 꾸짖지 말라.

- 어린아이를 가르치는 것은 백지 위에 무엇인가를 채워가는 것과 같다.

- 노인을 가르치는 것은 빽빽이 채워진 종이 위에 또다시 무엇인가를 채우도록 하는 것과 같다.
- 남자의 갈비뼈로 여자를 만든 이유는 여자가 항상 남자의 마음 가까이 있도록 하기 위해서다.
- 어떠한 남자도 여자의 빼어난 미모에는 오래 버틸 수 없다.
- 여자와 대화를 나누어보지도 않고 결혼하는 것은 옳지 않다.
- 진정 사랑하는 부부에게는 칼날만큼 좁은 침대도 편안하지만, 서로 미워하는 부부에게는 아무리 큰 침대라도 비좁고 불편하다.
- 거룩한 것은 무엇을 먹는가, 그리고 섹스를 할 때 어떻게 하는가에 달려 있다.
- 사랑받고 싶다면 먼저 사랑하라.
- 사랑에 눈이 멀면, 다른 사람의 충고를 깃등으로라도 들으려 하지 않는다.
- 신부감을 고를 때는 눈높이를 한 단계 낮추고, 친구를 고를 때는 한 단계 높여라.
- 행복하려면 자기에게 어울리는 짝을 찾아라.
- 좋은 가정, 좋은 아내, 좋은 옷은 사람들에게 자신감을 준다.
- 태아는 산모의 일부분이다. 산모가 위험하면 태아를 제거하는 것이 우선이다.
- 화목한 가정을 원한다면 무엇보다 아내에게 친절하라.
- 훌륭한 아내의 특징은 온화하고 재치 있으며 겸손하고 부지런하다는 점이다.

- 여자는 정이 많다.

- 남자의 집은 곧 아내이다.

- 남자는 대개의 경우 결혼하는 순간 어떤 여자를 만나느냐에 따라 모습과 성격이 달라진다. 악처를 만나면 남자의 성격도 악하게 변하고, 착한 아내를 만나면 착한 사람으로 변모한다. 여자는 남자를 담는 그릇과 같다.

- 세상에서 그 무엇과도 바꿀 수 없는 것이 있다면, 그것은 젊어서 결혼해서 고생한 늙은 아내이다.

- 여우의 머리가 되기보다는 사자의 꼬리가 되라.

- 악인들의 배는 찰 줄 모른다.

- 여러 가지 병 가운데 마음의 병만한 것은 없다.

- 선에 몰두하면 악은 자연히 사라진다.

- 명예는 많은 재물보다 소중하고 존경받는 것은 금은보다 값지다.

- 명성을 좇아가면 잡을 수 없지만, 피하려고 하면 저절로 따라 온다.

- 선량한 마음은 모든 것을 채워주지만 돈에 대한 집착은 영혼을 썩게 한다.

- 부자는 가진 것에 만족할 줄 아는 사람과 몸과 마음이 건강한 사람이다.

- 상대방의 입장을 서보지 않고서는 결코 상대방을 판단하는 오류를 저지르지 말라.

- 항아리를 보지 말고 그 안에 든 것을 보라.

- 좋은 항아리를 얻으면 그 날부터 사용해라. 내일이면 깨져 못쓰게 될지도 모른다.

- 물고기를 잡아주면 한 끼가 배가 부르지만 물고기 잡는 법을 알려주면 항상 배부를 수 있다.

- 인내심 없이는 절대 남을 가르칠 수 없다.

- 인내심을 잃은 것보다 돈을 잃는 것이 낫다.

- 진실이 없는 곳에는 평화가 없다.

- 많은 사람들이 지킬 수 없는 부당한 법률을 만들 수는 없다.

- 죄는 처음에는 손님이지만 내버려두면 주인이 된다.

- 사람의 입은 하나이고, 키가 둘이다. 이것은 말하기보다는 듣는 것에 두 배로 힘쓰라는 뜻이다.

- 너 자신에게 허용되는 것을 타인에게 금하지 말라.

- 아이들의 말투를 보면 부모의 인품을 알 수 있다.

- 불행은 선과 악을 구분하지 못할 때 온다.

- 반성할 줄 아는 사람이 서 있는 땅은 위대한 랍비가 서 있는 땅보다 더 성스럽다.

- 먼 형제보다 가까운 이웃이 더 낫다.

- 남들이 모두 옷을 입고 있을 때는 벌거숭이가 되지 말라.
  남들이 모두 앉아 있을 때는 서 있지 말라.
  남들이 모두 서 있을 때는 앉아 있지 말라.
  남들이 모두 웃고 있을 때는 울지 말라.
  남들이 모두 울고 있을 때는 웃지 말라.

- 친구가 화가 났을 때 달래지 마라. 슬픔에 잠겨 있을 때도 그를 달래지

마라.

- 착한 사람의 입은 생명의 샘이지만 악한 사람의 입은 독을 머금은 뱀과 같다.

- 사람은 사악하고 난폭한 말을 함과 동시에 서서히 분별력이 잃고 올바른 삶에서 멀어지게 된다.

- 남을 헐뜯는 것은 세 사람을 죽인다. 자기 자신과 상대방, 그리고 그것을 듣고 있는 사람.

- 거짓말쟁이에게 가장 큰 벌은 그가 진실을 말해도 다른 사람이 믿어주지 않는다는 것이다.

- 슬기로운 자는 자신의 입에 재갈을 물린다.

- 아무리 훌륭한 공부를 해도 인간사회로부터 자기 자신을 고립시키는 것은 죄악이다.

- 강한 사람은 스스로를 지배하는 사람이다. 적을 친구로 만들 수 있는 사람 역시 강한 사람이다.

- 다수에 이끌려 불의에 가담하지 말라. 네가 추구해야 할 것은 정의, 오직 정의뿐이다.

- 이웃을 돕는 일에 마음을 쓰지 않는 사람은 아직까지 참된 인생을 살고 있는 것이 아니다.

- 이 세상에서 하나님을 기쁘게 하는 하나는 부자가 자기 수입의 10퍼센트를 아무도 모르게 가난한 사람에게 나누어주는 일이다.

- 아무도 모르게 기부하는 사람이야말로 모세보다 위대한 사람이다.

- 자선을 베풀지 않는 사람은 사해死海다. 돈이 들어오기만 하고 나가지를

않는다. 사해에서는 아무 것도 살 수 없다. 자선을 베푸는 사람은 '살아 숨 쉬는 바다'다. 돈이 들어오기도 하고 나가기도 한다. 그 바다에서는 온갖 생물이 살고 있다. 우리는 '살아 숨 쉬는 바다'가 되어야 한다.

- 그 사람을 정확히 알려면 그 사람이 집안에서 어떻게 하는지를 보면 된다.
- 술은 처음 마시기 시작할 때는 양처럼 온순해지지만, 조금 더 마시면 사자처럼 사나워지고, 그보다 더 마시면 원숭이처럼 춤추고 노래 부르게 된다. 그 상태에서 더 마시게 되면 토하고 뒹굴고 하면서 돼지처럼 추해지는데, 이는 악마가 인간에게 준 선물이기 때문이다.
- 몸을 청결하게 유지하는 일이야말로 커다란 선행이다.
- 화장실을 가고 싶을 때는 잠시도 참지 말아야 한다.
- 사람은 육체나 정신 중에서, 한 가지만 가지고서는 아무 것도 할 수 없다. 육체와 정신의 힘을 합쳐야만, 좋은 일이든 나쁜 일이든 비로소 해낼 수 있다.
- 너희들은 항상 혀를 부드럽게 간직하도록 하여라. 혀가 딱딱해지면 다른 사람을 화나게 하거나, 서로 싸움의 불씨를 만들기 때문이다.
- 우리는 빵을 먹을 때마다 수많은 사람들의 노고에 감사하는 마음을 가져야 하고, 우리는 옷을 입을 때마다 수많은 사람들의 노고에 감사하는 마음을 가져야 한다.
- 살아 있으나 살아 있다고 할 수 없는 불쌍한 남자는 누구일까? 다음의 세 남자가 바로 그들이다.

  첫째, 먹고 살만한 집이 없는 남자.
  둘째, 언제나 마누라에게 쥐여 사는 남자.
  셋째, 언제나 몸이 아파 괴로워하는 남자.

- 현명한 사람이 되려면, 다음 일곱 가지를 지켜야 한다.
    1. 자기보다 잘 난 사람 앞에서는 말을 삼간다.
    2. 상대방의 말을 끊지 않고 끝까지 경청한다.
    3. 대답할 때 침착하게 행동한다.
    4. 질문할 때는 언제나 요점만 물어본다. 대답할 때는 조리 있게 답한다.
    5. 일의 앞뒤를 분명히 한다.
    6. 모르는 것이 있으면, 모른다는 것을 솔직하게 인정한다.
    7. 진실은 진실로 받아들인다.

- 사람은 이 세상에 태어날 때 두 손을 꼭 쥐고 태어난다. 그러나 죽을 때는 이와 반대로 두 손을 펴고 죽는다. 왜 그럴까? 태어날 때는 이 세상 모든 것을 움켜쥐려고 하기 때문이고, 죽을 때는 뒤에 남아 있는 사람에게 가지고 있던 모든 것을 내주어 빈손이기 때문이다.

- 진정한 축복은 사람이 영원한 잠에 들어갈 때 보내야 한다.

- 탈무드에서 바라본 '남자의 일생'
    1. 한 살: 임금님. 누구나가 임금님 모시듯이 떠받들고 달래며 비위를 맞추는 단계.
    2. 두 살: 돼지. 흙탕물이든 아니든 아무 데나 뛰어드는 단계.
    3. 열 살: 어린 양. 마음껏 웃고 떠들고 뛰어다니며 노는 단계.
    4. 열여덟 살: 망아지. 다 자랐다고 자기 힘을 자랑하고 싶어 하는 단계.
    5. 결혼을 한 뒤: 당나키. 가정이라는 무거운 짐을 지고 힘겨운 발걸음을 내달아야 하는 단계.
    6. 중년: 개. 가족의 부양을 책임지기 위해 다른 사람들의 호의를 개처럼 구걸하는 단계.
    7. 노년: 원숭이. 어린아이나 다름없이 되지만, 아무도 관심을 가져주지 않는 단계.

3. 어떤 명언이 좋은지 한 번 써보시고 그 이유를 말해 보세요.

10부

소크라테스

1. 소크라테스의 사상

소크라테스는 철학자로서 소명을 가진 사람이었다. 그래서 그는 일평생을 철학을 위해 바쳤다 해도 과언이 아니다. 아니 철학적 사명을 위해 자신의 목숨까지도 기꺼이 바친 것이다. 왜 그랬을까? 그는 경험을 넘어서는 인간의 이성적 능력에 대해 확신한 나머지 무지야말로 모든 악의 근원이라고 생각하였고 우리의 무지로 인해 세상이 혼란하고 혼탁하기 때문이라고 생각하였다. 대중 민주주의가 혼란 것도 바로 시민들의 무지라고 생각한 것이다. 보통 사람들은 자신의 작은 경험에 사로잡혀 세상을 본다. 그러니 억측이 난무하고 세상이 제대로 돌아갈 수 없다. 세상을 바르게 돌아가기 위해서는 우리의 보편적인 이성 능력을 통해 이런 억측을 깨야한다. 그래서 그는 아테네 시민이라면 누구와도 대화를 하고 그 대화를 통해 무지를 깨닫도록 하려고 하였다. 그리고 그 깨달음을 바탕으로 영원한 진리에 도달하도록 도와주는 산파역할을 자처한 것이다. 그러나 무지를 깨닫게 하는 그 산파 역할이 사람들에게 미움의 대상이 되고 말았다. 왜냐하면 상대방의 무지를 자각시키는 것은 깨달음을 주기도 전에 오히려 상대방의 자존심을 건들기 때문이다. 설령 그 자신이 모른다는 사실이 들통 났어도 누가 자신이 모른다는 것을 자백하려 하겠는가. 거기에다 영원한 진리가 있다는 소크라테스의 주장은 대화 당사자들에게 '그 영원한 진리가 무엇인가'라는 되묻는 역공의 기회를 제공하였다. 그러자 소크라테스는 노력하면 알 수 있지만 '아직 나도 모른다'고 했고, 자신이 보통의 사람보다 현명한 것은 '자신은 모른다는 사실을 알고 보통의 사람들은 모른다'는 사실을 모른다고 하였다. 그것은 사람들을 더욱 분노하게 했을 것이라고 생각한다. 절대적 진리가 무엇인지도 모르는 사람이 절대적 진리가 있다고 장담할 수 있는가? 그래서 시민들은 모르는 사람이 아는 것처럼 처신하였다 하여 신성을 모독한 죄로 소크라테스를 고소를 하였고, 결국 소크라테스는 자신의 신념을 버리지 않고 사약을 받고 생을 마감하였다. 소크라테스는 무지는 악이고 인간의 이성 능력을 통해 절대적 진리에 도달할 수 있다는 자신의 철학적 신념을 지키기 위해 자신의 목숨까지도 불사하였던 '철학의 불사조'였다. 소크라테스도 공자처럼 인생을 올바르게 사는 것이 진정한 삶의 모습이라고 생각했다.

2. 소크라테스의 명언들

- 신이 자기 자신(소크라테스)과 타인을 탐구해야 하는 철학자로서의 사명을 주었다

- 나는 대부분의 사람들이 관심을 가질 일들을 게을리 해왔소. 돈을 버는 일, 재산을 관리하는 일, 군대나 일반 시민들로부터 존경을 받거나 권력 있는 자리를 차지하는 일, 아니면 오늘날 여러 도시에서 조직된 정치적 모임이나 정당에 가입하는 일, 등이 그것이오.

- 나는 항상 해왔던 방식 그대로 사람들과 대화를 계속할 것이오. 너무나 훌륭한 친구여, 그대는 아테네 시민이오. 이 세상에서 위대한 지혜와 힘으로 가장 유명한 도시에서 살고 있소. 그런 마당에 가능한 한 많은 돈을 모으고 명성과 명예를 차지하는데 관심을 쏟다니, 그게 부끄럽지도 않소? 그러면서 그대 영혼의 진실됨과 완성에는 조금도 관심이 없다니. 그리고 그대들 중 누구라도 그런 일을 계속 하겠다고 공언하거나 반박하는 사람이 있다면, 나는 그대들이 그냥 가도록 내버려두거나 외면하지 않고 그대들에게 질문을 던지고 검증을 하여 실험할 것이오.

- 내가 돌아다니면서 하는 일이란 다름이 아니라 노인이든 젊은이든 여러분 모두에게 여러분의 영혼의 상태에 주의를 기울이라고 하는 것입니다.

- "너 자신을 알라!"

- 성찰되지 않은 삶은 인간으로서 살아갈 만한 가치가 없다.

- 모르는 것이 수치가 아니라 알려고 하지 않는 것이 수치다.
- 잘 알지 못하면서 알고 있는 것처럼 스스로 착각하는 것만큼 어리석은 일은 없다.
- 나는 알지 못한다는 것을 안다는 점에 있어서 모르면서 아는 체 하는 자들보다는 현명하다.
- 유일한 선은 아는 것이고, 유일한 악은 무지한 것이다.
- 무지는 가장 큰 악이다.
- 무지를 아는 것이 곧 지식의 시작이다.
- 세상을 변화시키려면 자기 자신부터 먼저 변화시켜야 한다.
- 우리가 존중해야 하는 삶은 부유한 삶이 아니라 올바른 삶이다.
- 재주는 있지만 어리석고 비윤리적인 인간은 오직 이 세상에 악과 부정만을 보탤 뿐이다.
- 진실에 이르는 길은 대화밖에 없다.
- 삶의 지혜는 대부분 호기심과 놀라움에서 비롯된다.
- 지혜는 부를 아름답게 빛내고 가난을 부드럽게 만든다.
- 마음의 빛을 보려면 영혼 전체가 이 가변적인 세상을 벗어나야 한다. 영혼의 눈(이성)이 최고의 화려한 광채를 보는 방법을 배울 때까지 말이다.
- 가장 중요한 것은 삶이 아니라 훌륭한 삶이다.
- 지금 당장 자신이 어떤 해를 입고 있다 할지라도 그릇된 행위를 하여 이를 되갚거나 어느 누구에게라도 해를 입혀서는 안 된다.

- 아첨하는 친구를 사키지 말고 지혜로운 충고를 해줄 수 있는 친구를 사키어라.

- 자신을 화나게 했던 행동을 다른 사람에게 행하지 말라.

- 우리가 사키려고 힘써야 할 사람은 육체적인 쾌락을 잘 억제할 수 있고 근면하며 호의를 잊지 않고 친절로 되갚으려고 애쓰는 사람이다.

- 먼저 좋은 친구가 되어주는 것이야말로 사람들의 마음을 얻은 가장 훌륭한 방법이다.

- 성공하려면 결코 중도에 포기하지 않고 목표를 완수할 때까지 최선을 다해 노력해야 한다.

- 성실한 마음과 불타는 노력으로 극복하지 못할 역경이란 이 세상에 없다.

- 부자가 자신의 막대한 부를 자랑하더라도 그것을 어디에 어떻게 쓰는가를 알기 전에는 결코 그를 칭찬해서는 안 된다는 것을 명심하라.

- 절제와 극기는 미덕의 근본이자 인간의 의무다.

- 가장 적은 것으로도 행복할 수 있다.

- 가장 적은 것으로도 만족하는 사람이 가장 부유한 사람이다.

- 살기 위해서 먹지, 먹기 위해서 사는 것은 아니다.

- 누가 제대로 배운 사람인가?
  첫째, 환경의 노예가 되지 않고 환경을 지배하는 사람. 둘째, 언제나 용감하게 행동하고 현명하게 생각하는 사람. 셋째, 마음에 들지 않더라도 항상 정의롭게 처신하는 사람. 넷째, 쾌락을 절제할 줄 알며 불행에 잘 빠지지 않는 사람. 다섯째, 성공을 얻기 위해서 자신의 양심을 팔지 않는 사람.

- 지나치게 바쁜 삶의 허망함을 경계하라.

- 절제와 극기는 미덕의 근본이자 인간의 의무이다.

- 자연은 우리에게 두 개의 귀와 하나의 입을 주었다.

- 훌륭한 지도자는 물처럼 겉으로는 온화해도 안으로는 굳세다.

- 맛있는 음식도 배고프지 않을 때 내놓으면 천대받고 배부른 상황에서 내놓으면 속이 울렁거리기까지 한다. 하지만 맛없는 음식도 배고플 때 내놓으면 환영받는다. 그렇듯 호의는 상대방의 갈증을 느꼈을 때 배풀어야 가장 큰 기쁨과 고마움으로 다가오는 법이다.

- 독서는 처자가 오랜 세월에 걸쳐서 터득한 지혜를 단시간 내에 습득할 수 있게 해주는 훌륭한 도구이다.

- 죽음은 인간이 받을 수 있는 축복 중 최고의 축복이다.

- 이미 떠날 때가 되었습니다. 나는 죽으러, 여러분은 살러. 그러나 우리들 중에 어느 편이 더욱 좋은 일인지 신 밖에 모릅니다.

- 소크라테스는 해외로 망명하기를 권하는 친구인 크리톤에게 다음과 같이 말했다.

  인간에게 가장 중요한 것은 단순히 그저 사는 것이 아니라 착하게 사는 것이며, 또 선하게 사는 것과 아름답게 사는 것, 바르게 사는 것은 같은 것으로 사람은 어떤 경우라도 부정을 저질러서는 안 되는 것이네. 그런데 우리가 국가의 동의를 얻지 않은 채 여기에서 탈출한다면, 국가에게 가장 해악을 주는 꼴이 아닌가. (중략)

  따라서 국법에 따르지 않는 자는 다음 세 가지 점에서 국가에 부정을 저지르는 셈이네.

  첫 번째는 낳아준 어버이인 국가에게 복종하지 않는 점, 둘째는 양육자인 국가에게 복종하지 않는 점, 세 번째는 국가의 명령에 복종할 것을 동의해 놓고 복종하지 않으면서 또 국가가 잘못된 일을 하였을 때 설득하여 바로 잡으려고 하지 않는 점이네.

70-80년에 국정교과서에 소크라테스가 '악법도 법'이라고 하면서 사약을 받고 죽었다는 내용이 실린 적이 있었다. 그러나 위의 내용 어디에도 "악법도 법이다"라는 말은 없다. 그는 국법에 따라야하는 이유 3가지를 말하고 있을 뿐 '악법도 법'이어서 따라야 한다고 하지 않았다. 오히려 소크라테스는 국가가 잘못된 일을 했을 때 국가를 설득하여 바로 잡아야 한다고까지 하였다. 아테네 민주주의에 대한 신봉이었다. 그러므로 "악법도 법이다"라는 말은 강한 준법정신을 강조하며 박정희가 독재를 정당화하기 위한 교육수단으로 소크라테스가 한 말처럼 꾸며낸 이야기로 보인다.

3. 어떤 명언이 좋은지 한 번 써보시고 그 이유를 말해 보세요.

11부
플라톤

1. 플라톤의 사상

플라톤은 소크라테스의 사상, 즉 무지는 악이고 이성을 통해 절대불변하는 진리를 알 수 있다는 사상을 계승 발전시킨다. 그는 우리들의 삶을 동굴 속에 갇혀 있는 죄수들의 모습과 흡사하다고 한다. 경험은 다양하다. 누가 옳은지를 판단할 수 없다. 그래서 자신의 경험이라는 작은 동굴에 갇혀 밖에 있는 진리에 도달할 수 없다는 것이다. 그래서 우리는 과감히 경험의 세계, 즉 현상의 세계를 벗어나 이성을 통해 참 진리의 세계인 이데아의 세계에 접근해야 한다는 것이다. 눈에 보이는 세계는 겉보기엔 진리인 것 같지만 진리가 아니다. 인간이라도 똑 같은 인간이 아닌 것처럼 같은 것 같지만 서로 다른 모습을 지니기 때문이다. 그렇지만 이런 다양한 모습 속에도 공통점이 있을 수 있고, 인간이 계끔 하는 공통점을 이성을 통해 파악할 때 참다운 진리의 세계인 이데아의 세계로 나아갈 수 있다는 것이다. 그래서 플라톤은 '선의 이데아'라는 참다운 지혜를 아는 철인이 나라를 다스려야 한다는 철인정치를 주장한다.

그럼 선의 이데아는 무엇인가? 지혜, 용기, 절제가 완전한 조화를 이룬 세상이다. 플라톤은 인간의 몸과 사회의 구조가 같다고 생각하여 머리를 통치자 계급, 가슴을 수호자 계급, 배를 생산자 계급으로 분류하였다. 그리고 각 부분의 맞게 지혜와 용기, 그리고 절제가 필요하고 이런 것들이 조화를 이룰 때 정의로운 사회가 된다고 하였다. 그리고 민주주의는 지혜로운 사람보다 인기 있는 사람을 뽑기 때문에 바람직하지 않다고 본다. 결국 소크라테스와 플라톤은 철저하게 아는 것을 강조한 철학자라는 것을 알 수 있다. 이런 점에서는 어리석음이 모든 불행의 원인이라는 불교나 무엇보다도 시비지심을 강조하는 유학과 큰 차이가 없다고 본다. 동서양 모두 지혜의 중요성을 강조하고 있는 것이다. 유대인 경전 탈무드 역시 지혜를 최고로 본다. 이것을 볼 때 동서양 모두 지혜가 없으면 행복하게, 그리고 인간답게 살 수 없다는 것을 말한다고 할 수 있다.

2. 플라톤의 명언들

- 무지는 모든 악의 뿌리이다.

- 인간의 정신이 떠맡거나 겪어야 할 모든 일들은, 그것이 지혜의 인도를 받을 때 행복으로 이어질 것이다. 그러나 어리석음의 인도를 받을 때는 그 반대이다.

- 무지한 자들은 자신들의 삶의 모든 행위 속에서 그들이 목적하는 어떤 유일한 지표도 그들의 목적에 갖고 있지 않다.

- 죄수들은 단지 그 동굴의 맞은편에 있는 담에서 불빛에 비친 그의 그림자를 보고 있을 뿐이다. 우리라고 다른가. 우리도 매한가지야.

- 겉모습(현상)은 단지 속임수에 불과하다. 현실 너머에 있는 진리(이데아)를 바라보아야 한다.

- 이데아의 세계는 참된 세계이며, 현실세계는 그림자의 세계이다.

- 영혼의 눈은 이미 시력을 소유하고 있다. 따라서 '영혼의 전회'는 영혼의 눈에 시력을 주입시키는 것이 아니라, 그릇된 방향으로 보는 대신에 마땅히 보아야 할 방향으로의 전환하는 것을 의미한다.

- 덕은 영혼의 건강함, 아름다움, 좋은 상태인 반면 악덕은 영혼의 질병, 추악함, 허약함이라고 할 수 있다.

- 올바르게 살고자 노력하는 사람은 어려서부터 아름다운 것을 찾기 시작

해야 한다. 그러면 그는 한 가지 아름다움은 또 다른 아름다움과 닮아 있음을 발견하게 될 것이다. 그리고 모든 것 속에 존재하는 아름다움은 하나며 동일하다는 것을 알게 될 것이다.

- 어떤 개인도 스스로를 충족시킬 수 없기 때문에, 즉 우리 모두는 많은 욕구들을 소유하기 때문에 국가가 발생하게 되었다.

- 철학자가 통치하는 국가가 행복하다.

- 철학을 통해 인류는 정의에 도달할 수 있다.

- 철학자가 왕이 되지 않거나 현재의 왕이 철학을 하지 않는 한 인류나 국가는 결코 재앙으로부터 해방되지 못할 것이다.

- 정의와 동떨어져 있는 지식은 지혜라기보다는 오히려 간교함이라 불려 할 뿐만 아니라 위험에 대비하는 정신 자세도 공익에 근거한 것이 아니라 사리사욕에 의해 취해진 것이라면, 그것은 용기라기보다는 오히려 뻔뻔스러움이란 이름이 붙여져야 한다.

- 이성적인 것이 나머지 영혼적인 부분(욕망과 기개)을 지배하는 것이 적절한 일이 아닌가?

- 돈을 하, 힘을 중, 지혜를 상으로 여기도록 하라.

- 투쟁은 갈망에서 비롯되었으며 개인과 국가 모두에 대해 죄악의 가장 충실한 근원이 된다.

- 쾌락에 지배당한 자는 결코 행복할 수 없다. 남이 아닌 자신을 행복하게 하는 것이야말로 인간에게 있어서 최선이자 가장 고결한 승리이다.

- 가장 불행한 것은 가질 수 없는 것에 마음을 두고 사는 것이다.

- 지나친 모든 것은 반작용을 유발한다.

- 사람들 개개인은 욕구와 관련된 부분이 영혼의 대부분을 차지하고 있고 그 본성상 재물에 대해서는 도무지 만족을 모른다.

- 정의롭지 못함은 분명히 세부분(이성, 욕망, 기개) 사이의 일종의 내분 상태이며, 다른 부분의 역할에 대한 참견과 간섭이고, 어떤 부분이 부당하게도 영혼 전체를 지배함으로써 생기는 영혼 전체의 반란이 아닌가?

- 모두가 행복한 세상을 만드는 것은 어렵지만, 모두가 불행한 세상을 만드는 것은 쉽다.

- 인간 세상에는 안정된 것이 하나도 없다. 그러므로 성공에 들뜨거나 역경에 지나치게 의기소침하지 마라.

- 정치를 외면한 가장 큰 대가는 가장 저질스런 인간에게 지배를 당한다는 것이다.

- 독서는 저자가 오랜 세월에 걸쳐서 터득한 지혜를 단 시간에 습득할 수 있게 해주는 훌륭한 방법이다.

- 젊은이들은 아직 배우고 있으므로 그들에게 너무 가혹하게 대하지 말라.

- 아이들을 강제와 엄함으로 기르지 말고 그들의 흥미와 적성을 고려하여 지도해야 한다.

- 모든 탁월한 업적은 자신의 적성에 따르고 타인의 간섭은 배제한 채 한 분야에 매진한 결과다.

- 모든 사람이 모든 다른 업무에서 벗어나 그에게 본성적으로 적합한 한 가지 일에 전념할 때, 좀 더 많은 것들이 생산 될 수 있고, 작업도 좀 더 훌륭하게 실행된다.

- 사랑할 때는 누구나 시인이 된다.

- 국가를 세울 때 우리 스스로가 규정한 훌륭한 원리들을 경멸하는 경향이 나타나는데, 이것은 이상한 기질을 갖은 사람이 어쩌다 한 번 점잖게 칭찬받을 만한 일을 할 경우 좋은 사람이라고 할 때와 같다. 민주주의는 훌륭한 원리들을 무시한다. 어떤 사람들이 정치판에 들어오기 전에 살았던 삶에 대해서는 철저하게 무시함으로써 민주주의는 그저 스스로를 국민들의 친구라고 외치는 사람이면 누구나 출세시켜 줄 것이다. (민주주의는 대중 연합주의라고 비판)

- 남의 것을 바라보면 누구나 자기 것이 마음에 들지 않게 된다. 그래서 우리는 신들에게도 분노를 한다. 자기보다 앞서 가는 사람이 있다는 것이다.

- 육체의 운동은 강제로 해도 육체에 해를 주지 않는다. 그러나 강제로 습득된 지식은 마음을 장악하지 못한다.

- 돈은 정직보다는 거짓과 더 친하다.

- 부자의 사회적 명망이 상승함에 따라 덕 있는 자의 명망은 하락한다.

- 가난한 자가 승리할 때, 민주제가 발생한다.

- 인간 중에는 '건방지고 뻔뻔스러워 채찍질과 발길질에도 잘 굴하지 않는' 말과 같은 인간이 있다.

- 아름답지 않고 또 선하지 않다고 해서 바로 추하고 나쁜 것이 되지는 않는다.

- 남을 때린 자는 밤에 잠을 이루지 못하고 남에게 인색하면 그만큼 내 마음도 비좁아진다.

- 타인에게 늘 친절하라. 그대가 만나는 모든 사람은 현재 그들의 삶에서 가장 힘겨운 싸움을 하고 있다.

- 훌륭한 행동은 자신에게 영광일 뿐만 아니라 다른 사람에게도 훌륭한 행동을 하도록 격려한다.
- 정의가 무너진 사회에서 높은 지위에 앉는 것은 악이다.
- 인간에게 있어서 가장 아름다운 진실은 마음가짐을 바꾸면 현실을 바꿀 수 있다는 것이다.
- 죽음이 다가오는 것을 그처럼 두려워하는 것은 바로 생전에 사악한 생활을 했다는 증거다.
- 적어도 진실한 인간이라면, 자기가 얼마나 오래 사느냐 하는 것은 문제 삼을 것이 못 된다. 생명에 집착해서는 안 되며 이것은 신에게 맡기고, '아무도 자기 운명에서 벗어날 수는 없다'는 여자들의 말을 믿으며, 어떻게 하면 살아 있는 동안 가장 훌륭하게 살 수 있는가를 생각해야 한다.

3. 어떤 명언이 좋은지 한 번 써보시고 그 이유를 말해 보세요.

12부

아리스토텔레스

1. 아리스토텔레스의 사상

아리스토텔레스는 현실 너머에 있는 이상적인 이데아를 추구하는 플라톤과는 달리 철저히 현실의 토양 위에서 행복을 추구한 현실주의자다. 아리스토텔레스는 인간이 다른 존재와는 달리 이성적 동물이라는 사실을 강조한다. 그러나 결코 이성적인 힘을 가지고 있더라도 의지를 가지고 노력하지 않으면 짐승에 가깝다고 본다. 인간이 가지고 태어난 욕망 때문에 언제나 쾌락의 노예가 될 수 있기 때문이다. 그래서 아리스토텔레스는 무엇보다도 아는 것을 강조한 소크라테스나 플라톤과 달리 의지와 습관을 강조하는 철학자다.

그는 인간은 욕구를 통해 활동하는 존재이기 때문에 행복을 추구할 수밖에 없다. 행복을 위해서는 성취되어야 하는데 부족해서 성취할 수 없어도 불행한 것이고, 지나쳐서 무리가 오는 것도 불행이다. 그러므로 부족해도 안 되고 지나쳐도 안 되는 것이다. 바로 중용이 답이다.

그러나 중용은 알기가 어렵다. 언제, 어떻게 해야 하는지를 알아야 하지만 이것을 파악하기란 상황 상황마다 정확히 알기란 정말 어려운 것이다. 수많은 시행착오가 있어야 하고 그런 상황에 맞는 지혜가 필요한 것이다. 그리고 그것을 실천하기 위해선 강한 의지가 필요하다. 이런 의지 없이는 행복에 도달할 수 없다. 의지를 가지고 꾸준히 노력하여 습관화 될 때 비로소 우리는 달콤한 행복의 열매를 먹을 수 있는 것이다.

더 나아가 아리스토텔레스는 인간은 사회적 동물이기 때문에 정치적 동물일 수밖에 없다고 주장한다. 정치적이기 때문에 좋은 삶을 지향하는 법이 필요하지만 법을 엄중히 지켜야함을 강조한다. 특히 사람은 짐승에 가깝기 때문에 법은 엄정해야 하고, 그래서 사람들이 법을 잘 지킬 때 정의로운 사회에 도달할 수 있다고 말한다. 그러면서도 인간의 차등성을 강조한다. 신적인 인간도 있지만 짐승 같은 인간도 있기 때문이다. 그래서 아리스토텔레스는 신적인 인간이 짐승 같은 인간을 다스릴 때 세상이 좀 더 나은 세상이 된다고 말한다.

2. 아리스토텔레스의 명언들

- 산다는 것은 활동하는 것이다.

- 인간은 본성적으로 알기를 갈망한다.

- 각 사물에 적합한 것이 본성상 최선이며 각 사물에게 가장 즐거운 것이다. 따라서 인간에게 이성에 따르는 사람이 최선이며 즐거운 것이 되는 까닭은, 오직 이성이 인간에게만 있기 때문이다. 따라서 이러한 삶은 가장 행복한 삶이기도 하다.

- 행복이란 삶의 의미이자 목적이며, 인간 존재의 총체적 목표이자 끝이다.

- 목표를 가지고 있지 않은 인생은 보상도 없다.

- 많은, 대부분의 비속한 사람들은 선과 행복을 쾌락이라고 생각하는 듯이 보이며 따라서 그들은 향락적인 생활을 좋아한다.

- 인간은 덕을 쌓지 않으면 동물 중에서 가장 무섭고 야만적이며 탐욕과 육체적 욕망으로 가득 차 있다.

- 최대의 범죄는 욕망에 의해서가 아니라 배부르고 타락에 의해 일어난다.

- 그러면 아무도 계속해서 즐거워할 수 없음은 무엇인가? 사실 모든 사람이 계속해서 활동할 수 없기 때문이다. 그러므로 쾌락 역시 계속할 수 없다. 쾌락은 활동에 수반되니까.

- 인간성은 평균적으로 신보다는 짐승에 가깝다.

- 욕망의 속성은 만족을 모른다는 것이고, 보통의 사람들은 즉각적인 충족만 추구한다.
- 모든 사물은 영혼의 완성에 있다.
- 도덕적 행위는 결코 자연적으로 발생하지 않는다.
- 행복은 우리 손에 달려 있다.
- 행복한 생활은 덕이 있는 생활이라 생각한다. 그런데 덕 있는 생활은 노력을 요하는 것이요, 오락적인 것이 아니다. 그리고 노력을 요하는 것들은 우습고 오락적인 것들보다 좋으며, 또 무엇이든지 두 가지 것 - 그것이 우리 자신 속의 두 요소인건, 혹은 두 사람이건 - 가운데 보다 좋은 쪽의 활동이 더 노력을 요하는 것이다.
- 자신의 저급한 욕망을 이겨낸 사람은 강한 적을 무찌른 사람보다 훨씬 위대하다.
- 지성 그 자체는 아무것도 움직이지 못한다. 그러나 목적을 지향하는 실천적인 지성만이 어떤 것을 움직일 수 있다.
- 덕은 앎과 의지와 인내로 이루어진다.
- 충언(가르침)은 쓰지만 그 열매는 달다.
- 고통이 없이는 배울 수 없다.
- 미덕은 지나침이나 부족함에 의해 상실된다. 중용이야말로 모든 미덕을 아름답게 만드는 덕목이다.
- 육체는 과도함이나 부족함에 의해 상실되는 본성을 지니고 있다.
- 과도를 피하라.

- 덕은 중도적이다.

- 인간이 지나치게 풍요로워지면 오만해지기 쉽고 또한 지나치게 가난하면 비굴하거나 무뢰배로 전락할 수 있다.(그래서 아리스토텔레스는 중도, 중산계급이 최선으로 본다)

- 덕은 심사숙고에 의한 선택하는 상태이고, 상대적인 중용 상태이고, 이성에 의해 결정되는 상태이며, 실천적이며 지혜로운 인간이 결정하는 상태이다.

- 중용은 "적절한 때에, 적절한 것에 대하여, 적절한 사람에게, 적절한 목적을 위하여, 적절한 방법으로 분노와 동정, 신뢰 등의 감정을 조절하는 것"이다.

- 덕을 행하기란 어렵다. 왜냐하면 어떤 일에 있어서 간에 그 일의 핵심을 발견하기란 쉽지 않기 때문이다…… 누구든지 화를 낼 수 있으며, 돈을 남에게 줄 수 있는데, 이런 일은 쉬운 일이다. 그러나 꼭 주어야 할 사람에게, 적당한 양만큼, 꼭 적절한 시기에, 올바른 동기를 갖고, 가장 좋은 방법으로 돈을 주거나 쓰기란 누구나 할 수 있는 일이 아니며, 쉬운 일이 아니다. 이런 까닭에 미덕은 드물며, 그래서 성찰할만하고 고키하다.

- 화를 내는 것은 쉽지만 적당한 때 확실한 사람에게 알맞은 정도로 현명한 방법으로 화내는 것은 참으로 어렵다.

- 절제와 용기, 그 밖의 다른 덕들도 마찬가지다. 예를 들어 어떤 사람이 무슨 일이건 간에 뒷걸음치며 무슨 일이나 두려워하고 자신이 서야 할 자리를 확고하게 지키지 못한다면 그는 비겁한 사람이 될 것이다. 반면에 아무것도 두려워하지 않아 모든 것과 정면승부를 하려는 사람은 무모한 사람이다. 이와 마찬가지로 온갖 쾌락에 탐닉하고 어떤 것도 삼가지 않는 사람은 방탕한 사람이 되고, 마치 시골촌뜨기처럼 모든 쾌락을 피하려고

만 하면 사람은 돌과 같은 무감각한 사람이 된다. 따라서 절제와 용기는 과도함과 부족함에 의해 파괴되며 중용에 의해 유지된다.

- 좋은 선택을 하려면 이치도 옳아야 하거니와 욕구도 바른 것이어야 한다.
- 행위자 자신이 항상 형편과 처지에 따라 어떤 행동이 적합한 것인지를 생각해야 한다.
- 결단은 식견에 달려 있다.
- 아는 것에 의해서가 아니라 아는 것을 실천할 때 비로소 인간은 훌륭한 존재가 될 수 있다.
- 특정 상황을 인식해야 한다. 그것은 실천하는 지혜이고, 실천은 특정 상황과 관련되기 때문이다.
- 실천적 지혜란 "선에 따라 행동하는 능력의 이성적이고 진실한 상태"이다.
- 미덕은 습관의 결과로 생긴다.
- 어렸을 때 어떤 습관을 키우느냐에 따라 ……많은 차이가 난다. 사실 그 차이는 상당하며, 어쩌면 '모든' 차이가 이 때 형성되는지도 모른다.
- 성격 속에 오랫동안 도사리고 있는 습성을 말로 제거한다는 것은 불가능하지는 않을지 모르지만 매우 어려운 일이다.
- 한 마리의 제비나 단 하루의 화창한 날이 봄을 만들 수 없는 것처럼 하루나 한순간이 인간에게 은총과 행복을 가져다주지 못한다.
- 행복은 행동의 결과다.
- 반복적으로 행하는 것(습관)이 나를 만든다.

- 좋은 사람이란 자기 영혼의 능력들을 덕의 수준으로 탁월하게 능동적으로 발휘하는 사람이다.
- 탁월함이란 꾸준한 훈련과 좋은 습관에 의해 형성된 하나의 예술이다.
- 젊었을 때 익힌 좋은 습관은 다가올 미래의 모든 것을 아름답게 채색한다.
- 학문을 배우는 것은 정신을 자유롭게 하는 것이다.
- 자기 자신을 아는 것은 모든 지혜의 시작이다.
- 지혜란 모든 것을 아는 것이 아니라, 무엇을 모르는지 아는 것이다.
- 더 많이 알수록, 모른다는 것을 깨닫게 된다.
- 모든 지식은 모두 다 논증 될 수 없다. 직접적인 전제들에 대한 지식은 논증으로부터 벗어나고 있다.
- 감각적 지각은 누구에게나 있고, 따라서 누구나 쉽게 할 수 있어서 결코 지혜를 보여주지 못한다.
- 각각의 사물들이 행해져야 하는 목적을 아는 과학이 모든 과학 가운데 가장 권위 있는 과학이며 어떤 보조과학들보다도 큰 권위를 갖는다.(형이상학에 관하여)
- 모든 예술과 모든 학문, 또한 모든 행동과 추구는 선을 지향한다고 생각한다.
- 선행이 우리 손에 달려 있다면, 악을 행하지 않는 것도 우리에게 달려 있으며, 선을 행하지 않는 것이 우리 손에 달려 있다면 악을 행하는 것도 우리에게 달려 있다.
- 가장 영예롭고 선한 자는 올바르게 승리를 얻은 자이다.

- 내가 죽더라도 세상은 변하지 않지만 내가 살아 있는 한 세상을 변화시킬 수 있다.

- 인간은 본질적으로 사회적 동물이다.

- 사람은 본질적으로 정치적 공동체로 살도록 되어 있는 동물이다

- 국가란 자연의 피조물이고 따라서 인간도 자연적으로 정치적 동물이다.

- 인간은 혼자서 아무 것도 못한다.

- 고독을 즐기는 사람은 야수가 아니면 신이다.

- 사회 속에서 살 수 없는 사람이나 스스로 자족적이기 때문에 어떠한 욕구도 갖지 않는 사람은 동물이거나 신임이 틀림없다.

- 공동체는 우애에 근거를 두고 있으며 우애 대신에 적대심이 많은 경우에는 사람들이 같은 길을 걸으려 하지 않을 것이다. 국가는 가능한 한 동등하며 동등한 사람들로 구성된 사회로 구성되어야 한다. 어떤 계급보다 중산 계급이 이러한 종류의 구성을 갖는 것이다.

- 동등한 사람에게 동등한 것들이 할당되어야 한다.(능력에 따른 배분 강조)

- 정치학자들이 훌륭한 이상을 가지고 있을지라도 그들은 종종 실천적이지 못하다.

- 정의 속에서만 사회질서가 중심이 된다.

- 결코 최상의 정부 형태는 이루어질 수 없다.

- 정치, 사회는 고키한 행동들을 위해 존재하며 단순히 정치 집권을 위해 존재하는 것이 아니다.

- 폴리스의 목적과 목표는 좋은 삶이며, 사회생활의 여러 제도는 그 목적을 위해 존재한다.

- "이러한(폴리스적) 연합에 가장 크게 기여하는 사람"은 최고의 부자도, 다수도, 가장 잘 생긴 사람도 아닌, 시민의 자질이 가장 뛰어난 사람이 정치적으로 인정받고 가장 큰 영향력을 발휘할 가치가 있는 사람이다.

- 인간이 폴리스에 귀속되는 것은 인간이 가진 자연성에 의한 것이지만, 동시에 인간은 폴리스를 통해서만 비로소 본성을 완성할 수 있다.

- 국가를 가장 먼저 세웠던 사람이야말로 가장 위대한 공로자다.

- 교육은 번영을 위한 수단이고 역경의 피난처이다.

- 인생에는 활동도 있지만 또한 휴식도 있고, 또 휴식에는 한가로이 재미있게 지내는 일도 있다.

- 인간은 자신보다 타인을 더 관찰할 수 있다.

- 사람은 대부분 부끄러움으로 지배받도록 되어 있지 않고, 오히려 공포심으로 지배받도록 되어 있다.(맹자의 성선설보다 마키아벨리즘에 가까운 말)

- 현명한 사람은 불필요하게 자신을 위험에 노출시키지 않는다.

- 힘든 일이 있더라도 결코 좌절하거나 포기하지 말라. 꿈은 희망을 간직하고 있는 사람에게 주어지는 선물이다. 변화하는 모든 것은 달콤하다.

- 훌륭한 시작은 절반을 이룬 것과 같다.

- 참기 힘든 것도 습관이 되면 절제하기 쉽다.

- 우리가 원하는 것이 아니라 우리가 가진 것을 즐겨야 한다.

- 마음의 평화는 최고의 풍요로움이다.

- 노동의 목적은 다가올 미래에 여가를 즐기기 위한 것이다.

- 설득을 위한 가장 훌륭한 도구는 위대한 인격이다.

- 인간적인 매력이야말로 최고의 추천장이다.

- 만일 어떤 사람이 고귀한 죽음이나 그러한 죽음을 불러 일으키는 직접적인 위협에 맞서 이를 전혀 두려워하지 않는다면 그를 가장 완전한 의미에서 용감하다고 부를 수 있을 것이다.

- 무절제한 사람은 자신의 행위가 잘못이라는 점을 잘 알고 있다. 그러나 자신의 감정 때문에 그런 잘못된 행위를 한다. 반면에 절제 있는 사람은 자신의 욕망들이 잘못된 것임을 알고 이성을 통하여 욕망들을 따르지 않는다.

- 지적인 사람이 무엇이 선하고 무엇이 자신에게 이익이 되는가를, 어떤 제한된 영역 — 예를 들어 건강이나 강함을 증진시키는 영역 — 뿐만 아니라 우리가 삶 전체를 잘 살 수 있도록 증진시키는 영역에 대해서까지도, 잘 심사숙고할 수 있다는 것은…… 당연한 일인 듯이 보인다.

- 친구는 몸이 둘이지만 마음은 하나다.

- 진정한 친구는 천천히 익는 과일과 같다.

- 친구는 제2의 자신이다.

- 우정의 본질은 서로 이해하고 협력함에 있다.

- 진심으로 축복해주는 친구야말로 참된 친구이다.

- 불행한 시절은 누가 진정한 친구인지 확인시켜 준다.

- 사랑이란, 사랑받는 것보다는 오히려 사랑하는 것에 있다.

- 불행한 사람은 언제나 후회와 함께 산다.

- 약간의 광기를 소유하지 않는 천재는 없다.

- 두려움에 떨고 있는 자를 사랑할 사람은 없다.

- 개개인에 있어서 최고의 선택은 자신이 잘 하는 분야에서 최고가 되는 것이다.

- 한 가지 측면에서의 불평등한 모든 사람은 모든 면에서 불평등하다고 가정한다.

- 혁명에 대한 보편적이며 주된 원인은 평등에 대한 갈망이다.

- 법에 대한 복종심보다 더 엄중하게 주장될 수 있는 것은 없다.

- 그들(시민)의 양육과 여러 가지 종사하는 일(행동)이 법률에 의해서 규정되어야 한다.

- 정의로운 행동을 함으로써 정의로워지며 절제 있게 행동함으로써 절제 있게 되며 용감한 행위를 함으로써 용감해진다.

- 젊음은 희망을 빨리 갖기 때문에 그만큼 쉽게 현혹된다.

- 희망은 잠자지 않는 인간의 꿈이다.

- 약간의 광기 없는 천재는 없다.

- 진실로 선하고 현명한 사람은 삶의 모든 변화와 시련을 훌륭하게 견디며 항상 자신이 처한 환경을 능동적으로 이용할 줄 안다.

- 시인의 임무는 실제로 일어난 일을 이야기하는 것이 아니라, 일어날 수 있는 일, 즉 개연성이나 필연성에 따라 가능한 일을 이야기하는 데 있다.

- 시는 역사보다 철학적이며 보다 높은 수준에 있다. 왜냐하면 시는 보편적인 것을 표현하려 하며 역사는 개별적인 것을 표현하려 했기 때문이다.

- 길들여진 동물은 인간의 지배를 받을 때 훨씬 행복하며, 자연적으로 열등한 사람은 우월한 사람의 지배를 받을 때 훨씬 행복하다.

- ······인간에 비하여 이성은 신적인 것이라면, 이성에 따른 생활은 인간적인 생활에 비하여 신적인 생활이라 아니할 수 없다. 그러나 우리는 "결국 인간이니 인간적인 일을, 또 사멸할 것일 따름이니 사멸할 것들을 생각하라"는 권고를 따를 것이 아니라, 도리어 할 수 있는 데까지 우리 자신의 불사불멸이 되게 하고, 우리 자신 속에 있는 최선의 것들을 따라 살도록 온갖 힘을 기울이지 않으면 안 된다. 이 최선의 것은 부피는 작지만, 그 능력과 가치에 있어서는 모든 것을 능가하기 때문이다.

- 비극은 어떤 행동의 모방이다······. 공포나 연민을 통하여 이러한 감정들을 적절히 추방할 수 있도록 해준다.(카타르시스)

3. 어떤 명언이 좋은지 한 번 써보시고 그 이유를 말해 보세요.

13부

에피쿠로스

1. 에피쿠로스의 사상

그는 철학을 영혼의 의학이라고 생각하여 철학을 통해 영혼을 치료하고자 했다. 그래서 그의 주된 관심은 인간의 행동을 유발하는 쾌락에 있었다. 쾌락은 먹고 마시고 즐기는 것이고, 행복한 삶의 시작이자 목표이다. 하지만 그는 쾌락이라고 해서 다 행복한 삶을 보장하지 않는다고 하였다. 왜냐하면 육체적 쾌락은 욕망이 무한해서 만족시킬 수 없기 때문이다. 만일 욕망을 만족시킬 수 없다면 그것을 추구하면 할수록 오히려 우리는 불행해지는 것이다. 더욱이 육체적 쾌락을 추구할수록 많은 것을 희생해야 한다. 그래서 에피쿠로스는 육체적 쾌락에 대해서는 어느 정도 마음의 문을 닫아야 한다고 역설적으로 말한다. 현명한 사람이라면 많이 먹는 것이 좋지 않고 조금만 먹어도 된다는 것을 알고 있다는 것이다.

이것을 볼 때 에피쿠로스가 추구하는 쾌락은 마음의 평정이다. 육체적으로 고통이 없고, 정신의 평온한 상태를 말하는 것이다. 마음의 평정을 얻으려면 욕망을 줄이고 불필요한 고통과 근심을 줄여나가야 하는 것이다.

그리고 진정한 행복한 사람을 위해서는 마음의 평정을 바탕으로 정신적 쾌락을 추구해야함을 강조한다. 그는 우정을 중요시하는 데 우정이 없이는 행복한 삶을 살 수 없다고 하는 것이다. 그는 지적인 친구들과 즐겁고 유쾌하게 교제하고 살 것을 권장한다.

2. 에피쿠로스의 명언들

- 아직 철학을 할 준비가 되어 있지 않다거나 철학을 할 시기가 지나가 버렸다고 말하는 사람은, 행복을 맞이하기에는 너무 젊거나 늙었다고 말하는 것 같다.

- 의학의 경우, 육체의 병을 물리치지 못하면 아무런 이익을 가져다주지 못하는 것처럼, 철학 역시 마음의 고통을 물리치지 못하면 아무런 소용이 없다.

- 인생을 진실하게 그리고 전체로 보아라.

- 모든 살아 있는 자는 태어나자마자 곧 기쁨을 구하고 기쁨을 최고의 선으로서 즐기며 고통을 최고의 악으로서 피하는 것이다.

- 쾌락은 행복한 삶의 시작이자 목표이다.

- 모든 것은 네가, 곧 오늘 여기 살고 있는 인간인 네가 행복하게 살아야 한다는데 달려 있다. 너는 하나님이나 교회를 위해, 국가나 강력한 문화를 위해 살고 있는 것이 아니다. 너는 단 하나의 단 하나 뿐인 인생을 행복으로 충족시키기 위해 존재하고 있는 것이다.

- 눈에 보이는 행복이 사람을 제압하는 압도적인 힘을 가지고 있지만 그렇다고 그것이 전부가 아니다. 찬란한 모든 것은 마음을 만족시켜주지는 못하는 허망한 것이다. 때로는 행복은 돈에 있지 않고 마음속에 있는 것이다.

- 우리는 쾌락이 곧 목적이라고 주장할 때, 그것은 방탕한 자의 쾌락도 아니며 무지하거니와 우리와 의견을 달리하는 또는 이해하지 못하는 사람들에 의해 상상되는 성의 쾌락도 아니다. 그것은 육체의 고통과 정신의 불안으로부터 자유를 의미한다.
- 쾌락이란 말의 의미는 육체에서 오는 고통과 마음의 근심이 없는 상태를 말한다.
- 욕망 중에 어떤 것은 자연적이고 필수적인 것이지만, 어떤 것은 공허하고 불필요한 것임을 명심하라.
- 모든 것을 욕심내면 어느 것 하나도 얻지 못한다.
- 육체는 항상 무한한 욕망을 요구하지만 지성은 뒤따를 불편을 고려하여 욕망을 제한한다.
- 사치스런 음식과 음료들은 …… 절대로 해악에서 자유롭지 못하고 육신의 건강을 가져다주지 못한다.
- 인류는 영원히 무의미하고 무익한 고통의 희생자가 된다. 물건의 구입이나 순수한 쾌락의 증대에 어떤 제한이 있다는 사실을 모르는 탓에, 쓸데없는 불안으로 안달복달한다.
- 소용없는 누구나 필요 이상의 부는, 물이 흘러넘치고 물동이에 붓는 물만큼이나 쓸데없는 것으로 보아야 한다.
- 얻을 수 있는 것은 자신에게 가깝게 만들고, 얻을 수 없는 것에는 되도록 욕심을 내지 않고, 잘 알지 못하는 것에 대해서는 되도록 관여하지 말라.
- 자연의 본성을 따르면 건강을 잃거나 초라해지지 않는다.
- 내가 무절제하고 향락적인 사람을 멀리하는 이유는 그러한 사람 자체가

즐겁지가 않기 때문이 아니라 그러한 삶 뒤에 찾아오는 해악 때문이다.

- 어떠한 쾌락도 그 자체가 나쁜 것은 아니다. 다만 많은 경우 쾌락을 얻는 수단이 악의 씨앗이 된다.

- 소박한 식사와 물만으로 만족하며 호사스런 삶의 쾌락을 멀리할 때 나의 몸은 상쾌하기 그지없다.

- 충족되지 않더라도 고통을 일으키지 않는 모든 욕구는 필수적인 것이 아니다. 그리고 욕구하는 대상을 획득하기 어렵거나 욕구가 어떤 해악을 산출하는 듯이 보일 때 그러한 욕구는 쉽게 제거될 수 있다.

- 검소하고 값싼 식사에 길들여진다면 우리는 그것만으로도 건강 유지에 필요한 모든 것을 충분히 얻을 수 있을 것이며 이 정도면 조금도 어려움 없이 삶에 필요한 것들을 충족시킬 수 있을 것이다. 그렇게 함으로써 우리는 자주 값비싼 식사를 하는 것보다 더 나은 상태를 이룰 수 있을 것이며 미래를 두려워하지 않을 것이다.

- 나는 빵과 물로 살 때, 몸에서 쾌락이 충만해진다. 내가 사치스런 쾌락에 침을 뱉는 것은 그 쾌락 자체가 나빠서가 아니라, 그런 쾌락에 따라다니는 불편한 것들 때문이다.

- 결핍에서 오는 고통을 제거한다면, 검소하기 짝이 없는 음식도 호화로운 식탁 못지않은 쾌락을 제공한다.

- 참된 마음의 평화는 저급한 본능에 사로잡힌 대중으로부터 벗어남에 있다.

- 사려 깊고 아름다우며 정직하게 살기 위한 자신만의 원칙을 가진 사람은 행복하다.

- 받는 편보다는 주는 편이 행복하다.

- 우정 없이는 완벽한 행복은 없다.
- 우리의 인생을 축복으로 만드는 가장 훌륭한 방법은 좋은 우정을 얻는 것이다.
- 한 인간이 일생을 행복하게 살 수 있도록 하기 위해서 지혜가 제공하는 것 중에서 가장 위대한 것은 우정이다.
- 먹고 마시기 전에, 무엇을 먹고 마실지를 생각하기보다는 누구와 먹고 마실 것인가를 조심스레 고려해보라. 왜냐하면 친구 없이 식사를 하는 것은 사자나 늑대의 삶이기 때문이다.
- 바라보기, 대화, 함께 있기가 사라진다면 사랑의 격정도 사라진다.
- 오직 하나뿐인 인생을 바꾸려다가 낭비하지 말라.
- 우리는 누구도 시기해서는 안 된다. 선한 사람은 결코 시기를 받을만하고 악한 사람들은 스스로 파멸의 길을 걷게 될 것이기 때문이다.
- 운명의 노예가 되길 거부한다면 희망을 가져라.
- 정의란 서로 해를 끼치지 않고 해를 입지 않기 위한 상호 간의 계약이다.
- 한 때 정의였던 것도 시간이 지나고 상황이 바뀌면 더 이상 정의가 아닐 수 있다.
- 과거에 있었던 행복한 추억들을 회상하는 것은 행복에 있어서 아주 커다란 부분이다.
- 그대의 소유물을 함부로 다루지 않도록 하라! 지금 그대가 소유하고 있는 모든 것은 그대가 한 때 간절히 얻길 원했던 것이다.
- 현명한 사람은 가장 많은 양의 음식이 아니라 가장 맛있는 음식을 선택한다.

- 인간은 많은 공포를 일으키는 현상에 휩싸여 영원하고 강대한 많은 신이 있다는 가르침을 만들어낸다.

- 죽음은 우리에게 아무 것도 아니라고 믿는데 익숙해져야 한다. 왜냐하면 선과 악은 감각의 능력을 전제하는데 죽음은 바로 모든 감각 능력의 상실을 의미하기 때문이다. 따라서 죽음이 우리에게 아무 것도 아니라는 점을 제대로 이해하기만 하면 우리는, 우리의 삶에 무제한적인 시간을 부여함으로써가 아니라 오히려 불멸성에 대한 열망을 제거함으로써, 우리의 유한한 삶을 충분히 즐길 수 있다.

- 삶이 멈추고 나면 아무런 두려움도 느끼지 못한다는 사실을 완벽하게 파악한 사람은 살면서 두려움을 느끼지 않을 것이다. 그러므로 죽음이 찾아올 때 고통스럽기 때문이 아니라 죽음을 예상하는 것이 고통스럽기 때문에 죽음이 두렵다고 말하는 자는 어리석은 자이다.

- 우리는 한번 태어날 뿐 두 번 다시 태어나지 못한다. 우리는 죽은 뒤엔 존재하지 않는다. 영원히. 그런데 여러분은 여러분이 가지고 있는 단 한 가지의 것, 곧 지금 이 시간에 신경을 쓰지 않고 있다. 마치 여러분은 내일을 멋대로 할 수 있다고 믿기라도 하는 것처럼! 우리의 인생은 늘 살아가는 일을 내일로 미루기 때문에 무가 되는 것이다. 그리하여 우리는 자기가 현재 살아 있다는 사실을 분명히 인정하지 못한 채 무덤으로 간다.

3. 어떤 명언이 좋은지 한 번 써보시고 그 이유를 말해 보세요.

14부

마르쿠스 아우렐리우스

1. 마르쿠스 아우렐리우스의 사상

스토아 철학은 용기 있게 죽음을 맞이한 소크라테스의 영향을 받았다. 그래서 스토아 철학자인 아우렐리우스도 최대한 감정을 억제하고 이성에 따라 살 것을 권한다. 감정적인 것은 변하기 쉽고 동요되기 쉬우며, 우리의 감각 기능도 둔하여 속기 쉽기 때문이다. 또한 인간다운 일을 해야 인간은 만족을 느끼므로 감각적인 쾌락이나 추구하고 헛된 명예를 갈구하고 덧없는 권력을 좇지 않도록 해야 한다. 그런 것만을 추구하는 사람은 들짐승만도 못한 삶이다.

아우렐리우스가 볼 때 인생은 결코 녹록하지 않다. 때론 전쟁과도 같은 삶이다. 그런 가운데도 이성을 통해 자연의 질서와 섭리를 깨닫고 그것에 맞춰 산다면 우리는 행복할 수 있다. 우리는 경쟁하라고만 태어난 것이 아니고 사회적 동물답게 서로 돕고 협력하도록 태어났기 때문이다. 그래서 이런 자연의 이치를 깨닫고 다른 사람을 대한다면 우리는 더불어 같이 살 수 있는 것이다. 설령 죽음이 오더라도 그것을 자연의 이치로 받아들여 환영한다면 죽음이 불행이 될 수 없다. 오히려 죽음조차 편안히 맞아할 수 있는 것이다.

자, 어떻게 하면 죽음조차 편안히 맞이할 수 있는지 아우렐리우스의 가르침을 보자.

2. 마르쿠스 아우렐리우스의 명언들

- 인생이란 전쟁이고 나그네의 행로며, 죽은 후의 명성은 망각에 불과하다. 그렇다면 우리를 인도할 수 있는 것은 무엇인가? 그것은 오직 하나, 철학이 있을 뿐이다. 철학은 이성을 지키고 손상되지 않게 하며 쾌락과 고통을 통솔할 수 있도록 보존하는 것이다.
- 항상 이 우주를 하나의 살아있는 유기체로, 하나의 유일한 실체로 그리고 하나의 유일한 영혼으로 생각하라.
- 어떤 의미에서 인간은, 우리와 가장 관계가 깊은 존재다. 우리가 인간에게 친절을 베풀고 참고 견디어야 한다는 점에서 그렇다. 그러나 인간들 중에는 우리의 고유한 활동을 방해하는 자가 있다는 점에서 그들은 태양이나 바람, 들짐승만도 못한 만큼 나와는 관계가 없는 존재가 되어버리기도 한다.
- 인간은 인간다운 일을 할 때 만족을 느낀다. 인간다운 일이란 남에게 친절을 베풀고 감각적인 욕망을 경멸하고, 그럴듯한 사상의 진위를 식별할 줄 알고, 우주의 본성과 이에 따라 생성하는 사물을 관조하는 것 등이다.
- 언제나 파도가 부서지는 바위와 같아야 한다. 바위는 튼튼하게 버티고 서서 사납게 파도치는 바다 물결을 억누르고 있다. 내 몸에 여러 가지 사건이 일어난다고 해서 내가 불행하단 말인가. 아니다! 그런 일이 내게 일어났다고 해도 나는 행복하다. 왜냐하면 나는 어떤 일이 일어나도 공포로부터 자유롭기 때문이다. 현재에 의해 굴복되는 법이 없고, 미래에 대

한 불안에 떨 필요가 없는 것이다.

* 만물은 얼마나 빨리 소멸되는가? 육체만은 우주로 돌아가고, 그 기억은 영원 속에 사라진다. 모든 감각적인 것은 대체 무엇인가? 특히 쾌락으로 우리를 미혹하고 고통으로 우리를 두렵게 하며 또는 헛된 명성에 의해 떠들썩하는 것들은 과연 무엇인가! 이것들은 얼마나 보잘 것 없고 천하며 더럽고 썩기 쉬운 메말라 비틀어져 있는가!

* 내 몫으로 주어진 것들에 적응하고 운명으로 엮어진 사람을 사랑하라.

* 모든 사람들의 견해가 아니라 이성적으로 살고 있는 사람들의 말을 경청하라.

* 진정한 시작 장애인은 눈이 먼 사람이 아니라 이성적인 판단을 하지 못하는 사람이고, 마음의 타락이야말로 가장 무서운 질병이다.

* 쾌락을 추구하는 자는 부정한 짓도 서슴지 않는다.

* 이기적인 충동에 이끌리지 못하게 하라. 그리고 현재 주어진 것에 대하여 불만을 느끼거나 앞으로 닥칠 것에 대하여 불만을 품지 못하게 하라.

* "나는 손해를 보았다"는 생각을 버려라. 그렇게 하면 그것을 느끼지 않게 될 것이다. "나는 손해를 보았다"는 느낌을 버려라. 그렇게 하면 그 손해도 없어질 것이다.

* 후회란 어떤 유익한 것을 놓쳐 버린 데 대한 자책과 같은 것이다. 선한 것은 반드시 유익한 것으로서 유덕한 사람이 추구하는 것이다. 유덕한 사람은 어떤 쾌락을 놓쳤다고 해서 후회하지는 않을 것이다. 따라서 쾌락은 유익한 것도, 선한 것도 아니다.

* 가지지 못한 것에 연연해하지 말고 그대가 가진 것들이 없었다면 어떻게 되었을 지를 생각해보라.

- 그들이 아첨하는 사람들 손에 넣으려는 이익, 사용하는 수단, 그것들은 어떤가? 시간은 얼마나 빨리 이 모든 것들을 빼앗아 갈 것인가? 이미 얼마나 많은 것을 빼앗아 가는가?

- 당신은 이러이러한 일을 본 적이 있는가? 그러면 이번에는 이것을 보라. 번거롭게 생각하지 말라. 단순한 마음을 가져라. 누가 당신에게 해를 입히는가? 그는 자기 자신에게 해를 입히는 것이다. 당신에게 무슨 일이 일어났는가? 개의치 말라. 세상에서 일어난 일은 모두가 처음부터 우주로부터 당신에게 주어진 것이고, 당신의 운명 속에 들어 있는 것이다.

- 이성적인 영혼의 특징은 다음과 같다. 즉 영혼은 자기 자신을 돌아보고 자기 자신을 분석하고 뜻대로 자기 자신을 형성하고 자기가 맺은 열매를 스스로 수확하고 인생의 종말이 언제 닥치든 다른 사람이 수확한다……. 또한 이성적 영혼은 전 우주와 우주를 에워싼 공간을 왕래하면서 그 형태를 고찰하고, 무한한 시간 속으로 뻗어나가 만물의 주기적 재생을 탐구한다……. 그리고 이성적 영혼은 이웃 영혼을 사랑하고 진실하고 겸손하며 무엇보다도 자기 자신을 존중하는 것 등의 특징을 갖고 있다.

- 가소롭게도 인간은 자기 자신의 악은 보지 못하고 남의 악만 피하려고 한다. 허나 자기 자신의 악은 피할 수 있어도 남의 악은 피할 수 없다.

- 그대 마음을 즐겁게 만드는 비결은 함께 사는 사람들의 장점을 떠올리는 일이다.

- 남자다움은 화를 내고 불평하는 모습이 아니라 온유하고 상냥하여 너그러운 모습에 있다.

- 당신은 어떤 사람의 염치없는 행동 때문에 화가 나면 이렇게 자문해 보라. "이 세상에 염치없는 사람이 존재하지 않을 수 있을까?"라고. 그것은 불가능하다. 그렇다면 있을 수 없는 일을 바라지 말라. 그 사람은 이 세상

에 존재하지 않을 수 없는 염치없는 사람들 중의 한 사람이다. 악한이나 사기꾼이나 그 밖의 모든 고약한 자에 대해서도 같은 생각을 곧 머리에 떠올려라. 이런 자들이 존재하지 않을 수 없다는 사실을 알게 되면 그런 자에게 좀 더 너그러운 태도를 취할 수 있을 것이다.

- 아침에 자리에서 일어나면 자기 자신에게 이렇게 타일러라. 나는 남의 일에 참견하기를 좋아하고 사람이나 은혜를 고마워할 줄 모르는 사람, 건방진 사람이나 사기꾼, 샘이 많은 사람이나 무뚝뚝한 사람들을 만나게 될 것이라고.

- 잘못을 저지른 사람이 있거든 타이르되 효과가 없을 때는 관용이 남아 있다는 것을 기억하라.

- 인생에서 육신이 쓰러지기 전에 정신이 먼저 굴복하는 것은 치욕이다.

- 작은 불꽃은 지푸라기에도 꺼지지만 큰 불꽃은 모든 것을 삼키고 활활 타오른다.

- 매번 성공하지는 못한다고 하더라도 바른 원칙을 세우고 실천하는 일을 포기하지 말라.

- 자만심 없이 부키영화를 받아들여라. 허나 아낌없이 버릴 각오를 하라.

- 누가 알아주지 않는다고 해서 황금이 고유한 빛깔을 잃는 법이 있더냐?

- 무화과나무에 무화과가 열리지 않길 기대해서는 안 되듯이 사람도 그 사람만의 그릇이 있다는 것을 명심하라.

- 어떤 일을 할 때 그것에 바치는 열정은 그 일의 가치에 비례하야 한다는 것을 명심하라.

- 예부터 현자들이 무엇을 추구했고 무엇을 피했는지 배우라.

- 어렵다고 해서 불가능을 생각하지 말고 훌륭한 일이라면 그대로 할 수 있다고 믿어라.

- 어떤 일에 비관하거나 불평하는 사람은 도살장으로 끌려가면서 땅을 차고 비명을 지르는 돼지나 다름이 없다.

- 자신의 악은 고칠 수 없는데도 불가능하다고 말하고 남의 악은 고칠 수 없는데도 간섭하는 자는 어리석다.

- 충고를 할 때 결코 빈정대거나 나무라지 말아야 말고 사심이 없이 다정스런 태도로 말해야 한다. 또한 학교 교사처럼 훈계하거나 동석한 사람들의 칭찬을 의식하는 태도는 취하지 말아야 하며, 주위에 다른 사람이 있을 때에는 그가 혼자 있는 틈을 타서 말해야 한다.

- 너는 스스로 똑바로 서야지 똑바로 세워져서는 안 된다!

- 어떤 행동을 했기 때문에만 부정을 저지르는 것이 아니다. 어떤 행동을 하지 않았기 때문에 부정을 저지르는 경우도 적지 않다.

- 당신의 목욕에 대해 생각해 본다면 올리브유, 땀, 때, 더러운 물 등에 메스꺼움을 느낄 것이다. 인생의 각 부분이나 만물의 각 부분도 이와 비슷하다.

- 존경하는 위인 중 한 사람의 이름을 늘 그대의 가슴 속에 새겨두도록 하라.

- "나는 운수가 얼마나 고약한가. 이런 변을 당하다니!"가 아니라, 오히려 "이런 변을 당하다니, 나는 얼마나 운수가 좋은가!"라고 말할 수 있는 마음의 여유가 있다면 얼마나 좋은가! 그야말로 세상을 달관한 경지이다.

- 남이 중상하는 말에 키를 기울이지 말라.

- 분노하기 전에 왜 그런 일이 벌어졌는지 먼저 상황 파악부터 하는 것이 순서이다. 그러면 분노를 크게 느끼지 않을 것이고 점차로 수그러들 것이다.

- 남의 잘못 때문에 화가 치밀 때에는 즉시 자기도 같은 잘못을 저지르지 않는지를 스스로 반성해 보라.

- 아우렐리우스의 화를 내서는 안 되는 6가지 이유
  첫째, 우리는 서로 돕기 위해서 태어났기 때문이다.
  둘째, 그 사람이 왜 그런 생각을 하게 되었는지를 먼저 알아보고 그 사람이 옳다면 화를 내서는 안 되기 때문이다.
  셋째, 타인과 마찬가지로 자신도 실수하기 때문이다.
  넷째, 몹시 화를 내는 것은 많은 고통을 줄 뿐만 아니라 생명을 단축시키기 때문이다.
  다섯째, 우리를 화나게 한 것은 사실이 아니라 우리들의 자기중심적 생각일 수 있기 때문이다.
  여섯째, 친절은 상대에게 가장 큰 힘을 주지만 화는 상대방을 위축시키기 때문이다.

- 처세술은 무용보다 씨름에 가깝다. 왜냐하면 예측할 수 없는 불의의 공격에 대비하여 항상 꿋꿋이 서 있어야 하기 때문이다.

- 완전한 인격의 특징은, 마치 하루하루를 자기의 마지막 날인 것처럼 보내고, 동요되거나 무기력해지지 않고 위선을 행하지 않는 것이다.

- 지금 인생에서 사라지는 사람처럼 모든 일을 행하고 말하고 생각하라.

- 당신이 하기 어려운 일이라고 해서, 그것이 인간으로서 불가능한 일이라고는 생각하지 말라.

- 일하라. 그러나 비참한 자로서 일하지 말라. 또한 남에게 동정을 구하거

나 칭찬을 듣고 싶어서 일하지 말라. 다만 당신이 일할 것인지 하지 않을 것인지 하는 것은 사회적인 이성의 지시에 따라 결정하라.

- 당신이 익힌 조그마한 기술을 소중히 여기고 이에 만족하라.

- 무슨 일이든 마지못해 해서는 안 되며, 또 이기적인 동기에서 해서는 안 된다. 그리고 무분별하게 마음에도 없는 일은 하지 말라. 당신의 생각을 미사여구로 꾸미지 말라. 불필요한 말이나 행동은 삼가야 한다.

- "이 오이 맛이 쓰다." 그러면 그것을 버려라. "길에 가시덤불이 있다." 그러면 그것을 피해가라. 이것으로 족하다. "어찌하여 세상에 이런 것들이 생겨났을까?" 하고 불평하지 말라. 그런 불평을 하면, 자연을 잘 알고 있는 사람에게 비웃음을 사게 될 것이다.

- 인간을 위해서 봉사하는 사람이 되어라. 그리고 관용을 끊임없이 너의 유일한 즐거움으로 삼아라.

- 이성이 없는 동물이나 일반적인 사물을 대할 때 아량이 있고 너그러운 태도로 대하라. 왜냐하면 당신에게는 이성이 있고 그들에게는 없기 때문이다. 그러나 인간에 대해서는, 그들도 이성을 가지고 있으므로 동지처럼 대하라.

- 당신은 무엇에 대해 불만을 품고 있는가? 인간의 악에 대해서인가? 그렇다면 다음의 결론을 상기하라. 즉 이성적인 동물은 서로 돕기 위해 태어났으며 참는다는 것은 정의의 한 부분이고, 인간은 자기가 알지 못하는 사이에 잘못을 저지른다는 것을. 그리고 얼마나 많은 사람들이 서로의 적의와 의혹과 증오, 살해 때문에 땅 속에 묻히고 재로 변했는가를 생각해 보라. 그리고 이쯤해서 당신의 마음을 가라앉히는 것이 어떠하겠는가?

- 어떤 사람은 남에게 적선을 했을 때, 자칫하면 그 은혜를 되돌려 받으려

는 생각을 갖기 쉽다.

- 무엇보다도 마음을 흐리게 하지 말고 편협하게 생각하지 말며 자유로워야 한다. 그리고 만사를 사나이로서, 인간으로서, 시민으로서, 죽어야 할 존재로서 대하라.

- 스스로 정진하고 정화에 힘쓴 사람의 정신 속에는 부패한 것이나 부정한 것 그리고 겉은 깨끗하나 속이 곪아 있는 상처 같은 것은 일체 볼 수 없을 것이다.

- 행복한 사람이란 자기 자신에게 좋은 몫을 제공한 사람을 말하며, 좋은 몫이란 영혼의 좋은 성향, 좋은 충동, 좋은 행위를 말한다.

- 쾌락과 고통을 초월할 수도 있고 허망한 명예욕을 초월할 수도 있다.

- 상실은 곧 변화다.

- 당신에게 무슨 일이 일어나든 그것은 먼 옛날부터 준비되어 있던 것이다.

- 미래의 일에 대해 너무 걱정하지 말라. 필요하다면 당신의 지금 눈앞에 닥친 일을 처리하는 그 이성으로 미래의 일도 처리하라.

- 당신 뒤에는 영원한 시간의 심연이 입을 벌리고 있다는 것을 알아야 한다. 그리고 당신 앞에도 또한 무한이 도사리고 있는 것이다. 이 무한 속에서 사흘밖에 살지 못한 갓난아이와 늙은 왕 네스토르의 세 갑절을 오래 산 인간 사이에 무슨 차이가 있단 말인가!

- 이제 조금만 있으면 당신은 재와 뼈로 변하여 단지 이름만 남거나, 그 이름조차 잊혀질 것이다. 이름이란 단지 음향이나 메아리에 지나지 않는다. 인생에서 키히 여기는 것은 공허하고, 썩어버릴 것이며, 보잘 것 없는 것이다.

- 마치 만년이라도 살 것처럼 행동하지 말라. 어쩔 수 없이 죽음이 당신에게 닥쳐오고 있다. 살아 있는 동안, 힘이 있을 때 착한 일을 하라.

- 극히 한동안 지나가면 그대는 눈을 감을 것이고, 그대를 무덤에 보낸 사람도 이윽고 다른 사람에 손에 무덤이 보내지게 될 것이다.

- 죽음이란 감각을 통하여 들어오는 인상이나 욕망을 일으키는 충동, 그리고 마음의 방황과 육신에의 봉사 등이 중단되는 것을 말한다.

- 죽음을 경멸하지 말라. 이것도 자연이 원하는 것의 하나이므로 환영하라.

- 지난날에 얼마나 많은 사람들이 명성을 떨치다가 결국은 망각 속에 묻혀 버렸는가. 그리고 이들의 명성을 찬양하던 사람들도 얼마나 많이 세상을 떠났는가.

- 그렇다면 대체 무엇이 당신을 이곳에 붙잡아 두고 있는 것일까? 감정적인 것은 변하기 쉽고 동요되기 쉬우며, 우리의 감각 기능도 둔하여 속기 쉽다. 영혼 자체도 피에서 나오는 증기에 지나지 않는다. 이런 인간들 사이에서 명예를 얻어도 공허한 일이다.

- 단순하고 선량하고 순수하고 품위 있고, 허식이 없는 인간이 되라. 정의의 편이 되고 신을 공경하고 친절하고 자애롭고 자기의 의무를 과감히 수행하는 인간이 되라. 철학을 통해 배운 인간이 되려는 노력을 기울여라. 신들을 두려워하고 남에게 힘이 되는 인간이 되라. 인생은 짧다. 지상 생활의 유일한 수확은 경건한 태도와 사회를 위한 행동이다.

- 그렇다면 남는 것은 무엇인가? 소멸이든 다른 곳으로 옮겨지는 것이든 간에 종말을 평안한 마음으로 기다리는 것이다. 그때가 오기까지 어떻게 하면 되는가? 신들을 공경하고 찬양하며 인간에게 적선을 하고 '참고 견디는 것' 이외에는 무엇을 더 할 수 있겠는가? 그리고 당신의 연약한 육체와 입김이 닿는 곳에 있는 것은 당신의 것도 아니고 당신 마음대로 할

수 있는 것도 아니다. 이것을 알아야 한다.

* 요컨대 인생은 짧다. 당신은 이성과 정의의 도움을 받아 현재를 이용해야 한다. 긴장을 풀었을 때라도 진지하라.

3. 어떤 명언이 좋은지 한 번 써보시고 그 이유를 말해 보세요.

15부

세네카

1. 세네카의 사상

　세네카도 마르쿠스 아우렐리우스처럼 자연법에 따르는 스토아학파이다. 세상 풍랑이 거세게 몰아쳐도 자연의 이치에 따라 굳건하게 살기를 희망하였다. 그는 세찬 비바람이 몰아쳐도 굳건하게 버티는 바위돌이 되고자 자기 마음에 다음과 같이 맹세하였다. 그 사상을 이 맹세로 갈음하겠다.

　'나는 죽음과 희극을 같은 얼굴로 보자. 아무리 큰 고생이라도 마음으로 몸을 지탱하면서 견디어 내자. 재산이 있으나 없으나 마찬가지로 경멸하자. 그것을 다른 데에 두더라도 불유쾌하게 여기지 않고, 자기의 주위에서 번쩍거리고 있어도 좋아하지 않는다. 행운이 오든지 말든지 신경 쓰지 않는다. 모든 땅이 내 것같이, 또 내 땅을 모든 사람의 것같이 바라보자. 자기가 다른 사람을 위해 태어났다는 것을 이해하고, 그러므로 나를 낳아준 자연에게 감사하는 마음으로 살고 싶다. 자연은 다른 어떤 방법으로, 이 이상으로 훌륭하게 내 일을 이끌어 줄 수가 있었을까. 자연은 한 사람인 나를 만인에게 주고 만인을 한 사람인 나에게 준다. 내가 어떤 것을 소유하더라도, 그것을 인색하게 지키지도 않고 그렇다고 물처럼 낭비하는 일도 없다. 정당하게 받은 것보다 훌륭한 큰 소유물은 없다고 믿자.

　은혜를 베풀려면 숫자나 무게로 재지 않고, 또 이것을 받아들이는 자에 대한 평가 이외의 어떤 것으로도 재지 말기로 하자. 받을 만한 사람이 받는 것이라면, 결코 많은 것을 주었다고는 생각지 않을 것이다. 무슨 일이나 명성을 얻기 위하여 하는 것이 아니고, 모든 것을 양심에 따라서 하자. 자기 밖에 모르는 일을 할 때는, 모든 공중 앞에서 행하는 일이라고 생각하자. 내가 먹고 마시는 목적은 자연의 욕구를 달래주는 일이며, 배를 채운다든가 비우게 한다든가 하는 일이 아닐 것이다. 벗들에게 사랑을 받고 적에게는 따뜻하며 친절하고 싶다. 요청이 있기 전에 남의 말을 들어주고, 올바른 요구에는 서둘러 응해 주자. 내 조국은 전 세계라는 것, 그 주재자는 신들이라는 것, 신들은 내 머리 위에나 주위에도 항상 있어, 내 말 동작 하나하나의 감찰관이라는 것을 알자. 어느 날엔가 자연이 내 목숨을 되돌려 가려고 하든가. 또는 이성이 그것을 방면하려고 하든가, 언제가 되든 그때에는 다음과 같이 증언을 하고 이승에서 사라져 가자. 나는 양심을 사랑하고 좋은 일을 사랑했다. 또 누구의 자유도 나 때문에 제한을 받지 않았고, 내 자유도 조금도 제한받지 않았다고. 이런 것을 실행하려고 생각하고, 바라며, 꾀하는 사람은, 신들을 향하여 나아갈 것이다. 설사 거기에 이르지 못하여도, 이 사람은 실로, 위대한 계획에 쓰러진 것이다.'

2. 세네카의 명언들

- 행복한 삶은 자연적인 것이다.

- 선한(행복한) 사람이란 쾌락을 경멸하는 것으로 생각하는 그런 사람이다.

- 이런 인물을 우리 스토아학파의 현자라고 불렀다. 괴로운 일에 굽히지 않고 쾌락을 업신여기며 모든 공포를 이겨내는 승자를 이르는 말이다.

- 혼자 바닷가에 서서 밀려오는 파도에 끊임없이 부딪히면서도 물결에 끌려가지 않고 또 몇 백 년을 파도가 밀려왔다가 밀려가는데도 침식당하지 않는 바위, 내가 되고 싶은 것은 그러한 바위밖에 없다.

- 현자는 어떠한 부정에도 굽히지 않는다고, 아무리 많은 창을 그를 노리고 던져지더라도 무의미하다. 그를 뚫을 수 없기 때문이다.

- 미덕도 적대자가 없으면 무기력하기 마련이다. 참고 견디며 자신이 무엇을 할 수 있는지 보여줄 때, 비로소 위대함과 힘이 드러나는 법이다.

- 참된 쾌감이란 쾌락을 경멸하는 것이다.

- 행복한 삶의 바탕은 자유스런 마음에 있고, 또 고결하고, 굳센 불굴의 마음이며, 두려움이나 욕망을 초월한 것이다.

- 인간은 자기의 행위를 개조할 능력을 가지고 있으며, 이 능력에 의해 운명의 여신의 세력권 밖에 머물러 있을 수 있다……. 다만 낮에는 밝고, 밤에는 어두울 뿐이다. 울부짖거나 신음하는 것은 인간의 본분에 대한

거부로, 이와 같은 약점이 있기 때문에 인간은 때로 좋아서 어쩔 줄 모르기도 하고 때로 실망에 빠지기도 한다. 그러므로 우리는 모름지기 자기의 운명을 가만히 기다리기보다는 애써 창조할 일이다. 자기의 운명을 창조해 나가기만 하면, 운명의 여신이 얼굴을 찌푸린다고 해서 낙심하거나, 그 여신이 웃는 얼굴을 지어보인다고 해서 황홀할 필요가 없다.

- 행복은 덕 안에 있다.

- 행복하게 살고 싶은 것은 누구나 바라는 것이다. 그러나 삶을 행복하게 하는 것이 과연 무엇인가를 확인하는 데에는, 누구나 오리무중이다. 그런 만큼, 행복한 삶에 이르는 것은 결코 쉬운 일이 아니고, 누구나 한 걸음 잘못 들면 행복한 삶을 찾기는커녕 서둘면 서두를수록 거꾸로 행복에서 멀어질 따름이다.

- 자연은 나에게, 세상 사람들에게 널리 도움이 되는 일을 하라고 명한다. 사람이 있는 곳에는 어디든 은혜를 베풀 곳이 있다. 나는 줄 때만큼 큰 대출금을 장부에 적은 일은 없다.

- 감정이라고 해서 모두가 나쁜 것은 아니다. 상황에 따라 좋을 때도 있고 나쁠 때도 있다.

- 감정이라는 무조건 나쁜 것이 아니다. 감정이 이성과 정도에 따를 때 쓸모가 있다.

- 우리에게 진정으로 소유할 수 있는 것은 아무것도 없다.

- 우리 인간은 잠시 잠깐의 동안의 삶을 누리도록 태어나 삶이라는 우리가 보고 있는 이 숙소에 내던져진 존재로서 금방이라도 다음에 찾아오는 사람에게 방을 비워줘야 되는 존재이다.

- 모든 것에 기대를 거는 한편으로 어떤 일이든 다 닥칠 수 있다고 예측해

야 한다.

- 만인 가운데 오로지 예지력을 가지고 사는 사람만이 여유를 누리는 사람이며, 이런 인물이야말로 보람 있게 사는 사람이다.

- 만약 그대가 모든 근심을 날려버리기를 원한다면, 그대가 두려워하고 있는 그 일이 반드시 일어나고 말 것이라고 생각하라.

- 운명이란 용감한 사람에게 약하고 나약한 사람에게는 강하다.

- 용감한 사람은 도전을 받을 때 더욱 분발한다.

- 용기는 별로 인도하고 두려움은 죽음으로 인도한다.

- 모든 잔혹함은 나약함에서 비롯된다.

- 단언하건데 위대한 사람은 역경을 반기는 법이다. 용감한 군인들이 전쟁을 반기듯이 말이다.

- 흉년이 들었을 때도 씨를 뿌려야 한다.

- 불이 황금을 시험하듯 역경은 거룩한 영혼을 시험한다.

- 운명의 장난은 재물을 뺏을 수는 있지만 용감한 자의 마음까지 넘보지는 못한다.

- 공포에는 희망으로 맞서라!

- 목표라는 항구가 없는 자에게는 순풍도 불지 않는다.

- 앞질러 가는 사람 때문에 용기를 잃을 때는 뒤따라오는 수많은 이들을 생각하라.

- 비록 정상에 오르지 못했다고 할지라도 도전만으로도 얼마나 위대하고 대견한 일인가!

- 그대는 불사의 신들이 채찍질 하는 것을 두려워하지 마라. 재앙은 미덕에는 기회이다. 너무나 큰 행복으로 나른해진 사람들, 잔잔한 바다 위에서처럼 게으른 평온에 사로잡힌 사람들은 당연히 불행해야 할 것이다.

- 고통에는 한계가 있다. 상상에 의해 다른 것을 덧붙이지 않는 한, 고통은 참을 수 없는 것도 아니고, 무한히 계속되는 것도 아니다.

- 가장 기쁠 때에 가장 걱정을 하라. 그대에게 모든 것이 평온하게 생각될 때에도 해가 되는 일이 존재하지 않는 것이 아니다. 단지 쉬고 있을 따름이다. 그대에게 상처를 주는 일이 항상 존재한다고 생각하라. 키잡이는 안심한 나머지 돛을 활짝 다 펴라고 명하지는 않는다. 신속하게 밧줄을 당길 수 있도록 대비한다.

- 위대함에 이르는 길은 길고도 험하지만 충분한 그럴만한 가치가 있는 도전이다.

- 군중은 비겁한 자를 짓밟는다.

- 닦지 않고 광택 나는 보석이 없듯이 시련 없이 완전해지는 인간은 없다.

- 착한 일을 했다는 믿음은 최고의 보수이다.

- 나는 인간에게 가장 부끄러운 것은 핑계라고 생각한다. 모든 사태를 생각하고 미리 예감하고 있어야 한다. 좋은 성격에도 뭔가 가혹한 일이 항상 나타날 수 있다는 사실이다.

- 잘못을 방치하는 것은 잘못을 부추기는 것과 같다.

- 사람의 겉모습이 아니라 그 내면을 뚫어지게 쳐다보라.

- 인간은 시간이 모자란다고 항상 불평하면서 마치 시간이 무한정 있는 것처럼 행동한다.

- 지나간 과거로 자신을 학대하는 자나 미래를 걱정하는 자는 어리석기는 마찬가지다.

- 자유란 무엇인가? 어떠한 환경이나 시련과 유혹에도 노예가 되는 것을 거부하는 자이다.

- 혼자 있을 때도 우리는 늘 남들 앞에 있는 것처럼 살아가야 한다.

- 많은 사람들이 악을 저지른다고 해서 그것을 따라 해도 되는 것이 아니다.

- 어려우니까 손대지 않는 것이 아니라 과감히 손대지 않으니까 점점 어려워지는 것이다.

- 안일한 생각에 젖어 인생의 죄를 짓지 말자. 막가는 세월을 아껴야 한다.

- 어째서 고함을 지르는가. 어째서 불호령을 내리는가. 어째서 그대는 짧은 인생을 소중히 하며 자기 자신과 다른 사람을 위하여 온화한 삶을 살지 않는가.

- 분노보다 더 신속한 광기는 없다. 많은 사람들은 ……마치 미친 사람이 자신의 광기를 부인하듯이 자신에 떨고 있다는 사실을 부인하면서, 자식들을 죽어라 꾸짖고, 자신을 정신박약자로 끌어내리고, 가정에 저주를 퍼붓는다. 그들은 가장 가까운 친구들에게도 적이 되고, ……법을 무시하고…… 모든 일에 주먹을 다짐한다……. 병 중에서도 가장 심각한 병이 그들을 엄습했는데, 그 병은 모든 병을 엄습한다.

- 분노는 비와 같아서 떨어져 제 자신을 부순다.

- 분노는 자기에 대한 과대평가에서 생기기 때문에 아무리 패기가 넘친 듯이 보이더라도 소심하고 도량이 좁은 것이다.

- 복수보다 모른 체 하는 것이 좋을 때가 많다. 권력자의 부정은 괴로운 기색도 보이지 않아야 될 뿐 아니라 명랑한 얼굴로 참는 것이 좋다.

- 분노를 일으키는 것은 두 가지가 있다. 첫째는 자기가 해를 입었다는 경우다……. 다음으로 부당한 일을 당했다는 경우다.

- 분노는 가장 선하고 가장 성실한 존재를 정반대의 인간으로 바꾼다. 누구든지 한 번 분노에 사로잡히면 어떠한 의무도 잊어버린다.

- 분노를 아버지에게 주라. 적이 된다. 자식에게 주라. 아버지도 죽인다. 모친에게 주라. 계모가 된다. 국민에게 주라. 적이 된다. 왕에게 주라. 폭군이 된다.

- 분노란 해를 가했든가, 해를 가하려고 하는 자를 해치려는 마음의 격동이다.

- 남의 것을 바라보면 누구나 자기 것이 마음에 들지 않게 된다. 그래서 우리는 신들에게도 분노를 한다. 자기보다 앞서 가는 사람이 있다는 것이다.

- 분노는 마음을 격앙시킨다. 그것이 없이는 전쟁에서 위대한 업적은 아무것도 없다. 사람은 분노에 의해 불꽃이 튀고 여기에 끊임없이 박차가 가해짐으로써 위험 속으로도 대담하게 뛰어들게 되는 것이다. 그래서 어떤 자들은 최선이란 분노의 제어이며 제거는 아니라고 본다. 그래서 넘치지 않도록 안전한 한계 안에서 억제하며 유지하는 것이다. 실제로 그것이 없으면 행위는 정신의 힘과 기백은 느슨해지고 만다.

- 분노는 사치보다 나쁘다. 왜냐하면 사치가 만족하는 것은 자기의 쾌락인데 반하여 분노가 즐기는 것은 남의 고통이기 때문이다. 분노는 악의와 질투를 완전히 능가한다. 그런 것은 상대가 불행하게 되는 것을 바라는데 반하여, 분노는 불행하게 만들기를 바라기 때문이다. 악의나 질투는 뜻밖

의 불행을 기뻐하는데 반해 분노는 운명을 기다리지 못한다.

- 분노의 원인은 해를 누구에게 입었다고 여겨버린 것에서 비롯되는 것인데, 이것을 곧이곧대로 믿어서는 안 된다. 명백한 경우에도 이것을 곧바로 받아들이면 안 된다. 거짓말 중에는 진실을 위장한 것이 많기 때문이다. 언제나 시간적 여유를 가지고 생각해야 한다. 시일이 지나면 진실은 밝혀지기 마련이다.

- 모든 면에서 공정한 심판관이 되기를 바란다면 우리는 우선 첫째로 이렇게 확신해야 되지 않겠는가. 우리는 누구나 죄가 없는 사람은 한 명도 없다는 것을, 실제로 가장 많은 분노가 생기는 것은 여기에서이다. "나는 아무것도 잘못을 하지 않았다." 천만에, 그대는 고백을 하지 않았을 따름이다. 우리는 대수롭지 않은 타이름이나 견책으로 질책을 받으면 분노한다. 하지만 바로 그때에 나쁜 일에 오만하고 완고함을 더하는 잘못을 저지르고 있는 것이다.

- 분노에 대한 가장 좋은 대처법은 늦추는 것이다. 분노에 최초로 이것을 시행하기 위해서가 아니라 판단하기 위해서 시도하라. 분노에는 처음에 격렬한 돌진이 있다. 기다리는 동안에 멎을 것이다. 분노를 한꺼번에 없애려고 해서는 안 된다. 일부씩 줄여 가면 모두를 정복할 수 있다.

- 다음으로 이 정념(분노)이 가져온 결과와 해악에 눈을 돌리면 인류에게 있어 어떤 악역도 이만큼 많은 비용이 많이 든 사례는 없다. 그대는 알 것이다. 살육, 독약, 고소 싸움으로 지새는 피고들의 수의를. 여러 도시들의 재앙, 여러 부족들의 전멸, 공적인 경매의 창 아래 진열된 키인들의 목을. 처마 밑으로 내던져진 횃불, 성 안에 그칠 줄 모르는 큰불, 적의 불길에 바치는 드넓은 영역을 보라. 명성을 떨치던 나라들의 볼 품 없는 오늘의 모습을. 그것을 분노가 부른 것이다. 보라, 몇 천 리나 주민이 없이 내버려진 황야를. 그것을 분노가 먹어치운 것이다. 보라, 기억에 남은

장군들의 비운의 수많은 사례들을. 분노는 어떤 자를 자기 침대 위에서 꾹 찔렀다.

- 공포는 암과 같이 다가오지도 않는 재앙에 대해 지레 겁먹는 것이다. 공포에서 벗어나는 첫 번째 길은 우선 다가올 재앙이 확실한지 안 한지를 확인하는 것이다. 그리고 희망으로 공포를 맞이하는 것이다. 공포를 안겨 주는 것 가운데 확실한 것은 아무 것도 없다.

- 부유해지면 성격이 난폭해지는 법이다.

- 부는 탐욕의 결과이다. 따라서 부는 선한 것이 아니다.

- 큰 재산은 큰 노예 생활이다.

- 검약하지 않으면 아무리 많은 재물로도 모자라고, 검약하면 아무리 적은 재물로도 충분히 쓰지 못할 것도 없다.

- 금전은 잃는 것보다 없는 편이 한결 참기 쉬운 것이다.

- 가난을 무시해라. 태어났을 때만큼 가난하게 사는 사람은 아무도 없다. 고통을 무시해라. 고통은 사라지거나 너희와 함께 끝날 것이다. 죽음을 무시해라. 죽음은 너희를 끝내주거나 다른 곳으로 데려갈 것이다. 운명을 무시해라. 운명이 너희의 영혼을 칠 수 있는 무기를 주지 않았다.

- 우리는 다음과 같은 사실을 알지 않으면 안 된다. 즉 우리가 고생하는 것은 환경이 나빠서가 아니고, 우리 자신이 나쁜 탓이라고. 우리는 무엇 하나 견디는데 약하고, 고생이나 쾌락이나 내 자신에게도, 그 밖의 어떤 것에도 오래 참지 못하는 것이다.

- 그대는 사치를 피하고, 그대를 허약하게 만드는 행복을 피하라. 행복은 사람의 마음을 해이하게 만들고, 인간의 운명을 상기시키는 어떤 일이 일어나지 않으면 술에 취하여 꿈을 꾼 듯 살다가 가기 때문이다.

- 재산의 문제는 인간의 고통을 가져오는 최대의 원인이다. 왜냐하면 재산 문제는 우리를 괴롭히는 다른 모든 것, 곧 죽음, 병고, 두려움, 욕망, 그리고 고통이나 고생의 극복 따위를, 우리들에게 불러들이는 재앙에 비한다면, 훨씬 압도하기 때문이다. 그래서 생각하지 않으면 안 되는데, 재산을 갖지 않는 편이 잃는 것보다 얼마나 고통이 가벼운가. 가난하면 잃은 원인이 적은만큼, 고뇌도 그만큼 적은 것을 알아야 된다. 부자가 가난한 사람보다 건강하고 재산의 손실을 잘 참는다고 생각하면 그것은 잘못이다.

- 가난도 그다지 괴롭지 않다는 것을 알면 우리는 자신이 가진 것에 만족할 수 있다.

- 현자는 부를 사랑하지는 않는다. 그러나 부가 있는 편이 낫다고 생각한다. 그는 부를 영혼 속으로 끌어들이지 않는다. 다만 자기 집 안에 끌어들일 뿐이다.

- 철학자에게 금전의 소지를 금하는 것은 그만두기 바란다. 일찍이 예지에 대해 가난이라는 벌을 준적이 없다. 그러나 철학자가 재산을 가벼이 여겨야 한다는 말은, 그것을 가져서는 안 된다는 말이 아니고, 거기에 흔들리지 않고 가져라는 말이다.

- 철학자들은 돈을 소유하지 말아야 한다는 생각을 버려라. 그 누구도 지혜로운 자에게 가난의 운명을 지우지 않았다.

- 유익한 계획을 50세 60세가 되도록 미루어 놓고, 매우 적은 삶밖에 살아보지 못한 나이에 비로소 삶에 착수하려고 하는 것은 얼마나 인간의 가능성을 저버리는 어리석은 짓일까.

- 그대들은 많은 종기로 뒤덮여 있으면서 남의 여드름에 눈을 멈춘다. 이것은 지저분한 옴에 짓무른 자가, 다른 사람의 매우 아름다운 몸의 점이나 사마귀를 비웃는 것이나 같다.

- 다짐하라! 귓가에 들려오는 말이 아니라 언제나 그대 마음속에 있는 것을 먼저 고려하겠다고!

- 진정으로 자신을 위하는 삶은 타인을 위해 사는 삶이다.

- 만일 모든 교제로부터 멀어지고, 인간들과 절교한 다음, 오로지 자기만을 위하여 생활한다면, 이런 전혀 할 일이 없는 고독한 생활의 결과는, 아무 것도 할 일이 없이 괴로워지는 것에 지나지 않는다.

- 생각과 행실이 바른 친구를 사키도록 하라. 사람은 무의식적으로 본받기 때문이다.

- 친구의 신세를 질 때 비굴해지거나 반대로 냉정하게 무시하지 않고 그 호의를 잘 받아들여야 한다.

- 현명한 사람은 친구 없이 살기를 원해서가 아니라 친구 없이도 살아갈 수 있다는 점에서 자족적이다.

- 나는 주장하지만 아이들을 어려서부터 예의범절을 건전하게 가르치는 것이야말로 무엇보다도 중요하다.

- 앞으로 할 수 있다면 나는 올바르게 사는 방법을 취하고 싶다.

- 중상모략을 잘 하는 사람에게 쉽게 키를 기울이면 안 된다. 이 인간 본성의 결함, 아니 그런 터무니없는 말을 믿었다가, 판단하기 전에 화를 내는 잘못을, 우리는 스스로 명심하고 조심하지 않으면 안 된다. 중상모략은 그만두고 시기심까지 발동하여 남의 시선의 웃음거리가 되고, 아무 악의도 없는 사람에게 분통을 터트린다면 어떻게 되겠는가. 그러므로 자기 자신에게 대항하여 결석한 사람을 변호하고 분노는 미결상태로 보류해야 한다. 벌은 연기되어도 다시 부과할 수 있지만, 집행 후에는 취소할 수 없다.

- 누군가가 그대에게 욕설을 하더라는 말을 들었을 것이다. 예전에 그대도 똑 같은 짓을 하지 않았던가. 생각해 보라. 자기가 얼마나 많은 사람들에 대해서 말장난을 했던가를 생각해 보라.

- 반목은 버림을 받아, 곧 떨어진다. 상대가 없으면 싸움이 일어나지 않는다. 그러나 쌍방이 화를 내고 다투면 충돌이 일어난다. 먼저 뒤꿈치를 돌리는 자가 낫다. 이긴 자가 진 것이다

- 오래 살기 위해 애쓰지 말고 기쁨을 위해 애쓰도록 하라. 오래 사는 것은 운명에 달려있는 일이지만 기쁨을 누리는 것은 정신에 달려 있다. 긴 인생이란 성취를 이룬 인생이다. 인생을 성취하려면 영혼이 자기 나름대로 선을 계발하여 자기 자신을 지배할 수 있어야 한다.

- 어디를 향하여 움직이든, 곧 자기의 약점을 깨닫게 하고, 어떤 기후에도 견딜 수 있는 것도 아니고, 익숙하지 않은 물과 익지 않은 바람의 속삭임, 그 밖의 매우 사소한 원인이나 형편이 나쁜 병이 되고, 고름이 나며, 몸이 파리하고 약하여, 애당초 삶의 시작부터 눈물과 더불어 있었던 것. 그러면서도 이만큼 경멸해야 할 이 생물이 펼치는 대소동은 한마디로 가관이다. 자기가 놓여 있는 제약도 망각하고, 얼마나 원대한 포부를 가질까. 그 정신으로 영원한 불사를 꿈꾸며, 손자나 증손 대에 이르기까지 계획을 세우는 것이다. 그러나 먼 장래를 위하여 허덕이던 그 생물을, 뜻을 펴지 못한 채 중도에서 죽음이라는 것이 찌부러뜨리고 만다. 노년이라고 하는 것은 정말 얼마 안 되는 햇수의 기간에 불과하다.

- 심지어 따르고 싶지 않을 때조차도 운명이 결정한 일이라면 어쩔 수 없이 따르지 않을 수 없다.

- 저항할 수 없는 악에 맞서 고통을 경감시키는 한 가지 방법은 숙명에 굴복하고 인내하는 것이다.

- 그렇지만 그 자연은 나에게 두 가지를 다하기를 바란다. 곧 행동하는 것과 관조를 위한 한가한 삶을 동시에 가지라는 것이다. 나는 두 가지를 다 하고 있다. 왜냐하면 관조라는 것도 행동에 따르지 않는 것은 결코 있을 수 없기 때문이다.

- '철학자라는 것은, 흔히들 자신이 한 말을 실행하지 않는다'고 한다. 허나 철학자들은 자기가 한 말을, 또 그들의 훌륭한 마음에 기하고자 하는 것을 많이 실천하고 있다. 물론 말한 그대로 언제나 행할 수 있다면, 그들로서도 이 이상의 행복이 있을까. 어쨌든 훌륭한 말을 가벼이 하고, 훌륭한 생각에 넘친 정신을 가벼이 하는 법은 없다. 유익한 연구라는 것은, 설사 그 성과를 보지 못하더라도 거기에 종사하는 것만으로도 찬양할 가치가 있는 것이다. 힘한 산길을 기어오르면서 산 정상에 오르지 못하는 경우가 있다고 하더라도, 조금은 이상할 것이 없다. 그대가 정말 남자라면, 큰일에 열정적인 사람들을, 설사 그들이 쓰러지더라도 존경해야 한다. 오히려 훌륭한 것은 자기의 보통의 힘으로서가 아니고 자기 본성의 힘을 돌아보는데 힘쓰고, 고원한 것을 이루려는 뜻으로, 또 용맹성을 갖춘 사람도 감히 실현하지 못할 만큼의 큰일을, 마음으로 이루는 것이다.

- 잔혹한 군주는 온 나라 사람들의 손가락질 속에서 미움과 증오의 대상이 된다. 군주의 부당한 행위도 마찬가지여서, 그것은 훨씬 광범위하게 영향을 미치며, 그것에 대한 악평과 증오는 몇 세기에 걸쳐 전해진다. 그렇다면 세상에 태어나 국민들의 재앙이 되기보다는 차라리 태어나지 않는 것이 얼마나 다행한 일일까?

3. 어떤 명언이 좋은지 한 번 써보시고 그 이유를 말해 보세요.

16부

에픽테토스

1. 에픽테토스의 사상

에픽테토스도 다른 스토아 철학자들처럼 용기 있게 죽음을 맞이한 소크라테스의 강렬한 영향을 받아 자연의 순리에 따라 살 것을 권고한다. 죽음은 피할 수 없지만 죽음의 두려움은 피할 수 있다는 것이다. 그런데 우리는 어떤가? 우리는 우리의 의지대로만 살려고 하고 세상이 우리의 희망대로 돌아가기를 바란다. 허나 그것은 하나의 바람이지 세상은 결코 나의 편이 아닐 때가 많다. 그래서 모두가 고통과 절망, 그리고 두려움에 떤다. 바로 이런 아픔을 벗어나기 위해서는 우리들의 이성적 판단을 통해 우리의 현실을 있는 그대로 받아들이고 그것을 수용하는 자세다. 죽음이 두려운 것은 죽음 그 자체가 아니라 그것이 두렵다는 판단이다. 그러므로 우리는 우리의 능력 안에 있지 않는 것들에 대해서 갈망하기 보다는 그것에 대해서는 관심을 갖지 않아야 한다. 그럴 때 우리는 세상에서 오는 고통에서 해방될 수 있다. 더 나아가 우리가 능력 안에 있는 것에 집중할 때 우리는 행복할 수 있다. 우리는 감정에 흔들리지 말고 철저하게 이성에 따라 살아야 함을 에픽테토스는 말한다.

2. 에픽테토스의 명언들

• 철학의 제일의 가장 중요한 부분은 처세의 법칙을 포함하는 부분이다.

• 인간에게 고통을 주는 것은 일어난 일 그 자체가 아니라 그 일에 대한 우리들의 판단이다. 예를 들어 죽음은 전혀 두려운 것이 아니다. 소크라테스와 같은 사람은 최소한 그렇게 생각했을 것이다. 죽음을 두려운 것으로 만드는 유일한 것은 그것이 두렵다는 사람들의 판단이다.

• 모든 존재하는 것 중에 어떤 것은 우리의 능력 안에 들어 있는 반면 다른 어떤 것은 우리의 능력 안에 들어 있지 않다. 우리의 능력 안에 있는 것은 사고와 충동, 무엇을 얻거나 피하려는 의지 등, 한마디로 말하면 우리 자신이 하는 모든 것이다. 반면에 우리의 능력 안에 들어 있지 않는 것에는 육체, 재산, 명성, 지위 등, 한마디로 말하면 우리 자신이 행하지 않는 모든 것이 포함된다. 따라서 우리의 의지가 인간의 능력 안에 있지 않는 것과는 어떤 관련도 갖지 않도록 해야 한다. 우리의 의지는 자연과는 대조되는, 우리의 능력 안에 있는 것만을 행하여야 한다.

• 자연의 임무는 '정의'의 힘과 '유용'의 힘을 결합하여 이를 조화시키는데 있다.

• 늘 철저한 이성적 판단에 입각해서 살라.

• 내적 평안으로 가는 가장 확실한 방법은 깊은 각각의 사물에 대해 올바른 관념을 형성하는 일이다.

- 모든 사람에게는 본성상 일이 따로 있다. 함께 어울릴 수 없는 것을 동시에 추구하지 말라.

- 타인과 세상을 원망하지 않기 위해서는 자신은 힘이 미치지 않는 것은 결코 욕망하지 말라.

- 모든 일이 그대가 원하는 대로 일어나기를 바라지 말고, 오히려 일어나는 대로 가만히 두라.

- 그대를 욕하거나 때리는 자가 그대를 푸대접하는 것이 아니라, 이것을 치욕으로 생각하는 그대의 생각이 그대를 괴롭히는 것이다.

- 그대가 세상 사람으로부터 크게 존경을 받고 있는 사람이나 큰 권력을 가진 사람, 그 밖의 명성을 가진 사람을 볼 때, 그 겉모습에 이끌려 질투심에 그 사람을 행복하다고 생각하지 않도록 주의하라.

- 쾌락에 항거하는 사람은 현자지만 쾌락의 노예가 되는 사람은 바보이다.

- 당신이 가난한 자의 역을 하는 것이 신의 즐거움이라면 당신은 그 역을 잘 해야 한다. 신체 장애인이나 지배자 혹은 소시민이라도 마찬가지다. 주어진 역을 잘 하는 것이 당신이 할 일이기 때문이다.

- 만일 그대가 착한 사람이 되기를 희망한다면, 우선 자신이 악한 사람임을 알라.

- 그대는 스스로 어떤 성격이나, 어떤 본보기를 마음속에 그리고 이에 따라 공과 사의 일을 하도록 하라.

- 평소에는 침묵을 지켜라. 필요할 때만 말을 하되 간단히 말하라.

- 그대가 진리를 아는 것처럼 행동하지 말라. 그대가 남의 눈에 어떤 가치 있는 존재로 보였을 때조차 그대 자신을 의심하라.

- 무엇이든 잃어버렸거나 버림받았다고 생각하지 말라. 모든 것은 단지 본래 있었던 자리로 되돌아갔을 뿐이다. 내 것이라고 믿었던 것도 하늘이 잠시 빌려준 것이기 때문이므로……

- 어떤 사물에 대하여 "나는 그것을 잃어버렸다"라고 말하여서는 안 된다. "나는 그것을 되돌려주었다"고 말하라.

- 철학적 원리를 이야기만 하지 말고 바람직한 행위를 직접 보여주라.

- 너무 자주 웃지 마라. 여러 가지 일에 번번이 웃는 것은 좋지 않다. 그리고 지나치게 웃는 것도 삼가야 한다.

- 적막이란 의지할 데 없는 인간의 모습이다.

- 음식, 옷, 집 등 육체에 관한 것은 필요할 때에만 사용하라. 사치스런 것은 일체 피하라.

- 성교는 되도록 억제하라. 그렇게 할 수 없으면 적절히 조절하라.

- 거세된 인간도 인간의 욕망으로부터 벗어날 수 없다.

- 단 한마디도 모욕적인 말이나 가시가 있는 말을 입 밖에 내지 마라.

- 당신이 바라는 대로 어떤 사건이 일어나기를 바라지 말고 사건이 일어나는 대로 거기에 당신의 바람을 맞추도록 하라. 그러면 당신은 평화를 얻을 것이다.

- 우리가 두려워하는 할 일은 없으나 바로 그 자체를 두려워할 뿐이다.

- 승리가 당신 능력 안에 있는 것이 아닐 경우에는 결코 경쟁에 뛰어들지 않음으로써 당신은 결코 패배할 수 없게 된다.

- 실현 가능한 일에 전념하는 사람은 지혜롭지만, 전혀 불가능한 일에 집착하는 사람은 어리석다.

- 남들이 비웃을 때 굴복한다면 조롱거리가 될 것이지만 끝까지 신념을 지켜나간다면 존경받게 될 것이다.
- 다리를 전다고 해서 의지까지 절 수 있겠는가!
- 누군가가 우리에게 나쁘게 말하거나 행동할 때는 상대방의 입장에서는 그것이 최선으로 여겨졌기 때문임을 이해하라.
- 타인이 나를 무시하거나 미워한다는 우리들의 생각이 우리를 고통스럽게 한다.
- 타인의 악덕을 그대의 재앙이 되게 하지 말라.
- '까마귀 소리는 불길하다'는 편견이 없다면 까마귀 소리도 즐거운 소리로 들릴 수 있다.
- 만일 그대가 처자나 친구가 영원히 살 것을 원한다면 바보이다.
- 스스로 고통을 받길 원하지 않으면 그 누구도 우리를 고통 받을 수 없다.
- 현명하고 선량한 사람은 누구와도 싸우지 않으며, 될 수 있는 한 다른 사람을 싸우게 하지 않는다.
- 우리의 영향력 옆에 있는 것들에 대해서는 초연하고 결코 흔들림이 없어야 한다.
- 무릇 인간이 열중하는 것은 자기가 사랑하는 것이다.
- 어떤 책에 쓰여 있는 문자가 분명할수록 그 책은 더욱 즐겁고 쉽게 읽을 수 있다.
- 행복하려면 자기 뜻대로 할 수 있는 일에만 집중하라. 불행은 우리가 바꿀 수 없는 것에 집착할 때 생각난다.

- 나타날 일들을 미리 예견해보는 것은 마음의 상처나 혼란을 막는데 큰 도움이 된다.
- 불행한 일이 생기면 마치 타인의 일인 것처럼 바라보라.
- 잠시 휴식을 취하더라도 중요한 목표에서 눈을 떼지는 말라.
- 돈이 든 지갑을 잃어버렸을 때는 곧바로 알아차리면서 인간성, 선량함, 온순함, 사랑을 잃어버렸을 때는 어찌 그 손실을 쉽게 알아차리지 못하는가!
- 불결하고 불성실한 자의 학문은 오염된 통에 담긴 포도주처럼 아무짝에도 쓸모가 없다.
- 폭군은 말한다. "우리는 만물의 지배자"라고
- 홀로 있을 때나 여럿이 있을 때나 늘 한결같은 사람이 되어라.
- 의식 속에 떠오른 생각에는 잘못이 없지만 어떤 생각을 선택하는가는 전적으로 당신이 책임진다.
- 그대는 한 희극에 있어서, 시인이 그대로 하여금 연출케 하려는 어떤 역할을 맡은 자임을 기억하라.
- 나는 죽음을 피할 수는 없다. 그러나 나는 죽음의 두려움을 피할 수는 있지 않을까?
- 만일 그대가 늙은이라면 배에서 멀리 떠나서는 안 된다. 선장이 부를 때 늦지 않도록.

3. 어떤 명언이 좋은지 한 번 써보시고 그 이유를 말해 보세요.

17부

키케로

1. 키케로의 사상

그는 스토아 철학자 중에 도덕성을 매우 강조하는 철학자다. 그는 쾌락이나 실용성을 좇기 보다는 언제나 이성의 명령에 따라 도덕성을 추구해야 함을 강조한다. 허나 인간은 실제 모습은 어떤가? 돈을 찬양함으로써 인간 세상은 타락하고 부패하였다. 인간은 이성을 소유했기 때문에 다른 동물들과는 달리 쾌락이나 욕망에 이끌리지 않아야 하지만, 게으름과 나태, 무관심과 무능 등 여러 요인에 의해 짐승 같은 생활을 하는 것이다. 그러나 인간이 되려면 도덕에 복종해야 한다. 그는 남을 기만하고 폭력을 가는 것은 인간의 본연의 일이 아니며 선행을 하고 호의를 베푸는 것보다 인간 본성에 더 적합한 것은 없다고 주장한다. 그러므로 키케로는 욕망이 날뛰지 않고 게으르고 나태해서 이성적인 생활을 멀리하지 않도록 힘써야 함을 강조하고 있다.

2. 키케로의 명언들

- 인간과 짐승 사이에는 매우 큰 차이가 있다. 짐승은 감각에 의해 움직이기 때문에 지나간 과거의 일이나 앞으로 닥쳐올 미래에 대해서는 거의 알지 못하면서 현재 눈앞에 보이는 것에만 적응시키는 데 반해, 인간은 이성을 소유하고 있기 때문에 그것을 통해 사물을 인식하여 그 원인을 찾아낼 수 있으며, 사물의 전후관계를 간과하지 않고 유사한 것들을 비교하여 현재의 사물을 장차 있을 미래의 것과 연결시킬 수가 있으므로 쉽게 자신의 전 행로를 내다보면서 그것에 맞추어 살기 위해 필요한 것들을 준비한다.

- 무엇보다도 인간에게 고유한 것은 진리탐구이다.

- 오늘날 도덕은 부를 찬양함으로써 타락하고 부패하였다.

- 공적이든 사적이든, 포름에서의 정치적인 것이든 가사이든, 너 혼자만 하던 타인과 더불어 하던 간에 실로 생활의 어떤 부분도 의무에서 벗어날 수 없으니, 생에 있어서 도덕적으로 옳고 선하고 명예로운 모든 것은 의무를 이행하는데 달려 있고, 도덕적으로 옳지 않고 나쁘며 불명예이며 추한 것은 의무를 이행하지 않기 때문이다.

- 얼굴은 마음이 거울이고, 눈은 마음의 은밀한 고백자이다.

- 참으로 고통을 가장 나쁜 것으로 간주하는 자는 결코 용감한 자가 될 수 없고, 쾌락을 최고선으로 보는 자는 결코 절제하는 자가 될 수 없다.

- 우리가 알아두어야 할 것은 육체적 쾌락이란 뛰어난 인간에게 전혀 어울리는 것이 아니며, 따라서 그러한 쾌락은 당연히 경멸하고 버려야 한다는 점이다.

- 그러나 한편 쾌락조차도 유익함을 지닌다고 주장할지도 모르지만, 쾌락과 도덕적 선 사이에는 여전히 어떤 연결고리 같은 것은 있을 수 없다. 왜냐하면 우리가 가장 너그럽게 쾌락에 대해 말할 수 있다면, 쾌락은 인생에 양념 같은 맛을 제공할지도 모른다는 점을 받아들여도 좋을 것이기 때문이다. 그렇지만 확실히 쾌락은 실제로 유익함이란 하나도 없다는 사실 또는 우리는 인정해야 할 것이다.

- 최대의 쾌락 뒤에는 늘 최대의 싫증이 온다.

- 사실 정신력과 정신의 본질은 이중적이다. 하나는 그리스어로 호르메라고 하는 것으로 욕망에 놓여져 있는 데, 욕망은 사람을 충동시켜 이리저리 잡아 가는 것이고, 다른 하나는 무엇을 행해야 하며 피해야 하는가를 가르치고 설명하는 이성에 놓여져 있다.

- 유념해야 할 점은 욕망을 이성에 복종하게 해야 한다는 것이다. 그리하여 욕망이 이성을 앞지르거나, 나태함이나 게으름 때문에 이성을 거들떠보지 않도록 해서는 안 된다. 사람은 마음이 평온해야 하며, 그렇기에 모든 정신의 혼란에서 벗어나도록 해야 한다.

- 사람들은 상대방에 대한 적대감 때문이거나, 수고를 하지 않으려고 또는 경비를 부담하지 않기 위해서 마땅히 해야 할 의무를 수행하려 하지 않는다. 심지어 사람들은 무관심, 태만, 무능 또는 자기 일에 대한 몰두 또는 언제나 바쁜 일 때문에, 의당 돌봐줘야 할 자들을 방치한 상태로 놔두는 것을 허용하기까지 한다.

- 욕망 때문에 정신이 혼란 할 뿐 아니라 신체에도 이상이 오게 된다. 어떤

충격을 받은 사람, 격분한 사람, 공포에 질린 사람, 또는 지나친 쾌락에 빠진 사람들은 그 얼굴만 보아도 안다. 그들의 안색, 음성, 행동과 태도 등 모든 것이 변하기 때문이다.

- 우리는 모든 욕망을 억제하고 진정하지 않으면 안 되고 어떤 일이나 단순한 충동에 의해 깊은 생각도 없이 무모하게 아무렇게나 행하지 않도록 자각하고 항상 주의해야 한다. 그리고 심지어 가장 큰 성공을 거두었을 때조차도 친구의 의견을 최대로 존중해야 하며 친구들에게는 전보다 더 많은 우정을 표시해야 한다.

- 강력한 욕망을 버리고 싶거든 그 어머니인 허영심을 버려라.

- 오래 살기를 원한다면 중용의 길을 걸으라.

- 나이가 들어서도 욕심을 부리는 것은 여행이 끝나갈 때 다시금 준비물을 챙기는 것과 같다.

- 절제는 부당한 충동에 대한 강력한 이성적 지배이다.

- 절약은 큰 수입이다.

- 행운이 따라주지 않으면 용기로서 불행을 맞서라!

- 성실함과 감사할 줄 아는 마음은 미덕 중의 으뜸이다.

- 바보는 잘못을 반복하고 후회는 짧으며 타인의 결점은 폭로하고 자신의 약점을 잊는다.

- 우리는 각별히 피해야 할 두 가지 극단적인 것이 있다. 첫째는, 여자처럼 부드럽고 연약해 보여서도 안 되고, 그렇다고 너무 거칠거나 천박하게 굴어서도 안 된다.

- 힘 있는 자 앞에서 마음이 흔들리지 않고 가난한 자 앞에서 겸허한 사람

은 참된 인격자이다.

- 눈과 눈썹과 얼굴은 가장 우리를 속이지만 우리를 가장 자주 속이는 것은 혀에서 나오는 말이다.

- 민중만큼 불확실하고 여론만큼 우매하며 선거인 전체의 의견만큼 거짓된 것은 없다.

- 대중은 시, 서, 화 등 여러 예술 활동 분야에서 칭찬의 대상이 아닌 것을 잘 모르면서 환호하고 칭찬하는 일들이 종종 일어난다. 그 이유는 이 작품들이 문외한들을 사로잡는 어떤 훌륭한 점을 갖고 있기는 한데, 그들은 그 안에 있는 특별한 결점을 찾아낼 능력이 없기 때문이다.

- 정녕 공포 정치란 단지 권력을 유지시킬 뿐인 나쁜 안전장치이지만, 이와 반대로 선의는 실제로 그것을 영구히 믿을 만하게 지켜주는 안전판인 것이다.

- 용감하고 위대한 정신을 추구함에 있어서 가장 자신이 특출하다고 생각하면 할수록 그만큼 더 만인 중 제 1인자 아니 그보다는 유일한 지배자가 되려는 야심이 커지게 된다.

- 어떤 권력도 다수의 증오를 견뎌낼 수 없다.

- 일반적으로 말하여 농담에는 두 가지 종류가 있다. 하나는 자유인에 어울리지 않는 것으로서, 혐오감을 불러일으키고 창피하며, 추하고 촌스러우며 외설적인 것이고, 다른 하나는 우아하며 세련미 넘치는 것으로서 명쾌하고 재치 있는 것이다.

- 농담을 할 때에는 음담패설이나 부적절한 것은 피하고, 고상하고 재치 있는 것들을 택해서 하도록 해야 한다.

- 가장 적대적인 사람들과 논쟁을 벌일 때조차 비록 대화가 쓸데없는 일이

라 여겨진다 하더라도, 위엄을 잃지 않고 격분하지 않는 것이 옳다. 왜냐하면 어떤 마음의 혼란 상태에서 행해진 것들은 결코 일관될 수 없으며, 당사자에게 좋은 것으로 생각될 수도 있기 때문이다.

- 인생에서 우정을 없애는 것은 이 세상에서 태양을 없애는 것과 같다.
- 친구는 기쁨을 두 배로 늘리고 슬픔을 절반으로 줄인다.
- 책이 없는 방은 영혼이 없는 육체와 같다.
- 책은 젊은이에게는 음식이고 노인에게는 오락이며 부자에게는 자식이고 고통스러울 때는 친구가 된다.
- 음료에 대한 가장 좋은 향료는 갈증이다.
- 우리는 육체에 영양을 공급하고 육체를 단련시키는 목적은, 건강을 유지하고 힘을 축적해 두라는 것에 있는 것이지, 절대로 쾌락을 추구하도록 하는 데 있는 것은 아니다.
- 자신의 사고방식이나 행동 양식을 남에게 강요하는 것은 극복해야 할 결점이다.
- 사실 화가와 조각가들, 그리고 심지어 시인들까지도 자신의 작품이 대중의 주목의 대상이 되기를 원한다.
- 명성은 가족으로부터 나온다.
- 왕 노릇 하는 데에는 많구나. 적개심을 가진 자와 불충한 자가. 적구나. 호의를 가진 자가.
- 고발은 꼭 해야 할 때 일생에 단 한 번 하던가 해야지, 결코 자주 해서는 안 된다……. 그것은 자신에게도 위험하고, 고발자라고 불리게 됨으로써 자기 명성에 해가 된다.

- 첫째, 정말 그럴 필요가 있다면, 우선 재산을 획득하되, 추하고 가증스런 방법을 통해서가 아니라 착실한 방법을 통해서 하라. 둘째, 그 재산을 지혜와 근면, 절약으로 증식시켜라. 마지막으로, 그럴만한 가치가 있다면 가급적 많은 사람들이 재산을 이용하도록 하며, 말초적인 관능과 사치를 충족시키지 말고 오히려 호의와 자선을 베푸는 데 쓰도록 한다. 이 세 가지 규칙을 지키고 살다보면, 도량이 넓고 중후하며 품위가 있는 생활을 영위할 수 있으며, 심지어 단순하고 신의 있는 진실한 모든 사람의 친구가 될 수 있다.

- 일이 끝나기 전에는 결코 불가능을 말하지 말라. 운이 좋고 나쁘고 하는 것은 뒤에 가서나 할 말이다.

- "인간사 어느 것도 사실상 나와는 무관한 것은 없다"고 말하지만, 사실 남들에게 큰 관심을 갖는다는 것은 어렵다. 특히 직접적인 관련이 없는 먼 곳에 있는 남들에게 큰 관심을 갖는다는 것은 하루하루를 근근이 버티고 살아가는 인간에게 사실상 불가능하다. 그래서 다른 사람에 대한 의무감을 갖고 사는 것이 바른 것이지만, 그것을 갖고 살아가기란 도덕적 노력과 인간적 성숙이 없이는 사실상 어렵다.

- 가산 증식 같은 가정사를 돌보는 데 열중하거나 특정인들에 대한 혐오감 때문에, 남에게는 해를 끼치지 않는다는 점을 애써 보이면서 자기 일만 한다고 말하는 사람들이 있다. 그러나 이런 자들은 한편의 불의에서 벗어나긴 했지만 또 다른 불의에 빠져 잇는 셈이다. 왜냐하면 이들은 사회생활을 해나가는 데 있어 아무런 열의를 보여 주지 않고, 수고도 전혀 하지 않으며, 동전 한 푼도 내놓지를 않아 인간 사회를 유기 또는 방치하고 있기 때문이다. 따라서 불의를 행하는 자가 아니라 불의를 물리치는 사람이 강하고 위대한 사람으로 간주되어야 한다.

- 불의가 행하지는 데에는 두 가지 방식에 있는데, 그것은 폭력과 기만이

다. 기만은 마치 여우의 교활함처럼 보이고, 폭력은 마치 사자의 사나움처럼 보인다. 폭력과 기만은 인간과는 가장 거리가 먼 것처럼 보이지만, 기만이 더 큰 혐오를 받아 마땅하다. 그런데 모든 불의 중에서도, 남을 가장 많이 기만하면서도 자신은 마치 선인처럼 보이도록 위장하면서 속이는 자들의 불의가 가장 위험하다.

- 선행을 하고 호의를 베푸는 것보다 인간 본성에 더 적합한 것은 없다. 그러나 주의해야 할 점이 있다. 첫째 베풂으로써 친절하다고 여겨지게 하려는 베풂의 대상자들과 그 밖의 다른 사람들에게 선행을 베푸는 것 자체가 피해를 주지 않도록 해야 하며, 둘째, 친절을 베푸는 자의 재산 능력의 한계를 넘어서는 안 되며, 셋째 친절이 각자 받을 만한 가치에 따라 베풀어지도록 해야 한다.

- 사실 관대함에는 두 가지 종류가 있는데, 하나는 친절을 베푸는 것이요, 다른 하나는 보답하는 것이다. 친절을 베풀거나 베풀지 않는 것이냐 하는 선택은 우리의 권한이지만, 남에게 해를 끼치지 않고 보답할 수 있음에도 불구하고 보답하지 않는 것은 선인이라 할 수 없다.

- 청소년들은 나이든 어른을 공경하고, 그들 중 가장 훌륭하고 본받을 만한 분들을 찾아뵙고, 그들의 자문과 영향을 받는 것은 청소년의 의무인 것이다. 왜냐하면 청소년의 미숙함과 경험의 부족은 노인들의 지혜와 실제 경험에 의해 계발되고 지도받아야 할 필요가 있기 때문이다.

- 정신의 고매함, 정신의 위대함 그리고 예절, 정의, 관대함은 쾌락, 생활, 재산보다 훨씬 더 자연에 부합된다. 사실 공익과 비교하면서 쾌락, 생활, 재산 같은 것들을 별 것 아니라고 대수롭지 않게 생각하는 사람들은 위대하고 고매한 정신의 소유자들이다. 반면, 자신의 편익을 위해 타인에게서 빼앗은 것은 죽음, 고통, 이와 유사한 어떤 것보다 더 자연에 반하는 것이다.

- 그렇다면 유익함이 도덕적 선을 압도하는가? 그게 아니라, 도덕적 선은 유익함을 추구한다.
- 외견상 유익한 것처럼 보이는 것을 버리고, 도덕적으로 선한 것을 취해야 한다.

3. 어떤 명언이 좋은지 한 번 써보시고 그 이유를 말해 보세요.

18부

아우구스티누스

1. 아우구스티누스의 사상

아우구스티누스는 교부철학을 대표하는 철학자다. 교부철학은 원죄설 즉 선악과를 따 먹음으로써 인간이 대대로 죄를 지게 되었고 예수를 믿음으로써 죄사함을 받을 수 있다는 교리를 만든 철학이다. 그는 신이란 영원한 진리를 창조하는 절대적 존재이지만, 신의 지성은 무한하기 때문에 인간의 지성으로는 알기가 어렵다고 말한다. 이것은 믿음이 선행되지 않으면 신의 존재를 알 수 없다는 믿음에 대한 강한 신념이다. 즉 믿음이 있어야 신에 대한 접근이 가능하다는 것이다. 그리고 그 믿음을 통해 신을 사랑하게 되면 인간은 행복할 수 있지만, 신에게서 멀어지면 인간은 정욕에 눈이 멀어 타락의 길을 가서 불행할 수밖에 없다고 말한다. 그에 의하면 인간의 최고의 행복은 신을 사랑하고 이웃을 사랑하는 것이다. 신에게서 멀어지고 가까워지는 것은 우리의 자유 의지에 달렸지만, 신을 선택하는 것만이 행복과 영생으로 가는 길이다.

2. 아우구스티누스의 명언들

- 영의 세계는 지각하고 나서 알 수 있는 것이 아니라 믿음으로써 알 수 있는 것이다.(종교의 출발은 믿음이 우선이라는 생각)
- 불변하는 진리를 볼 수 있게 하는 영원한 이성의 빛이 우리 안에 내재해 있다.(계시를 통해 불변의 진리를 볼 수 있다는 계시론)
- 우리는 세상을 바로 세워야 하는 감독관 같은 존재가 아니라 자신이 발견한 것들 속에서 기쁨을 누리는 탐험가와 같은 존재들이다.
- 신은 존재 자체다. 어느 것도 그보다 훌륭하고, 더 거룩할 수 없는 존재.
- 오, 하나님 당신의 힘으로 저희를 만드셨나니, 저희는 갈 곳이 없나이다. 당신의 품에서 쉬게 하소서.
- 밖으로 나가지 말고 네 안으로 돌아오라. 인간의 내면에 진리가 있다.
- 당신은 당신 자신을 위해 우리를 만드셨사오니, 우리의 심장은 당신 안에서 휴식을 찾을 때까지 쉴 수가 없습니다.
- 하나님은 모든 존재의 조물주이고, 모든 진리를 비추는 빛이자 모든 복을 주시는 영광이시다.
- 신만이 영원하고도 변치 않는 것이다.
- 인간의 행복은 신을 사랑하는 것 자체이다.
- 신을 섬기는 자는 무상의 행복을 얻는다.

- 나는 예수보다 더 강한 사람을 찾아볼 수 없으므로 이 순간부터 나는 예수의 권위에서 벗어나지 않겠다.

- 우리 모두는 분명히 행복하게 살기를 바란다.

- 잘 산다는 것은 오직 온 마음과 온 영혼, 온 정신을 다하여 신을 사랑하는 것이다.

- 오직 신만이 줄 수 있는 사랑에 의해서 그리고 우리가 영생을 얻도록 하기 위해 자신의 몸을 바친 신과 인간의 중재자인 예수 그리스도에 의해서 속죄 받을 때 죄사함을 받는다.

- 신에게서 "멀어지고 가까워지는 것은 단지 자유 의지의 행위이다."

- 영원한 법은 곧 신의 이성이며 사물의 자연적인 질서를 유지시켜 주며 그것의 혼란을 막아주는 신의 의지이다.

- 행복한 삶은 진리 안에서 기뻐하는 것이다.

- 인간을 가장 인간답게 만드는 것은 사랑이다.

- 행복은 "인간의 최고선이 되는 것을 사랑하고 또 소유하는 데서" 성립된다.

- 타인을 돕는 손, 가난에 자에게 달려가는 발, 불행을 보는 눈, 한숨과 슬픔을 듣는 키를 가진 것이야말로 사랑의 참모습이다.

- 인간의 선악은 무엇을 사랑하느냐에 따라 결정된다.

- 인간의 불행은 '무질서한 사랑'에 있다.

- 인간의 영혼이 부패할 때 악한 행동이 나타나고, 또한 거기서 걱정이 솟아난다. 그리고 우리 인간이 사랑의 질서를 잃을 때, 욕정이 솟구쳐 모든 순간적인 향락에 빠짐으로써 잘못을 저지르며, 영혼은 마땅히 지녀야 할

정상적인 궤도에서 벗어나 썩어버리기 때문에 거짓이 생겨 인간과 인간 사이를 더럽히는 것이다.

- 의지의 타락은 사악하다.

- 의지가 더욱 낮은 곳으로 향하게 될 때 의지는 악하게 된다……. 낮은 것이 의지를 악하게 만드는 것이 아니라 의지 자체가 사악하고 비정상적으로 낮은 것을 욕구함으로써 악하게 되는 것이다.

- 폭식과 폭음, 음탕, 방종, 언쟁, 질투를 일삼지 말고, 오직 예수 그리스도를 힘입을 지어다. 또한 정욕을 위해 육신을 섬기지 말라.

- 감각적 쾌락이 아무리 크고 또한 아무리 즐겁다고 해도 영생의 기쁨과는 비할 바가 못 된다.

- 오만함은 모든 죄악의 뿌리이고 허영심은 사귐에 있어서 가장 큰 걸림돌이다. 명성은 이웃에게 돌리고 책임은 자신에게 돌리라.

- 반은 의욕하고, 반은 의욕하지 않는 것은 이상한 일이라기보다는 도리어 세속의 사람들의 약점이라고 할 수 있다.

- 오르고 싶다면 먼저 겸손이라는 기초부터 깔아라.

- 하느님이 인간을 낙원에 들여보내신 것은 일하게 하기 위함이었다. 거기서 농사를 지으라는 뜻에서였다. 그것은 노예가 하는 강제 노역이 아니라 자유 의지에서 우러난 지성인의 직업이었다. 이런 일에 종사하는 것처럼 순진무구한 일이 또 어디 있겠는가? 인간이 그것을 지혜롭고 현명하게 수행한다면 노동보다 고상하고 그보다 성취적인 일이 또 어디 있겠는가?

- 악행에 대한 고백은 선행의 시작이다.

- 악의 근원은 오직 악뿐이다. 그것은 가증스럽기 짝이 없으나 저는 무척

이나 좋아했다. 즉 저는 악행을 좋아하고 죄를 사랑했다. 즉 죄를 짓고 물건을 사랑한 것이 아니라 죄 자체를 사랑했다.

- 불의를 처벌하는 것은 불의에 대한 정의이다.
- 정의란 모든 사람이 골고루 가지고 있는 덕이다. 신의 고귀함을 모든 사람에게 분배하는 정신 습관이다.
- 인간의 정의는 시간과 공간의 제한을 받지만 하나님의 정의는 그렇지 않다.
- 만일 인간이 신을 섬기지 아니하면 영혼은 육체를 지배할 적법의 통치권도 갖지 못하며 또한 사랑을 감당할 이성도 가질 수 없다.
- 그의 주 하나님으로부터 멀리하며 악마를 위해 힘쓰는 자는 불의한 자가 아닌가?
- 사악한 자에게서 이 악한 힘을 뺏는다면 그들은 보다 더 순한 자가 될 것이다.
- 남에게 불길을 전해주기 위해서는 먼저 네 안에 불길이 존재해야 한다.
- 인내는 지혜의 동반자다.
- 시기하고 있는 사람은 사랑 안에 있지 않다.
- 이 세상은 한 권의 책과 같다. 여행을 하지 않은 사람은 책의 한 페이지만 읽을 뿐이다.
- 인간이니까 실수할 수도 있지만, 실수인 줄 알면서도 고치지 않는 것은 나약함의 증거다.
- 배척하지 않는 한 나쁜 습관은 고착된다.

- 부끄러움을 모른다는 것은 참으로 부끄러운 일이다.

- 물욕에 점점 가까워질수록 영혼은 점점 고갈된다.

- 짐을 덜어 달라고 빌기보다는 강한 어깨를 달라고 기도하라!

- 아첨하는 친구들은 흔히 우리를 망치지만, 욕하는 원수는 우리를 이롭게 해준다.

- 인간은 참는 데서 기쁨을 느끼면서도, 참을 것이 없기를 바란다.

- 인생 자체가 유혹이다. 이 세상의 행복에는 화가 따르기 마련이다. 화가 있을지어다! 화가 있을지어다! 기쁨 가운데 파멸이 있으니 말이다.

- 말과 행동이 위험한 유혹을 받게 되는 것은 자신이 특별히 좋아하는 칭찬을 받기 위해 갈망하는 명예욕 때문이다. 흔히 허영을 무시하는 것 자체가 오히려 더 큰 허영일 경우가 있기 때문이다.

- 육체의 평화는 각 부분들이 적절한 비율에 맞게 배열됨으로써 이루어진다. 비이성적인 영혼의 평화는 욕구들이 조화롭게 평정을 이룸으로써 얻어지고 이성적인 영혼의 평화는 지식과 행위의 조화를 통해서 이루어진다. 육체의 영혼과 평화는 살아있는 존재인 인간의 잘 잡힌 신앙을 가지고 영원한 법칙에 따르는 것이다. 인간과 인간 사이의 평화는 잘 질서 잡힌 화합이다.

- 한 사회는 신앙과 강한 화합에 기반을 두고 있으며 그것에 의하지 않고는 존재할 수 없다. 왜냐하면 신앙과 강한 화합의 품속에서 사랑의 대상은 곧 보편적인 사랑으로 그것은 최고의 거룩함과 진실됨을 갖추신 신 그 자신이기 때문이다. 또한 인간은 신의 품속에서 완전한 진실함을 가지고 서로를 사랑한다.

- 미래와 과거로 있는 것이 아니라, 오직 현재로서 존재할 것이다. 왜냐하

면 미래로서 어디에 있다면 그것은 아직 존재하지 않는 것이며, 과거에 있더라도 그것은 존재하지 않기 때문이다.

- 당신(신)의 시간은 가지도 않고 오지도 않지만, 우리들의 시간은 오기 위해서 가고 또 가기 위해 옵니다. 당신의 항상 변함이 없이 흐르지 않기 때문에 가는 시간이 밀려나는 일은 없지만, 우리네 시간은 끊임없이 흘러갑니다……. 현재란 사실 현재라고 할 만한 틈도 없습니다.

- 만일 죽음이 모든 사람과 감정의 최고점이라면 우리는 마땅히 게으름 때문에 벌을 받아야 한다.

3. 어떤 명언이 좋은지 한 번 써보시고 그 이유를 말해 보세요.

19부

마키아벨리

1. 마키아벨리의 사상

마키아벨리의 사상은 인간은 근본적으로 '악하고 저열하다'는 것이다. 이성적이거나 선한 측면이 없다는 이야기다. 특히 인간은 선하게 태어났고 서로 사랑해야 한다는 로마 교회와 성직자들에 의해 기만당하여 악한 자들이 활보하게 되었고, 이렇게 타락한 국가들 속에서 선을 찾는다는 것은 불가능하다고 주장하였다. 그러니 기독교처럼 인간 자체를 믿는다는 것은 어리석다고 마키아벨리는 말한다.

그럼 인간을 믿을 수 없으니 어떻게 해야 하는가? 백성들이 잘못 된 길을 가게 하지 않게 위해서는 강력한 한 사람의 주도하에 강압적이고 때로는 교활하게 통치할 수밖에 없다는 것이다. 사랑은 고삐 풀린 망아지들만 양산하고 세상은 혼란만 가중 될 뿐이다. 그래서 개혁이 필요하다. 반드시 그렇게 할 수 있는 인물이 나타나 나라를 바로 잡지 않으면 개혁 자체가 불가능하다고 하였다. 그래서 그는 군주는 악해지는 법을 배워야 하며 기독교가 주장하는 사랑의 윤리를 강력하게 배척하였다. 그는 인간이 악하다고 생각했기 때문에 도덕적인 신념보다는 교활한 통치 기술을 더 높게 평가했으며 힘으로 도덕을 밀어내야 함을 강조하였다.

2. 마키아벨리의 명언들

- 인간의 천성이나 화려한 언어는 믿을 것이 못된다.

- 모든 인간은 악하고 저열하다.

- 인간은 배은망덕하고, 변덕스럽고, 거짓되고, 겁쟁이며, 탐욕적이다.

- 인간은 무릇 사악한 것이어서 당신에 대한 신의를 충실히 지키지 않는다. 따라서 군주도 그들에게 신의를 중히 지킬 필요가 없다. 군주에게는 신의의 불이행도 합법적으로 정당화시킬 기회가 얼마든지 있는 법이다. 이 점에 관해서는 근래에 있는 예를 무수히 들 수 있다. 군주의 불성실로 인해서 얼마나 많은 평화협정이 파기되었고 효력을 잃었던가. 또 여우의 기질을 잘 구사한 군주가 가장 많은 번영을 누린 군주가 있다는 것도 우리가 알고 있다. 여우의 기질을 교묘하게 분장할 줄 알아야 하고, 이것은 절대로 필요하다. 위장의 기술도 완전히 터득해야만 한다. 더구나 인간이란 극히 단순하기 때문에 목전의 필요성에 대해서 움직이기 쉽다. 그래서 속이려 들면 얼마든지 속일 수 있다.

- 인간 성향은 변덕스러워 그들을 설득하기는 쉬우나 신념을 유지하기 만들기란 쉽지 않다. 선각자는 더 이상 신뢰하지 않는 사람들을 강제로라도 믿게 해야 한다.

- 인간이란 원래 은혜를 잊은 채 아무렇지도 않은 듯이 위선적이며 제 한 몸의 위험만을 피하려 하고 물욕에 눈 먼 존재이다.

- 행복이란 하나의 탐욕으로부터 다른 탐욕으로의 끊임없는 넘어가는 것이다.

- 모든 면에서 완벽한 선을 추구하는 사람은 악한 사람들 속에서 파멸하기 쉽다. 따라서 자신을 지키려는 군주는 악해지는 법을 배워야 하며, 그것이 언제 필요할지도 알아야 한다.

- 미덕처럼 보이는 것도 실행했을 때 파멸로 이어질 수 있고, 반면에 악덕처럼 보이더라도 행하면 안전과 번영을 가져올 수 있다.

- 관습에 따르지 않고 지나치게 선과 정의만 내세우면 부정하고 불의한 인간에 의해 파멸 당할 수 있다.

- 군주는 사자의 용맹함뿐만 아니라 여우의 교활함까지 갖추어야 한다.

- 군주는 자비롭고, 신의가 있고, 인정이 있으며, 신앙심이 깊고, 공정하게 보여야 하지만, 이러한 자질을 다 갖출 필요가 없다. 하지만 그것들을 모두 지닌 것처럼 보이는 것은 매우 중요하다.

- 군주는 운명의 바람이 변함에 따라 자신을 쉽게 바꿀 수 있는 융통성을 가져야 한다.

- 관대한 것은 좋지만 지나치게 관대한 것은 군주에게 오히려 해가 된다.

- 무기를 든 예언자는 성공한 반면, 말뿐인 예언자는 모두 실패했다.

- 군주는 설사 사랑을 받지 못한다 하더라도 일정 한도 내에서 두려움을 받는 존재가 되어야 한다.

- 관대함만큼 자신을 파멸시키는 것은 없다.

- 사람은 두려워하는 사람보다 사랑하는 사람을 공격하는 데 더 망설이지 않는다.

- 싸움에 있어서는 두 가지 방법이 있다. 그 중 하나는 도리에 의한 것이며, 다른 하나는 힘에 의한 것이다. 전자는 인간 본연의 길이며, 후자는 야수의 짓이다. 그러나 대개의 경우 첫 번째 방식으로는 부족하여 어쩔 수 없이 두 번째 방법을 원용해야 한다. 즉 군주는 짐승과 인간을 교묘히 구사할 줄 알아야 한다.

- 군주가 짐승의 본성을 이용하는 법을 잘 알려면 여우와 사자의 본성을 먼저 배워야 한다. 전자는 늑대로부터 자신을 지키지 못하고, 후자는 자신을 잡으려는 덫에서 벗어날 수 없기 때문이다. 군주는 덫과 올가미를 구별하기 위해 여우가 되어야 하고, 늑대를 겁주기 위해 사자가 되어야 한다.

- 군주는 사랑받기보다는 겁먹게 하라.

- 가혹행위는 한 번에 그리고 은혜는 조금씩 자주 베풀어라.

- 모든 가혹행위는 한 번에 끝내야 한다. 그래야만 덜 고통스럽고 반감을 일으키지 않는다.

- 군주가 적대적인 국민들에게 당할 수 있는 최악의 일은 외면 받는 것이다. 군주는 신하들의 결속과 충성을 위해 잔인하다는 평에 신경 쓰지 말아야 한다. 지나친 관대함으로 무질서해지고 약탈과 살인이 발생하는 것보다 때때로 엄격한 것이 더 자비롭게 보일 것이다.

- 군주는 행운에 의지하지 말고 큰 용기와 능력으로 자신의 자리를 지켜야 한다.

- 운명에 전적으로 의지하는 군주는 운이 달라지면 멸망한다.

- 시대에 순응하는 군주는 번성하고, 반대로 시대에 역행하는 군주는 파멸할 것이다.

- 시대의 상황이 바뀌었는데도 기존의 방침만을 고수하면 멸망을 면치 못한다.

- 군주는 변덕스럽고, 나약하고, 소심하고, 우유부단하게 보일 때 멸시를 받는다.

- 군주는 모든 의심과 불확실성에 맞서기 위해 결의를 다져야 한다.

- 현명한 군주는…… 평화로울 때도 나태해서는 안 되며, 위기 상황에서도 이겨낼 수 있도록 힘을 모아야 한다. 그렇게 해서 운명이 그를 저버릴 때도 반격할 수 있도록 대비해야 한다.

- 시간은 인간이 쓰고 있는 모든 가면을 벗겨준다.

- 군주는 증오나 경멸을 사는 행동을 피하기 위해 노력해야 한다.

- 나라의 힘을 키우는 일보다 자신의 욕구는 좇는 왕은 결국 나라를 잃는 예는 심심찮게 볼 수 있다.

- 군주는 자신이 미덕을 사랑하는 것을 보여주고 예술에 뛰어난 사람을 존중하고, 국민들이 직업이 무엇이든 간에 묵묵히 전념할 수 있도록 독려해야 한다……. 군주는 이런 일을 하려는 사람들과 도시나 국가를 발전시키는 사람들에게 대가를 제공해야 한다.

- 군주가 두려워해야 할 것은 두 가지가 있다. 하나는 자신의 신하들로부터 도전을 받는 것과 다른 하나는 강력한 외세의 공격을 받는 것이다.

- 군주는 책임이 따르는 문제는 다른 사람에게 맡겨야 하고, 은혜를 베푸는 일만 자신이 맡아야 한다.

- 신하가 군주보다 자신을 먼저 생각하고 하는 일마다 나라보다 자신의 이익을 추구한다면, 그 자는 절대로 좋은 신하가 아니다.

- 군주는 신하의 충성심을 유지하기 위해 배려하고 은혜를 베풀어 곁에 묶어 두어야 한다.

- 사람은 보통 자기 자신과 자신의 행동에 쉽게 만족하고, 그런 점에 쉽게 현혹되기 때문에 아첨꾼들에게서 벗어나기 어렵다.

- 진실을 말해도 화내지 않는 것을 주위에 보여주는 것밖에 아부를 피하는 방법이 없다.

- 군주는 자신이 조언자들이 자유롭게 말할수록 더욱 잘 받아들여진다는 사실을 알도록 처신해야 한다.

- 군주가 현명하다는 평을 듣는 경우 자신이 타고난 자질이 아니라 측근들의 좋은 덕분이라고 생각한다면 이것은 잘못된 생각이다.

- 어리석은 군주는 조언을 잘 받아들이지 않는다.

- 지혜로운 군주는 어떤 상황에서도 국민들의 성원과 충성을 얻을 수 있도록 끊임없이 노력해야 한다.

- 사람은 언제나 다른 이의 발자취를 따르고 모방한다.

- 현명한 군주란 눈앞에 보이는 일뿐만 아니라 먼 장래에 일어날 일들까지 고려하여 모든 위험에 능동적으로 대처하는 사람이다.

- 현명한 통치자는 불안 요소를 쉽게 발견하여 쉽게 제거한다. 그와 달리 무능한 통치자는 아무런 예측도 못해 모두에게 명백히 알려질 정도로 국난이 급박한데도 어찌할 도리가 없다.

- 인간은 남을 비난할 때는 매우 열심이지만 남을 칭찬하는 데는 매우 인색한 동물이다.

- 군주의 총명함은 곁을 보좌하는 측근들의 유능함과 성실함을 보면 알 수

있다.

- 군사에 능통하지 못한 군주는 부하의 존경을 받지도 못하고 부하는 믿지도 못한다.

- 작은 승리로 만족하는 사람은 영원한 승자로 남지만 완벽한 승리에 만족하는 사람은 파멸하고 말 것이다.

3. 어떤 명언이 좋은지 한 번 써보시고 그 이유를 말해 보세요.

20부

발타자르 그라시안

1. 발타자르 그라시안의 사상

그라시안은 신부면서 굉장히 현실적인 철학자다. 세상은 그리 선하지 않으며 악의로 가득 찬 곳으로 본다. 마키아벨리처럼 극단적이지는 않지만 인간을 이기적으로 본다. 세상은 얼마든지 사기 치는 자가 돈을 벌고 정직한 자가 굶어 죽을 수가 있다는 것이다. 그래서 세상을 절대 쉽게 보지 말라고 권고한다. 자신이 자신을 믿듯이 남을 잘 믿는 것은 그리 현명하지 않다. 남은 남이고 그 남은 사악한 사람일 수 있다. 자칫 믿는 도끼에 발등을 찍힐 수 있다. 그리고 자신이 능력이 있다고 섣불리 자신의 능력을 드러내면 성장도 하기 전에 무참히 깨질 수 있고 극도로 파렴치한 자가 최후의 승리자가 될 수 있다. 세상은 결코 만만한 것이 아니어서 지혜롭고 신중하지 않으면 행복하게 살 수 없다고 본다. 지혜는 행복의 문으로 인도하지만, 무지는 불행의 문으로 인도하기 때문이다. 그래서 그라시안은 우리는 마땅히 정도를 가야하지만 악의 무리와 맞서기 위해서는 자신을 함부로 드러내지 말고 때론 술수를 써서라도 자신을 먼저 지켜한다고 말한다. 그러면서도 마지막에는 성인군자가 되라고 외친다.

그럼 그의 현실적인 가르침을 보자.

2. 발타자르 그라시안의 명언들

• 진정한 지식은 살아가는 방법을 아는 데 있다.

• 지식이 없는 인간은 어둠의 세계에 사는 것과 같다.

• 삶을 질식시키는 두 가지는 어리석음과 부도덕함이다.

• 세상의 절반은 나머지 절반을 비웃는데 모두 바보이다.

• 남에게 존경 받고 싶으면 자신을 존중하라.

• 현명한 자는 모든 것을 평가할 줄 안다. 그는 매사에서 좋은 것을 찾아낼 줄 알고 어떤 일을 좋게 하려면 어느 정도의 노력이 있어야 하는지도 아는 것이다. 어리석은 자는 모든 사람을 멸시한다. 그런 사람은 좋은 것을 분간할 줄 모르고 더 나쁜 것을 선호한다.

• 무지한 사람일수록 자신이 남보다 뛰어나다는 착각 속에 산다.

• 지혜로운 사람은 자신의 지식과 용기를 전부 드러내지 않는다……. 사람들은 상대의 한계를 정확하게 알 때보다는 그의 능력이 어느 정도인지 추측하고 정말 능력이 있는지 궁금해 할 때 더욱 존경하기 때문이다.

• 사람들은 쉽게 파악할 수 없는 것에 더 많은 관심과 존경을 보이는 법이다.

• 자신의 장점을 한 번에 드러내지 말고 조금씩 보여주면서 존경과 감탄을 자아내라.

- 모든 능력과 일을 한꺼번에 소진하지 마라. 나쁜 결과에 빠질 위험에 있을 때 빠져 나갈 수 있는 여분을 남겨두라.

- 대부분의 사람은 기계적인 일이나 중요하지 않은 일에 대부분 시간을 낭비한다.

- 똑바로 날아가는 새는 사냥하기 쉽지만 방향을 바꾸는 새는 맞추기 어렵다.

- 지혜로운 사람은 함부로 자신의 명예를 걸고 경쟁하지 않는다. 이들은 적절한 시간에 현명하게 물러설 기회를 살피면서 신중한 자세로 나선다.

- 단 한 번의 추문으로 평생 쌓았던 명예가 한 순간 무너질 수 있다.

- 비밀스러운 침묵은 현명함을 들어서는 문이고 타인의 경외심을 불러일으키는 왕관이다.

- 스스로 결단하지 못하고, 다른 사람이 떠밀어주기를 바라는 사람들이 있다……. 승자들은 민첩하게 행동함으로써 곤란한 상황을 만들지 않는다. 이들은 뛰어난 판단력과 단호한 결단력으로 손쉽게 성공을 거둔다.

- 완성하기 전에 포기하지 말라. 끈기야말로 위대한 정신의 징표이다.

- 기다릴 줄 알라. 성급함에 밀리지 않고 정열을 잠재울 줄 알 때 인내의 위대한 정신이 드러난다.

- 불운이 모든 것을 막아도 드높은 정신은 끝까지 빛을 발하여 의지의 한계를 넘어선다.

- 부지런함은 불가능을 제거한다.

- 단 하루도 태만하지 마라. 운명은 즐겨 우리에게 장난을 친다.

- 즐길 때는 천천히 하고 일할 때는 신속히 하라.

- 어떤 일에서든 잘 모르면 가장 안전한 것을 붙들라. 그런 사람은 총명하다는 평은 아니더라도 철저한 사람이라는 평을 들을 것이다. 그러나 잘 알지도 모르면서 위험을 무릅쓴다면 얻는 것은 파멸뿐이다. 그러니 항상 확실한 것을 붙들라. 이미 완성된 것은 돌이킬 수 없다. 아는 것이 부족한 사람에겐 큰 길이 안전하다. 아는 것이 있든 없든 확실한 것을 택하는 것이 낯선 것을 택하는 것보다 현명하다.

- 백번 적중하기보다 한번 실수하지 않도록 하라. 빛나는 태양은 아무도 보지 못하지만 지는 해는 누구라도 볼 수 있다. 세상 사람들의 평판은 그대가 성공한 일이 아니라, 실패한 일로 향한다. 좋은 일에 대한 찬사보단 나쁜 일에 대한 험담이 더 멀리 간다.

- 평범한 것은 결코 경탄의 대상이 될 수 없다. 최고 중에서도 최고가 되도록 힘쓰라!

- 진리는 소수를 위해 존재하고, 거짓은 비속한 만큼 널리 퍼져 있다.

- 소수와 함께 생각하고 다수와 대화해라.

- 친구 없이 사는 것은 사막과도 같다.

- 우리는 대개 우리와 함께 하는 사는 사람에게서 가장 많은 것을 참아야 한다.

- 친분 있는 사람들의 결점에 익숙해지라. 그들과 가까워야 할 때에는 어쩔 수 없는 것이다. 결코 함께 할 수 없는 끔찍한 성격을 가졌지만 그들 없이는 살 수 없는 사람들이 있다. 그렇다면 추한 얼굴에 점차 익숙해지듯 그들의 성격에 적응하는 것이 현명하다. 그래야 아주 무서운 일에 닥쳐서도 분별력을 유지할 수 있다. 그런 결함에 처음에는 경악하지만 점차 혐오스러움은 사라질 것이다.

- 분노하지 않고 늘 평정심을 지키는 것은 지혜로운 사람들의 덕성이다.
- 열정에 들떠서 함부로 행동하지 말라. 비이성적인 태도는 항상 일을 그르치게 만든다.
- 용맹한 자는 관대하도록 노력해야 한다.
- 인간은 자기 자신을 지배하게 될 때 다른 모든 것도 지배할 수 있는 힘을 얻게 된다.
- 오렌지도 너무 짜면 쓴 맛이 난다.
- 많은 이들이 좋아하는 것을 혼자만 배척하지 말라.
- 다른 사람의 미움을 사지 마라. 반감을 불러일으켜서는 안 된다. 반감은 청하지 않아도 곧 제 발로 찾아오기 때문이다. 많은 사람들은 이유도 근거도 없이 제 멋대로 미움을 품는다. 그들의 악감정은 우리의 따듯한 마음을 앞지른다.
- 불쾌한 일에 지나치게 집착하는 것은 미친 짓이다.
- 교양 있는 사람에게는 교양 있게 정직한 사람에게는 정직하게 행동하라.
- 결코 험담꾼이 되지 마라. 그리고 그런 사람이라는 인상을 주지 마라. 그런 사람은 남의 명예를 더럽히는 자라는 평판을 얻는다. 다른 사람을 희생시키면 미움보다도 더한 것을 얻게 된다. 험담꾼은 보복을 받기 마련이다. 그리고 복수자의 수가 많으면 자신이 그 짐을 져야 한다.
- 첫 번째로 중요한 것은 감사하는 마음을 늘 갖는 것이다.
- 상대방에게 기쁨을 주기 위해서는 상대방의 취향을 제대로 파악하는 것이 기본이다.
- 잃을 것이 없는 사람과는 다투지 마라.

- 확신이 없는데 일을 꾀하면 위험하다.

- 팔방미인이 되지 마라.

- 그대의 마음을 믿어라. 특히 그대의 마음이 확실하다면. 그때는 마음에 키 기울이는 것에 망설이지 마라. 확실한 마음은 종종 무엇이 중요한지를 예언해준다. 그것은 그대 내면에서 들리는 예언의 소리다.

- 화살은 육체를 뚫고 나쁜 말은 영혼을 찌른다. 천 냥 빚도 말로 갚듯이 말만 잘 하면 불가능한 일조차 관철시킬 수 있다. 언제나 입에 설탕을 물고 그대의 말을 달콤하게 적시라.

- 첫인상에 혹하지 말라. 어떤 사람들은 대개의 경우 키에 들리는 첫 소식만을 믿고 그 다음 소식들은 소홀히 대한다. 그러나 거짓은 늘 앞서 오고 진실은 뒤따르는 법이다. 그래서 사람들은 진실을 주목하지 못한다. 첫인상으로 우리의 의지와 분별력을 잃어서는 안 된다. 이것은 정신의 비천함을 말하는 것으로 그 비천함이 알려지면 찾아오는 것은 오로지 파멸뿐이다. 악의를 품은 자가 그 기회를 결코 놓치지 않기 때문이다. 나쁜 의도를 지닌 자는 쉽게 믿는 자들을 재빨리 속여 자기 사람으로 만든다. 그러니 항상 두 번째 세 번째의 소식을 들을 준비를 하라. 첫인상을 쉽게 받아들이는 것은 하찮은 재능과 비천한 열정에서 비롯된다.

- 첫인상에 좌우하는 것은 모자람과 게으름 때문이다.

- 말은 장식품에 불과하고 행동이야말로 삶의 본질이다.

- 남들이 고마워하기보다는 자신을 필요로 하게 만들라.

- 모든 것에는 양면이 존재한다. 칼이 아닌 칼자루를 잡도록 하라.

- 좋은 사람으로 사는 것이 장수의 비결이다.

- 악하게 사는 사람은 죽음을 향해 질주하는 사람과 같다.

- 그늘을 드리우는 친구는 절대로 두지마라.

- 그대에게 그늘을 드리우는 사람보다는 그대를 돋보이게 하는 사람과 사키도록 하라.

- 어리석은 자 때문에 괴로움을 겪지 마라. 바보를 알아보지 못하는 사람은 스스로 바보가 된다. 바보인줄 알면서도 멀리하지 못한다면 더욱 더 큰 바보가 된다. 어리석은 자들은 피상적인 관계에서는 위험하며 신뢰 있는 관계에서는 치명적이다.

- 불손한 자, 고집스러운 자, 오만한 자, 그리고 어리석은 자에게는 언제나 예의를 보여라. 그런 자들은 어디에나 있으니 그들과 부딪히지 않는 것이 상책이다. 가장 안전한 것은 그들을 멀리하는 것이다.

- 현명한 사람은 자신의 실수를 감출 줄 알지만 어리석은 자는 잘못을 하기 전에 떠벌린다.

- 자신이 하는 일을 아름답게 포장할 줄 알라. 사물을 가치 있는 것 이상으로 돋보이게 하는 것도 능력이다.

- 힘으로 되지 않을 때는 수완을 발휘하고, 이 길이 아니면 저 길로, 용기의 대로로 갈 수 없으면 술수의 샛길로 빠지라.

- 거짓이 많고 은혜를 망각하는 세상에 살고 있을지라도 늘 나쁜 것을 경계하고 올바른 사람이 되도록 힘쓰라.

- 윗사람을 결코 이기려 들지 마라. 우월한 모든 것은 미움을 받는다. 자신의 주인보다 높이 서려는 것은 어리석음의 소치이거나 운명의 장난이다. 우월함은 끊임없이 시샘의 대상이 된다. 우월함이 클수록 시샘도 커진다. 신중한 사람이라면 자신의 아름다움을 허름한 옷으로 가리는 것처럼 자

신의 장점을 감출 것이다.

- 물리칠 줄 알아야 한다. 모든 사람에게 모든 것을 허용해서는 안 된다. 거절하는 것은 승낙할 줄 아는 것만큼 중요하다. 한 사람의 '아니오'는 많은 사람의 '예'보다 더 높이 평가한다. 왜냐하면 금빛 찬란한 거절이 승낙보다 많은 것을 충족하기 때문이다.

- 자신의 결점을 알아야 한다. 누구나 뛰어난 장점에 걸맞은 결점을 가지고 있다. 이 결점이 발전하면 독재를 하게 된다. 그러므로 자신의 결점에 맞서 싸워야 한다. 또한 무엇보다 중요한 것은 주요 결점을 확실하게 아는 것이다.

- 마지막이 항상 공정함으로 장식되지 않는다. 극도로 파렴치한 자들이 최후의 승리자가 된다.

- 훌륭한 결말은 이전의 모든 것을 황금으로 도금한다.

- 사자털을 쓸 수 없다면 여우털을 쓰라. 자신의 의도를 관철할 수 있는 사람은 명망을 잃지 않는다.

- 세상에 속임수가 횡행하더라도 속임수를 쓴다는 평을 듣지 마라. 신중함을 지니되 교활함을 버려라.

- 교활함은 자신이 발각되는 것을 보고 더 교활해지며, 진실 그자체를 속이려 한다.

- 정의로운 사람이 되라.

- 한 마디로 성인군자가 되라. 이것으로 모든 얘기는 다 한 셈이다. 미덕은 모든 완벽함을 묶어주는 끈이며 행복의 중심이다. 미덕은 인간을 이성적이고 신중하고 지혜롭고 분별력 있게 하며, 현명하고 용기 있고 사려 깊고 정직하고 행복하게 만들고, 다른 이의 호감을 사고 진실 되게 하여

그를 모든 점에서 영웅답게 해준다. 세 가지의 것이 우리를 행복하게 만든다. 그것은 성스러움과 건강함, 그리고 지혜이다. 미덕만큼 가치 있는 것도 없고 악덕만큼 혐오해야 할 것도 없다. 미덕만이 진지한 것이고 다른 모든 것은 헛된 것이다. 미덕만 있으면 그것으로 족하다. 미덕을 지닌 사람은 살아있는 동안 사랑을 받으며 죽은 후에는 사람들의 기억 속에 남는다.

3. 어떤 명언이 좋은지 한 번 써보시고 그 이유를 말해 보세요.

21부

몽테뉴

1. 몽테뉴의 사상

몽테뉴는 지식의 절대성을 부정하는 회의주의적 철학자이자, 거대한 담론보다는 일상 문제를 고찰함으로써 삶의 지혜를 주고자 노력한 철학자이다. 그는 감각을 통해 얻은 경험이 지식의 근거이기 때문에 인간의 지식은 절대적일 수 없다고 말한다. 그런데도 그 당시는 종교처럼 영구적인 진리를 얻기 위해 애쓰는 광신론자들이 판을 치고 있었다. 그는 이런 광신론자들은 마녀사냥처럼 매우 잔인했으며 '공포 속에서 전율하지 않고는 그러한 일을 상상조차 할 수 없다'고 쓰고 있다. 그래서 그는 학문의 탈을 쓴 절대론을 거부한다. 그러면서 서로의 다름을 배척하지 말고 인정하고 포용해야함을 강조한다.

더 나아가 그는 인간의 지혜는 우리의 감각을 통해 있는 그대로 받아들이는 것이라고 말한다. 나에게 충실한 나답게 살라는 것이다. 그러면서 스스로 느끼는 대로 솔직하고 담백하게 살 것을 주문한다. 때론 무지한 피론의 돼지처럼 많이 알려고 노력하지 말고 세상일에 담담하게 살 것을 주문하고 있는 것이다.

그럼 어떻게 하면 나답게 살 수 있는지를 보자.

2. 몽테뉴의 명언들

- 인간에게 있어 최고의 지혜란 사물들을 있는 그대로 보는 것이며 나머지 것들을 자신 있게 보는 것이다.

- 나는 멈추어서 고찰해 본다. 그리고 나는 감관에 의해 자신과 물질세계의 정보 및 감각적 경험들을 나의 길잡이로 택했다.

- 감각들은 그들과 상관없이 객체를 이해하지 못하고 다만 그들 자체가 받은 인상을 담아둘 뿐이다.

- 감각들은 언제나 사고력을 지배하며 사고력이 그릇된 것이라고 판단하는 인상을 그대로 받아들이도록 강제하는 일이 줄곧 일어난다. 촉각은 그 작용이 더 가깝고 더 생생하고 실질적이므로 촉각이 신체에 가져오는 고통의 효과는 스토아적인 훌륭한 결심도 얼마든지 모두 뒤집어버린다. (감각적 경험을 중시하여 스토아 학자의 이성주의를 반대하는 입장)

- 자신에게서 탈피하려고 하고 인간이기를 피할 때는 항상 어리석음에 빠진다. 그들(기독교인)은 천사로 변하는 대신 야수로 변한다.(절대적인 종교 비판)

- 나 자신을 늘 경계하고 늘 성찰한다.

- 세상 사람들은 늘 앞에 있는 것만 바라본다.

- 외부에 나타난 것으로 판단하는 이 모든 것들은 매우 불확실하고 의심스럽다.(경험의 다양성을 근거로 회의주의적 입장)

- 우리가 어리석은 짓을 했다거나 어리석은 일을 했다는 것은 아무것도 아니다. 우리는 더 크고 중요한 교훈을 배워야 한다. 우리 인간이 한갓 멍청이에 지나지 않는다는 것을.

- 이성은 한 사실을 가지고 여러 가지로 해석한다. 그것은 손잡이가 둘 달린 항아리다. 외로 잡아도 좋고 바로 잡아도 좋다.(지식의 상대성 강조)

- 자기 자신도 극복하지 못하며 모든 사람들에게 침해당하는 가련하고도 허약한 피조물이 자기가 우주의 주인이며 가련하고도 허약한 피조물이 자기가 우주의 주인이며 제왕이라고 자처하다니, 이런 어처구니없는 일이 도대체 어디 있단 말인가? 우주를 지배하는 것은 고사하고, 그 극미한 작은 일부분도 이해할 능력조차 없는 것이 아닌가?

- 이성은 무슨 형상이라도 짜 맞출 수 있는 부드러운 연장이다.

- 이성의 판단력은 풍습과 법률의 힘에 좌우된다.

- 잘 살고 잘 죽기 위해 공부한다.

- 사람이 공적으로나 사적으로나 가장 그릇된 사상을 만드는 주요한 원인은 자기 자신을 높이 평가하는 데서 온다고 본다.

- 자기가 안다고 잘난 체하는 것은 진실로 안다는 것이 무엇인지를 아직 모르는 것이며, 아무 것도 아닌 인간이 자기가 무엇이나 된다고 생각하는 것은 자기 자신을 기만하는 것이다.

- 어디를 가나 자신들의 방식을 고집하고 낯선 것들을 저주한다.

- 어느 나라 할 것 없이, 다른 사람들의 눈에는 야만스럽거나 충격적으로 비치는 관습이나 관행이 있게 마련이다.

- 어리석음은 좋지 못한 소통이다.

- 우리는 어떤 방식으로든 한 사물에 개인적인 이해관계를 가지고 있으므로 어떤 일에 성실한 판단을 내리기는 대단히 어렵다.

- 학문은 무식보다 나을 것이 없다.(학문의 권위부정과 지식의 상대성 강조)

- 어떤 인간도 정착할 수 없는 높기만 한 철학의 산봉우리들 그리고 우리의 관습과 힘을 넘어선 곳에 있는 규율들이 도대체 무슨 소용이란 말인가? 인간이 자신과는 엄청나게 다른 존재에 맞추어서 자신의 의무를 정하는 것은 그다지 현명하지 않다.(자신만의 철학 강조)

- 남의 의견과 학식을 무심코 받아들이지 않는다.

- 나는 기꺼이 교육의 부조리라는 주제로 돌아가겠다. 우리의 교육의 목적은 우리를 행복하고 현명하게 만드는 것이 아니라 머리에 무엇인가를 집어넣는 것이었다. 그리고 그런 목적이라면 성공한 셈이다. 교육은 우리에게 미덕을 추구하고 지혜를 포용하도록 가르치지 않는다. 그것은 단어의 기원이나 어원 같은 것들을 우리의 뇌에 각인시켰다.

- 이 세상에 존재했던 가장 현명한 사람은, 아는 것이 무엇인가라는 질문을 받았을 때, 자신이 아는 것은 오직 자신이 아무것도 모른다는 사실 하나뿐이라고 대답했다.

- 반대에 부딪히면 사람들은 그것이 옳은가는 보지 않고, 옳건 그르건 해치울 생각만 한다. 반대를 거들어줄 생각은 하지 않고 우리는 앙큼한 발톱만 내민다.

- 나는 어느 논제에도 놀라지 않고, 다른 사람이 가진 신념이 아무리 달라도 불쾌해지지 않는다. 아무리 경박하고 터무니없는 생각이라도 인간 정신 생산에 맞지 않는 것이 없다고 본다.

- 군중의 판단보다 더 경멸할 것은 없다.

- 더 많이 아는 것이 아니라 잘 아는 것이 중요하다.
- 우리의 삶은 한 부분은 광기로, 또 다른 부분은 지혜로 구성된다. 그래서 인생에 대해 공손하게, 그리고 관습대로 글을 쓰는 사람은 누구나 인생의 반 이상을 뒤에 버려두고 가는 셈이다.
- 쾌락과 행복은 분명 삶의 크나큰 동인임은 부정할 수 없다
- 나는 식사 전과 후에 완전히 다른 사람으로 느꼈다.
- 왕과 철학자들도 똥을 눈다. 여자들도 마찬가지다.
- 나의 신체 부위는 어느 하나 할 것 없이, 서로 똑 같은 비중으로, 나를 나이게끔 만든다. 그 어느 것도 다른 것에 비하여 나를 더 인간답게 만들지 않는다.
- 이 세속의 감옥에 사는 동안 우리에게는 순전히 육체적이거나 순전히 영적인 것은 존재하지 않으며, 살아 있는 어떤 존재를 둘로 나누는 것은 해로운 짓이라고 말해도 되지 않을까?
- 혼자 있을 때 부끄럽지 않게 행동하는 것이야말로 최상의 생활이다.
- 나는 다른 어떤 규칙보다도 내가 스스로 세운 원칙을 가장 존중한다.
- 인생에서 가장 중요한 것은 어떻게 하면 내가 진정으로 나다워질 수 있는가를 아는 것이다.(몽테뉴 철학의 목적)
- 친구의 잦은 왕래는 생활에 필요한 물보다도 더 달콤하고, 불보다도 더 간절히 필요하다는 의견 말이다.
- 지금 내가 말하는 우정에서는 영혼들이 서로 한데 어울리며 녹아들기 때문에 두 영혼이 결합한 솔기마저도 눈에 보이지 않는다.
- 절대로 성급하게 결혼하지 말라.

- 나는 오히려 미모와 정욕에 끌려서 하는 것보다도 더 빨리 실패하여 혼란을 일으키는 결혼을 보지 못한다.
- 좋은 결혼은 연애보다 우정에 가깝다.
- 좋은 결혼이라는 것이 있다면 그것은 사랑의 동반과 조건을 거부한다.
- 좋은 결혼은 우정의 조건을 재현하도록 노력한다. 좋은 결혼은 절조와 믿음과 많은 유용하고도 결실한 상호간의 봉사와 의무로 가득 찬 안락하고 온화한 공동생활이다.
- 결혼 후에 그 의무를 저버리는 것은 배반이다.
- 돌파구를 뚫고, 외교사절을 이끌고, 나라를 다스리는 것은 분명 빛나는 행위들이다. 하지만 꾸짖고, 웃고, 물건을 사고팔고, 사랑하고, 미워하고, 그리고 그대 자신과 더 나아가서 그대의 식솔과 마찰 없이 공평하게, 그대 자신을 속이거나 게으르지 않게, 잘 어울려 사는 것보다 더 빛나고, 또 드물고 어려운 일은 없다. 사람들이야 어떻게 보든, 그처럼 남에게 드러나지 않는 삶은 그렇지 않은 삶들 못지않은 긴장과 무게로 각자의 의무를 훌륭하게 수행한다.(일상에서의 행복 강조)
- 훌륭한 인격자는 사회에서뿐만 아니라 가정에서도 사랑과 존경을 받는 사람이다.
- 주어진 것에 만족하고 현실을 충실히 살아간다.
- 남아 있는 인생만큼은 온전히 나를 위해 산다.
- 춤을 출 땐 춤만 추고, 잠을 잘 땐 잠만 잔다.
- 불행도 인간 삶의 한 요소임을 받아들인다.
- 불행의 원인 중에서 가장 미련한 것은 우리의 존재를 경멸하는 것이다.

- 독서만큼 저렴하고 오래가는 것은 없다.

- 책을 읽다가 이해하지 못하는 대목이 나오면, 우리는 흔히 그 책을 매우 지적인 책이라고 치부하곤 한다.

- 어떤 책이 나를 피곤하게 하면 나는 다른 책을 집어 든다. 나는 오직 나의 흥미를 자극하는, 재미있고 쉬운 책들을 좋아한다.

- 글을 읽어나가다가 어려운 구절에 부딪히면 나는 손톱을 깨물며 구물대지 않는다. 나는 한두 번 이해하려고 애쓰다가 안 되면 집어치운다. 거기에 구애받다가는 시간만 낭비할 뿐이다.

- 난해성은 학자들이 요술꾼처럼 그들이 주장이 허황하다는 사실을 드러내지 않으려고 사용하는 잡기술이며, 어리석은 사람들은 여기에 쉽사리 넘어간다.

- 책을 두고 판단을 내리는 일에만 온통 관심을 쏟는 학자들은 배움 외에는 어떠한 가치도 인식하지 못하고, 학문을 통해서 지식을 얻는 것 이외의 지적 활동을 허용하지 않는다.

- 모든 책에는 해설로 가득 채워져 있다. 진정한 저술가는 없는 실정이다.

- 당신의 보다 풍성한 요소를 갖춘 삶만이 아니라 당신의 평범한 개인적 삶도 도덕철학으로 승화시킬 수 있다. 겉으로 봐서 우리 자신의 모습이 그 옛날에 사색에 빠졌던 사람들과 전혀 닮지 않았다 해서 낙담할 필요가 없다.

- 인간은 익숙하지 않는 것은 일단 배척하고 본다.

- 기도와 노동은 각각 하늘과 땅에서 축복을 낳는다.

- 명백한 지혜와 징표는 늘 유쾌하게 지내는 것이다.

- 당신이 움직일 때 비로소 세상 만물이 움직인다.

- 죽는 법을 모른다고 걱정하지 마라. 자연이 충분히 알아서 가르쳐 줄 것이다.

- 하나님은 인간의 척도로 측정할 수 없다.

- 얼마나 많은 사람들이 상상력 때문에 병에 걸리는가?

- 나는 무식하기 때문에 공포보다는 희망을 더 많이 갖는다.

- 인간에게 이성이 있는 것은 우리를 고문을 위해서라고 감히 결론을 내도 괜찮을까? 만약 우리가 지식을 얻게 되어, 오히려 그것을 얻지 않았더라면 누릴 수 있을지도 모르는 평정과 인식을 얻게 된다면, 그리고 그 지식이란 것이 우리의 처지를 피론의 돼지(폭풍의 속에 안다는 인간들은 안절부절 못하는데 아무 것도 모르고 잠만 자는 돼지)보다 더 열악하게 만든다면, 지식이란 것이 대체 무슨 소용이 있겠는가?

- 단순성과 무지 속에서 살기 때문에 모든 번뇌와 사상, 마음을 긴장시키는 불쾌한 직무에 시달리지 않아서 그들의 마음이 명랑하고 고요하다고 본다.

- 결국 우리의 존재나 물체들의 존재나 항구적으로 존재하는 것은 아무 것도 없다. 그리고 우리나 우리의 판단이나 모든 죽어 없어질 운명의 사물들은 끊임없이 변하며 흘러간다. 이래서 판단하는 자는 피차간에 확실한 아무것도 세울 수 없으며, 계속적으로 동요하며 변화하는 것이다.

- 사람들은 자기 생각을 고쳐볼 용기가 없기 때문에 남의 생각을 고쳐 볼 용기도 없는 것이다. 그리고 피차간에 서로 속마음을 감추며 말한다.

- 버릇없이 가해 오는 공격은 참아내기 어렵다.

- 우리는 단지 반박하려고 논쟁하는 버릇이 생긴다.

- 남자는 재산이나 지성, 학식, 미덕조차도 건강이 없으면 모두 빛을 잃고 시들해지고 만다.
- 교육에서 제일 중요한 것은 동기유발이다. 회초리는 겁쟁이를 만들거나 고집불통을 만들 뿐이다.
- 아이들을 평민들의 자연스런 생활법칙 아래에서 사람이 되게 놓아두라. 습관에 따라 소박과 궁핍 속에서 단련시켜서 지친 생활에도 힘들어하지 않고 오히려 더 쉬운 일이 되도록 만들어주라.
- 인생에서 진정으로 중요한 것은 시간의 길이가 아니라 시간의 바람직한 사용이다.
- 행복은 과거의 이야기 속이 아니라 지금 이 순간 우리들의 의지에 달려 있다.
- 해가 갈수록 우리의 손에서 빠져나가는 삶의 기쁨과 향락을 이빨과 손톱으로 붙잡아라.
- 만족하려면 바보천치가 되어야 한다.
- 쾌락은 노고의 가혹함을 잊게 한다.
- 이삭 줍는 자들의 몫도 남겨야 한다.
- 무절제는 쾌락의 독이 되지만, 절제는 쾌락의 화가 아니라 약이 된다.
- 세상은 영원히 흔들릴 수밖에 없다.
- 언제나 혼자 있을 수 없는 것보다는 언제나 혼자 있는 편이 더 낫다.
- 세상은 끊임없이 변화한다.
- 나는 나를 확고히 할 수 없다.

- 존재를 묘사하는 것이 아니라 추이를 묘사한다.

- 나라를 다스리는 것보다 가족이나 자신을 다스리기가 그리 드러나 보이지 않지만 더 어렵다.

- 허영에는 두 가지 부류가 있다. 즉 자기를 너무 존중하는 것과 남을 존경하지 않는 것이다.

- 내가 가지고 있는 물건은 내가 가지고 있기 때문에 그 값어치를 깎아내리고, 어떤 물건이 내게 없거나 남의 것이거나 내 소유가 아니기 때문에 그 값어치를 올려서 생각하는 버릇이다.

- 허용된 일에는 매력이 없고, 금지된 일은 욕심을 일으킨다.

- 욕망과 향락은 우리에게 똑같은 고통을 준다. 여자가 너무 쌀쌀맞게 구는 것도 괴롭다. 그러나 너무 힘 안들이고 넘어오는 것도 사실은 더욱 괴롭다. 불만과 분노는 우리가 욕심내는 사물들을 너무 높이 평가하는 데서 나오며, 그 때문에 그 사물이 더 그리워져서 애가 탄다. 그러나 포만하면 싫증이 난다. 포만은 정열을 잃고 둔해지고 피로하고 잠들게 한다.

- 소유의 쾌감은 특히 상상력 속에 있다.

- 어떤 쾌락도 통해줄 사람이 있어야 제 맛이 난다.

- 사람이 아무도 만날 수 없는 고적한 삶을 산다면 그것은 죽은 삶이나 마찬가지다.

- 현세란 우리가 같은 시대의 인간, 그리고 우리의 자손을 위해 보다 아름답고 기쁘게 할 수 있고, 또 그렇게 하지 않으면 안 되는 저 아름답고 기쁘고 영원한 것의 하나인 것이다.

- 어느 경우의 겸손은 오만한 심정에서 나온다.

- 의무는 각자의 생각으로 선택할 일이 아니고, 각자에게 명령해 주어야 한다. 그렇지 않으면 너무나 어리석고 무한히 잡다한 우리의 이성과 의견 때문에 마침내 우리는 서로를 잡아먹게 하는 의무도 꾸며댈 것이라고 에피쿠로스는 말한다.

- 우리는 자기 자신 이외의 공적인 불행에 대해 별 관심이 없다.

- 개인적인 이해관계나 정열에서 나오는 마음속의 양심과 원한을 의무라고 불러서는 안 되며, 악의와 배신에 찬 행위를 용기라고 불러서는 안 된다. 사람들은 곧잘 악의와 폭력으로 향하는 마음을 열성이라고 부른다. 그들은 대의명분 때문이 아니라 사사로운 욕심 때문에 열을 올린다. 그들은 전쟁이 정당하기 때문이 아니라 전쟁을 위해서 정쟁을 도발한다.

- 때 맞춰서 생명을 내놓지 않는 자에게 자연은 더 심한 고통을 주는 버릇이 있다.

- 우리의 취향과 욕망은 언젠가는 노화를 고려해야 한다. 안쪽 발이 무덤 속에 있는데도 우리의 필요와 욕구는 늘 다시 태어난다.

- 나는 병 때문에 당하는 고통보다 병에 대한 공포심 때문에 더 괴로웠다.

- 나는 사람들이 침착한 태도와 자세를 가지고 고통을 경멸하며 참아내라고 너무나 엄격하고 정확하게 명령하는 훈계가 대개 격식에 지나지 않는 말임을 알았다.

- 신체의 고통이 심한 경우에 우리에게 침착한 태도를 요구하는 것은 잔인한 일이다.

- 악의에 차고 비인간적인 악랄함은 유약한 성격에 따라다는 법이다.

- 명령조로 나오는 상전의 손에 걸리면, 내 판단력은 타락할 뿐 아니라 내 양심은 썩어버린다.

- 승리의 살육은 대개는 인민들과 보급 부대가 자행한다.

- 죽이는 것은 장차 올 모욕을 피하게 하는 데는 좋다.

- 우리는 속빈강정이다. 바람과 소리만 가지고 우리의 속을 태워서는 안 된다. 우리에게는 우리를 고쳐가기 위한 더 견고한 실질적인 것이 필요하다.

- 우리가 영광을 얻는 것은 경솔한 운수가 해 주는 일이다. 나는 영광이라는 것이 진실한 값어치에 앞장서더니 지나치게 앞서는 것을 보았다.

- 영광은 때로는 그 실제의 모습보다 앞서며, 어느 때는 실제의 모습보다 훨씬 더 길다.

- 카이사르와 알렉산드로스는 운수가 아니고 누구의 덕택으로 자신들의 무한한 명성을 얻었단 말인가? 운수가 없어서 얼마나 많은 사람들이 인생의 시초에 사라진 것인가? 그 사람에 관하여 우리는 아무도 모르지만, 불운하여 계획의 초두에서 생명이 잘려버리지 않았던들 그들도 저 영웅들만큼이나 똑같은 용맹을 떨칠 수 있었을 것이다.

- 명예나 영광은 사람들이 우리에게 유리하게 판단해주는 것 말고는 아무 것도 아니다.

- 나에 관하여 아는 사람은 내 은신처에서 멀리 떨어진 곳에 있을수록 높이 평가한다.

- 영광에 이르는 가장 가까운 지름길은 우리가 영광을 위해서 하는 일을 양심을 가지고 하는 데 있다.

- 위대한 인물은 그들의 사상을 명백하게 드러내 놓지 않는 버릇이 있다. 그들은 때로는 그 사상을 시의 허황된 구름 속에 감추고, 때로는 어느 다른 가면 밑에 감춘다. 왜냐하면 우리의 체질이 불완전해서 언제나 날고

기는 우리 위장에 맞지 않기 때문이다. 이 날고기는 말리고 변절시키고 삭혀서 먹어야 한다. 학자들이 하는 수작도 이와 다르지 않다. 그들은 가끔 자기들의 본연의 판단과 의견을 난해하게 꾸미고 공적 용도로 적합하게 하려고 일부러 변질시켜 놓는다. 그들은 어린아이들을 놀라게 하지 않으려고 인간 이성이 무지하고 어리석다고 터놓고 말하려 하지 않는다. 그 대신 그들은 이것을 불확실하고 혼란스런 학문의 외장을 씌워서 드러내 보인다.

- 정신의 고매한 가치는 높이 올라가는데 있지 않고, 양심적으로 절도 있게 살아가는데 있다.
- 지금과 같은 무식하고 부패한 시대에는 사람들의 존경을 받는다는 것은 오히려 모욕이다.

3. 어떤 명언이 좋은지 한 번 써보시고 그 이유를 말해 보세요.

22부

프랜시스 베이컨

1. 프랜시스 베이컨의 사상

프랜시스 베이컨은 영국 경험론의 창시자다. 그는 경험만이 지식의 원천으로 보았다. 그런데 그가 볼 때 대다수 학문은 내용보다는 구절이나 문체와 같은 것으로 그럴듯하게 포장에 치중한다. 더욱이 경험적인 학문보다 논쟁적인 학문은 더 나쁘며, 증명할 수 없는 것보다 더 많은 관념적인 지식을 다뤄 독자를 현혹시키는 학자는 더욱 나쁘다. 그러면서 그는 경험 속의 편견이나 선입견이 들어갈 수 있다는 '4대 우상론'을 주장하는데, 그것은 인간의 주관적 생각이 들어갈 수 있다는 종족의 우상, 개인의 주관적 생각이 들어갈 수 있다는 동굴의 우상, 언어의 잘못된 사용으로 인해 생각이 왜곡될 수 있다는 시장의 우상, 권위에 맹목적으로 따라서 발생하는 극장의 우상이다.

그리고 그는 경험론자답게 일상생활에서 일어나는 일, 즉 사랑, 우정, 시기, 질투, 분노, 역경, 순경, 부, 자선 등 수 많은 것들을 철학적으로 냉철하게 분석하고 있다. 그리고 그것을 토대로 우리가 어떻게 살아야 하는지를 꼼꼼하게 전해주고 있다. 그의 말 한마디 한 마디가 명문장이어서 새록새록 우리 가슴에 닿는다. 그의 말을 들어보자.

2. 프랜시스 베이컨의 명언들

- 누구도 해낸 적이 없는 성취란 누구도 시도하지 않는 방법으로만 가능하다.

- 지식은 힘이다. 그러나 실천하지 않으면 아무 힘도 없다.

- 학문은 죽음과 숙명에 대한 공포를 정복하고 완화한다.

- 학문은 즐거움과 장식, 그리고 능력을 함양하는 데 도움이 된다. 즐거움으로서 학문은 혼자서 자신의 생활을 누릴 때 도움이 된다. 장식으로서의 학문은 대화할 때 효능을 발휘하며, 능력으로서의 학문은 일을 판단하고 처리할 때 능력을 발휘한다. 경험이 풍부한 삶도 문제를 하나하나 잘 처리하고 상세한 부분까지 잘 판단할 수 있을지 모르나, 일반적인 계획이나 구상, 일의 처리는 학문 있는 사람으로부터 나온 것이 낫다.

- 모든 지식과 궁금증은 그 자체로 즐거운 감동이다.

- 독서는 완성된 사람을 만든다.

- 독서는 사람의 마음을 풍성하게 만들고, 대화는 재치 있는 사람을 만들며, 저술은 치밀한 사람을 만든다.

- 오직 분별력과 사고력을 기르기 위해 책을 읽어라.

- 질문을 많이 하는 사람은 그만큼 많이 배울 수 있고 남에게도 많은 기쁨을 주게 될 것이다.

- 우둔한 사람은 학문을 경멸하고, 단순한 사람은 학문을 찬양하며, 현명한 사람은 학문을 이용한다.
- 학문에 너무 많은 시간을 들이는 것은 태만이고, 지나치게 장식으로 쓰는 것은 허식이다. 모든 것을 학문의 법칙으로만 판단하려는 것은 학문하는 사람들의 버릇이다.
- 환상적인 학문은 내용보다는 단어에, 내용의 질보다는 문구의 선택을 더 중요시한다.
- 권위가 있는 사람들의 얘기를 듣는 것만으로는 진리에 도달할 수 없다.
- 자연의 본질을 파악하기 위해서는 더욱 확실하고 신중한 방법에 의해 도출되어야 한다.
- 최고의 증거는 단연 경험이다.
- 무엇이 좋고 무엇이 해로운가를 스스로 관찰하는 것이 건강을 유지하는 최선의 의술이다.

4대 우상론
1. 우선 자신의 의지에 따라 문제를 결정한 다음 비로소 경험에 호소한다. 경험을 자기 이론에 맞도록 왜곡한 다음, 그 경험을 개선행렬 속에 끼어있는 포로처럼 끌고 다닌다.(종족의 우상으로 판단에 인간의 주관적 생각이 들어간다는 편견)
2. 각자가 자연의 빛을 굴절시키고 변색시키는 동굴 또는 밀실을 갖고 있다.(동굴의 우상으로 개인의 주관적 생각이 들어간다는 편견)
3. 인간은 언어에 의해 의사소통을 하지만 언어는 군중이 머리로 만들어 내므로 불완전하고 부적절한 언어로 인해 놀라운 장애가 생긴다.(시장의 우상으로 언어로 인해 발생하는 편견)
4. 철학 극장에서 비현실적인 극적 수법으로 스스로 만들어 낸 세계를

묘사하는 무대극.(극장의 우상으로 권위에 발생하는 편견)

- 학문의 목적은 자연을 효과적으로 지배하여 궁극적으로 인류의 복지에 기여하기 위함이다.

- 책을 읽을 때는 반박하거나 오류, 그리고 이야기와 담화를 찾아내려고 읽지 말고 숙고하고 고려하기 위해 읽으라.

- 돈은 최고의 종이자 최악의 주인이다.

- 자랑하기 위한 부는 안 된다. 바르게 얻고 성실히 쓰고 즐거이 나누고 만족스럽게 남길 수 있도록 해라. 그렇다고 속세를 떠난 사람이나 수도사처럼 경멸하지도 말라.

- 아무리 많은 재산을 가지고 있어도 나누지 않으면 아무런 소용이 없다.

- 부에 절망한 사람(가난에 시달린 삶)이 그것을 경멸하는 것이다. 일단 부를 얻으면 이런 사람만큼 못되게 쓰는 사람도 없다.

- 구두쇠 노릇을 하면 안 된다. 부에는 날개가 있다. 이따금 저절로 날아가는 일도 있고, 좀 더 많이 가지고 오도록 날려 보내지 않으면 안 되는 일도 있다.

- 우정이 주는 두 가지 고키한 선물은 마음의 평화와 판단력의 향상이다.

- 우정은 나쁜 감정의 폭풍우를 잠재운다.

- 고생을 나누어 가질 줄 아는 친구가 진정한 친구다.

- 자기 자신만큼 아첨하는 사람은 없다. 그리고 자기 자신에 대한 대책으로는 친구의 허심탄회한 충고보다 더 나은 것은 없다.

- 친구에게 자기 자신을 열어 보이면 두 가지 상반된 효과를 얻는 셈이다. 그렇게 함으로써 기쁨은 두 배로 늘어나고 슬픔은 반으로 준다.

- 오래된 것이 좋은 네 가지가 있다. 오래된 나무는 태우기 좋고, 오래된 와인은 마시기 좋고, 오래된 친구는 신뢰하기 좋고, 오래된 작가의 작품은 읽기 좋은 것이다.

- 관전자는 늘 경기자보다 사태를 잘 분석한다.

- 진정한 우정이 없다면 인간은 큰 과오와 극단적인 선택으로 무너질 것이다.

- 신앙은 생활을 부패를 막는 향신료이다.

- 칭찬을 받을 만한 것이 못되는데도 칭찬받는 수가 허다함을 감안할 때 세상 사람들의 칭찬에 의혹을 품는 것은 당연하다. 칭찬 중에는 완전히 아첨에서 나오는 것이 있다.

- 인간은 너무 아첨하지 않도록 조심할 필요가 있다. 다른 점이 아무리 유능하다 해도 너무 아첨이 심하면 그로 인해 장점까지 갈아 먹는다.

- 용서는 왕의 역할이고 복수는 저급한 자의 행위이다.

- 복수할 때 인간은 같은 수준이 된다. 그러나 용서하면 적보다 우월한 사람이 된다.

- 분노의 원인과 동기는 대체로 세 가지다. 첫째는, 자신에게 해를 가져왔다는 위해에 대해 너무 지나치게 민감한 것이다. 둘째는, 받은 피해가 그 상황에서는 모욕으로 가득 차 있다는 듯이 주제넘게 생각하는 것이다. 마지막으로 자기의 명성이 훼손되었다는 생각은 분노를 증대시키고 날카롭게 한다.

- 분노를 막는 길은 결과를 예방하고 자제하는 길밖에 없다.

- 분노를 완전히 억제하려고 하는 것은 스토아학파와 철학자들의 호언장담에 지나지 않는다.

- 격렬한 사랑의 감정과 질투심만큼 인간의 마음을 무질서하게 만드는 것은 없다.
- 사랑에 빠진 사람은 실제 이상으로 연인을 높게 평가하고 자신을 낮게 평가한다.
- 끊임없이 과장된 말을 해도 이상하지 않는 것은 사랑의 경우뿐이다.
- 사랑의 감정을 지나치게 존중하는 사람은 부와 지혜를 다 같이 잃어버리게 된다.
- 사랑은 커다란 화를 불러일으킨다. 사이렌처럼 때로는 복수의 여신 퓨어리처럼.
- 친해진 여자와 결혼하고 나서 후회하지 않는 남자란 드물다.
- 결혼을 허무맹랑하게 방탕한 사랑의 노력에 맡긴다는 것은 일종의 간음이다.
- 부부의 애정은 인류를 만든다. 친구의 애정은 그것을 완성한다. 하지만 방탕한 애정은 그것을 부패시켜 비천하게 만든다.
- 자식이란 존재는 고생을 감미로운 존재로 만든다.
- 결혼은 인류를 존속시키고 우정은 인간을 완성시킨다.
- 독신 생활의 가장 흔한 원인은 자유이다.
- 결혼하지 않는 사람은 친구로서도 으뜸이요, 주인으로서도 으뜸이며, 하인으로서도 으뜸이다. 그러나 신하로서는 최선이라 할 수 없다. 금세 달아나버리기 때문이다.
- 아내는 젊었을 때는 연인이고 중년에서는 반려자이고 노인에게는 간호원이다. 그러므로 남자는 언제든 하고 싶을 때 결혼할 이유가 마련되어

있는 셈이다.

- 선이란 타인의 행복을 바라는 마음이며 인간애이다.

- 부모는 권위가 있되 자녀에게 지갑을 잘 열어야 한다. 인색한 부모는 자녀를 비열한 인간으로 만들 뿐 아니라 나쁜 친구를 사귈 구실을 제공하기 때문이다.

- 사람들이 비록 사랑을 하지 않을 수 없을 수 없다손 치더라도 그 분수를 지키며 사랑을 인생의 진지한 일이나 행위로부터 분리시키는 것이 좋다. 일단 사랑과 일이 상치될 경우 인간의 운명을 어지럽히고 사람들로 하여금 자신의 목표에 충실할 수 없게 만들기 때문이다.

- 사랑하면서 현명해지기는 불가능하다.

- 어떤 일을 성공했을 때의 명예보다 실패했을 때의 망신이 더 클지도 모르는 일에 섣불리 뛰어들어서는 안 된다.

- 선량이나 자비의 덕성에도 실제로 과오가 범해지는 일이 있을지 모른다. 이탈리아 속담에 "너무나 지나치게 선량해서 조금도 선량하지 않다"는 말이 있다.

- 자기애가 강한 사람은 사회를 거칠고 삭막하게 만든다.

- 스스로 뽐내는 사람은 싸움을 좋아할 수밖에 없다. 자만은 남과의 비교에서 생기기 때문이다.

- 자만하는 사람은 현명한 사람에게는 경멸의 대상이 된다. 그리고 그들은 어리석은 자의 칭송을 받으며 기생충처럼 살아가는 자의 우상이 되며, 스스로 자만의 노예가 된다.

- 시기와 질투는 성적인 욕구 속에 출발한다. 그렇기 때문에 그것 때문에

가정이 파괴될 수도 있고, 가정을 지키는 파수꾼 역할을 할 수도 있다. 인간의 감정은 두 얼굴을 가지고 있다.

- 질투는 언제나 자신과의 비교에서 비롯되는 것이다

- 남의 일에 쓸데없이 참견하기를 좋아하는 사람은 보통 질투가 강하다.

- 모든 질투심은 다른 모든 감정보다 특히 끈덕지고 계속적인 것이다. 다른 감정은 그 기회가 이따금 주어질 정도이다. 따라서 "질투에는 휴일이 없다."는 말은 아주 적절한 말이다.

- 예상치 못한 갑작스러운 질문은 상대방을 당황케 하고 그의 본질을 알 수 있게 한다.

- 확신을 가지고 시작하면 의혹으로 끝날 테지만 의혹을 가지고 시작하면 확신으로 끝나게 된다.

- 미숙한 사람도 꾸준히 연습하고 단련하면 단점을 극복하고 큰 장점을 몸에 지닐 수 있다.

- 자기가 하는 일을 좋아하는 사람은 늘 활기찰 수 있고 천성에 맞는 직업을 선택한 사람은 늘 행복하다.

- 불만은 사람 몸의 체액과 같은 것이다. 체액은 비정상적인 열을 모아 염증을 일으키기 쉽다.

- 가장 좋은 기질과 성질을 지닌 사람이란 평판이나 소문으로는 솔직하다고 여겨져 있고 비밀을 지키는 습성을 지니고 있으며, 은폐를 적당한 때에 쓰고 어쩔 수 없는 경우에는 속이는 능력을 가진 사람이다.

- 자기 자신이 아무런 덕성도 지니고 있지 않은 사람은 다른 사람의 덕성을 항상 질투한다.

- 사람에게는 체면이나 예의상 혼자서 말하거나 행동을 할 수 없는 일이 얼마나 많은가. 사람은 자기 자신의 공적을 스스로 내세우면 겸허해질 수 없고, 하물며 그것을 극구 칭찬하기란 더욱 어렵다. 간절히 원하거나 부탁하기가 거북스러울 때가 있다. 그러한 일이 많이 있다. 이런 모든 것들이 친구 입에서 나온다면 그 품위를 잃지 않지만, 자신의 입에서 나오게 되면 부끄러운 일이다.

- 자기 자신을 칭찬하는 것은 특별한 경우가 아니면 대개 좋은 인상을 받지 못한다.

- 인간과 인간 사이의 최대의 신뢰는 충고를 한다는 신뢰이다.

- 충고의 논의를 타고 시달리지 않으면 운명의 파도를 타고 시달리게 된다.

- 인간은 대체로 타고난 성품에 따라 생각하고, 지식이나 소신에 따라 말하고 표현한다. 그러나 행위는 습관에 좌우된다.

- 자기의 성질을 바꾸고 정복할 수 있는 것은 습관뿐이다.

- 식사에 있어서는 뭔가 커다란 변화를 갑자기 일으키지 않도록 주의하는 것이 좋다.

- 죽을 때까지 자선을 미루지 말라.

- 사적인 의뢰가 공적인 이익을 부패시킨다.

- 어느 새로운 장사나 전매를 처음으로 시작하는 행운은 재산을 크게 늘리는 훌륭한 원인이 되는 일이 있다.

- 만일 아무도 시도하지 않은 일이나, 혹은 시도했더라도 중단된 일이나 해내긴 해냈으나 그 결과가 별로 신통하지 않았던 일을 해내면, 그 얻는 명예는 매우 크다.

- 순경의 미덕은 절제다. 역경의 미덕은 인내다. 인내는 도덕 중에도 한층 더 영웅적인 미덕이다.

- 매우 아름다운 사람이 내적으로 훌륭한 덕을 지니고 있는 사람은 드물다.

- 아름다움이란 여름철 과일 같아서 썩기 쉽고 오래 가지 않는다. 대체로 젊은 사람을 방탕하게 하고 나이든 후에는 후회하게 만든다. 그러나 아름다움이 발하는 한 덕은 더욱 밝게 빛나고 악은 더욱 수치스러운 것이 된다.

- 뛰어난 아름다움에도 뭔가 불균형한 데가 있다.

- '사람들은 왜 거짓말을 좋아할까'? 거짓을 뒤섞는 것은 확실히 기쁨이 된다. 인간의 마음속에 공허한 의견이나, 마음을 들뜨게 하는 희망이나 그릇된 평가나 제멋대로의 상상 등과 같은 것을 제거해 버린다면 대부분 사람들의 마음은 가난하고 시들어버려, 우울과 권태로 가득 찬 나머지 자기 자신에게조차 싫증을 내게 된다는 것을 누가 의심할 수 있겠는가.

- 악사들이 경쾌한 갤리어드 춤을 너무 오래 추는 것을 제지하는 것처럼, 아는 것을 모르는 체하면 실제로 모르는 것도 아는 것으로 여겨질 것이다. 자기 자신에 대한 이야기는 적게 하고 잘 선택해야 한다.

- 분별 있는 이야기는 웅변을 능가한다. 그리고 상대방의 기분에 맞게 애기를 하는 것은 좋은 말로 애기를 하거나 순서 있게 애기를 하는 것 이상이다. 좋은 애기를 오래 계속한다고 할지라도 좋은 대답이 나올 수 없다면 아둔한 말을 한 셈이다.

- 또한 선량한 습성은 올바른 이성이 지시만 받는 것은 아니다. 대개 사람들은 선량한 기질과 악의를 함께 지니고 있다. 다른 사람이 잘 되는 것을 좋아하지 않는 성질도 지니고 있기 때문이다.

* 선량을 나타내는 예는 많이 있다. 어떤 사람이 낯선 사람에게 친절하고 정중하게 대한다면, 이것은 세계인이며 그 마음은 다른 육지로부터 동떨어진 섬이 아니라 그것들과 이어져 있는 대륙임을 말해준다. 다른 사람의 고통에 대해서 동정적이면, 이것은 그의 마음이 자기 자신은 상처를 입고서 향료를 내어주는 고귀한 나무와도 같은 것임을 나타낸다. 과오를 즉시 용서하고 못 본 체하며 지나쳐 버리게 되면, 이것은 해를 입지 않는 곳에 놓여져서 공격을 당하거나 하는 일이 없음을 나타낸다. 사소한 은혜에도 감사해야 하면, 이것은 사람의 마음을 중요하게 생각하고 돈만으로 모든 것을 해결하려고 하는 태도를 거들떠보지도 않는다는 것을 나타낸다.

3. 어떤 명언이 좋은지 한 번 써보시고 그 이유를 말해 보세요.

23부
스피노자

1. 스피노자의 사상

스피노자는 '신, 즉 자연'이라고 말하는 범신론자다. "존재하는 것은 무엇이나 신 안에 있고 신 없는 사람은 없다"고 말한다. 그러니 당연히 신에 따라야 하는 것은 이성적인 것이지만 신에 따르지 않는 것은 감정의 노예가 되는 것이라고 말한다. 왜냐하면 모든 존재에게는 자신을 유지하려는 의지가 있기 때문이다. 그래서 우리는 우리 몸을 해치는 감정적 생활을 지양하고 몸을 보호 유지해 주는 이성적 생활을 할 때 진정한 자유인이 되며 그때야 비로소 마음의 평화를 얻고 행복해질 수 있는 것이다.

그럼 이성적 생활이란 무엇인가? 먼저 모든 것을 이해하고 그것에 맞게 자신을 통제하는 것이다. 그래야 진정한 자유인이 될 수 있다. 화내고 울고불고하는 것은 자연의 이치를 이해하지 못하고 감정의 지배를 받을 때 일어나는 불행한 현상이다. 그러니 왜 그런 일이 있었는지를 이해하면 그럴 일이 없어진다. 그래서 스피노자는 진정한 자유인은 내일 지구가 멸망하더라도 사과나무 한 그루 심을 수 있지만, 이런 고귀한 일은 참으로 어렵고 드문 일이라도 하였다. 이런 점을 볼 때 자연법에 따른다는 스토아학파나 자연의 도에 따른다는 동양의 도가 사상과 유사하다고 생각한다.

2. 스피노자의 명언들

- 저는 자유로운 철학이 어떤 제약을 받아야 한다는 것, 그것을 이해할 수 없다.

- 철학의 목표는 자유인이 되는 것이다.

- 새로운 발상에 놀라지 마라. 다수가 받아들이지 않는다고 해서 더 이상 진실이 아니지 않는다는 것을 잘 알지 않은가.

- 존재하는 것은 무엇이나 신 안에 있으며 신 없는 사물은 존재하지 않는다.

- 신은 곧 자연이다.

- 이 세상의 모든 것은 신의 일부분이다.

- 모든 존재는 자신을 유지하려는 노력, 즉 코나투스를 가지고 있다.

- 원인 없는 결과는 존재하지 않는다.

- 무엇이든 자연에 반하는 것은 이성에 반하는 것이며, 이성에 반하는 그 모든 것은 불합리하다.

- 마음의 병과 불행은 우리가 결코 가질 수 없는 것에 대한 지나친 애착이다.(감정의 노예가 되는 것)

- 한 번 분노할 때마다 한 살씩 늙어가고, 한 번 기뻐할 때마다 한 살씩 젊어진다. 이것은 젊어진 최고의 선물이자 최악의 형벌이다.

- 사치, 질투, 탐욕, 취기 등에서 수많은 악이 생겨나지만, 법으로 막을 수 없기 때문에 이러한 악은 용인된다. 슬픔은 우리 활동 능력을 감소시키고, 기쁨은 우리의 활동을 능력을 증가시킨다.

- 이성은 감정을 이길 수 없으며, 감정은 더 강한 감정에 의해서만 대체되거나 극복될 수 있다.

- 사람은 감정의 먹잇감이 될 때, 그는 더 이상 자신의 주인이 아니다.

- 사람들은 마치 자신들을 구원해 줄 것처럼 자신들의 속박을 위해 싸우고, 한 사람의 허영을 위해 피와 목숨을 바치는 것을 수치가 아니라 최고의 영예라고 믿는다. 왜 이런 현상이 일어날까? 사람들은 넓은 의미에서 미신에 빠졌기 때문이다.

- 자신이 사랑하거나 미워하는 것을 타인이 수긍하게끔 만들고자 공들이는 노력은 명예욕이다. 이것을 통해 모든 사람이 자연적으로 타인이 자신의 기질에 따라 살기를 바라게 된다는 키결이 된다. 그리고 이것은 모두가 원하는 것이다. 따라서 사람들은 서로가 장애가 된다. 모두 사랑과 칭찬을 원하기에 그들은 서로 미워하게 된다.

- 사람들에게 뭐가 좋으냐고 물으면 부귀, 명예, 쾌락의 세 가지로 키결된다. 사람은 이 세 가지에 집중하기 때문에 다른 좋은 것은 거의 생각하지 않는다.

- 과도한 자신감이나 지나친 낙담은 모두 자기 자신에 대한 최대의 무지에서 비롯된 것이다.

- 가장 큰 자부심, 또는 가장 큰 낙담은 자신에 대한 가장 큰 무지이다. 자만심은 인간이 자기 자신을 너무 높게 생각하는 데에서 생긴 쾌락이다.

- 자만한 사람처럼 아첨에 잘 넘어가는 사람은 없다.

- 허영심이 강한 인간은 오만하고, 실제로는 모두에게 골칫거리임에도 불구하고, 만인이 자신에게 호감을 느낀다고 착각하기 때문이다.

- 자신이 할 수 없다고 생각하고 있는 동안은, 그것을 하기 싫다고 다짐하는 것이다.

- 가장 비참하고 보잘 것 없어 보이는 사람들이 대개 가장 야심차고 질투가 많다.

- 인간에게 혀를 다스리는 일보다 어려운 일이 없다. 욕망보다도 말을 조절하기 어렵다.

- 게으른 행동에 대해 하늘이 주는 벌은 두 가지다. 하나는 자신의 실패요, 또 다른 하나는 그가 하지 않는 일을 해낸 옆 사람의 성공이다.

- 남이 원하지 않는 것을 자기 자신을 위해 바라는 것은 인간이 아니다.

- 진정한 미덕은 이성이 인도하는 삶이다.

- 이성은 자연을 거역하지 않는다. 따라서 이성은 각자가 자기를 사랑하기를 즉 자신에게 진정으로 유용한 것을 찾아내기를, 그리고 인간을 진정한 완전함으로 이끄는 것을 추구하기를 요구한다. 이성은 인간에게 주어진 많은 것, 자신의 존재를 유지하도록 노력하기를 요구한다.

- 우리는 이성적으로 모든 것을 이해할 수 있다.

- 이해야말로 모든 미덕의 기초이다.

- 본질적으로 우리는 우리 자신에 대한 통제력을 가지고 있다

- 자유는 필연성을 이해하는 것이다.

- 자유로울 때 가장 좋은 능력을 발휘할 수 있다.

- 모든 것을 법으로 규제하려는 사람은 그것을 개혁하기보다는 악을 불러 일으킬 가능성이 높다.

- 행복은 실천하는 데 있다.

- 행복과 불행은 오로지 우리가 애정을 느끼는 사물의 질로부터 발생한다.

- 두려움은 희망 없이 있을 수 없고 희망은 두려움 없이 있을 수 없다.

- 나는 이성에 의해 움직이는 사람을 자유인라고 부른다.

- 자유는 타인에 대한 이해와 연민에서 비롯된다.

- 우리는 모든 것을 이해할 수 있다.

- 웃지도 슬퍼하지도 분노하지 마라. 다만 이해하도록 노력하라.

- 음악이란 우울한 이에게는 도움이 되지만 집중하는 이에게는 방해가 되며 귀가 먼 사람에겐 좋지도 나쁘지도 않다. 이처럼 똑같은 것이라도 처지에 따라 좋거나 나쁠 수 있다.

- 나는 다른 사람의 행동을 비웃거나 탄식하거나 싫어하지 않는다. 오로지 이해하려고 한다.

- 우리는 모든 것을 받아들이고 사랑할 수 있다.

- 인간은 사랑하는 것을 잃었을 때 슬퍼하지만 영원하고 무한한 것을 사랑하면 늘 행복할 수 있다.

- 자유로운 인간은 죽음에 대해 생각하지 않는다. 그의 지혜는 죽음이 아니라, 삶에 대한 깊이 있는 생각에 있다.

- 평화란 단순히 전쟁이 없는 상태가 아니라, 자비와 신뢰와 정의가 있는 마음의 상태다.

- 완전한 이성의 지배 아래 사는 사람은 늘 자유롭다.

- 고키한 것은 매우 드물고 어려운 것이다.

- 나는 내일 지구가 멸망하더라도 오늘 사고나무 한 그루를 심겠다.

3. 어떤 명언이 좋은지 한 번 써보시고 그 이유를 말해 보세요.

24부

칸트

1. 칸트의 사상

칸트는 엄격한 도덕주의자이다. 칸트가 볼 때, 인간이 위대한 것은 이성적이고 도덕적일 수 있기 때문이다. 인간이 도덕을 포기한 것은 인간이 아니다. 그러므로 인간의 존엄성을 위해서 인간은 도덕적이어야 한다. 이익과 감정에 따라 사는 것은 인간의 존엄성을 해칠뿐 아니라 세상을 탁하게 만든다. 그래서 그는 일정한 시간에 시계추처럼 산책한 것처럼 그는 우리 인간이 도덕적 범주를 벗어나지 말 것을 강력하게 주장하고 있다. 즉 이익이나 감정을 엄격히 배제하고 이성의 명령을 자신의 의무로 생각하고 이성의 명령에 따라 살 것을 권한다. 철저한 의무론자다. 약속을 했으면 이유 없이 약속을 지켜야 하는 것이다. 이성이 '정직하라' 했으면 정직해야 하지 돈을 벌려고 정직한 것은 도덕적 행위가 아니다. 그래서 칸트는 도덕을 기반으로 인격의 왕국, 즉 인간이 수단이 아닌 목적이 되는 '목적의 왕국'을 건설하려고 하였다. 그럼 그의 목적의 왕국을 어떻게 건설하려고 했는지 보자.

2. 칸트의 명언들

* 나는 철학을 가르치지 않는다. 나는 철학하는 것을 가르칠 뿐이다.
* 게으름과 비겁함 때문에 많은 사람들은 자신이 외부로부터 자유로워진 이후에도 기꺼이 미성년의 상태에 머무르려고 한다. 사람들이 스스로를 인도하는 역할을 손쉽게 다른 사람의 손에 넘겨버리는 이유도 게으름과 비겁함 때문이다. 미성년자에 머무르는 것은 매우 편안할 수 있다!
* 미성숙이란 타인의 지도 없이는 자신의 지능을 사용할 수 없는 능력이다.
* 자신 스스로를 벌레라고 생각하는 사람이라면, 다른 사람들이 그를 짓밟는다고 해도 그 어떤 불평을 해서도 안 된다.
* 지식은 인간 자유와 도덕적 발전의 필수요소이다.
* 과학은 체계화된 지식이고, 지혜는 정리된 인생이다.
* 인간에게 가장 훌륭한 탐구는 인간이 되기 위해서 무엇을 해야 하는가에 대한 탐구이다.
* 과감하게 알아가라. 그리고 자신의 지능을 사용할 수 있는 용기를 가져라.
* 지식은 행복을 증진시키는데 가장 중요한 도구다.
* 의심 없이 믿는 것은 진리가 아니다.
* 우리의 지식은 경험과 함께 출발하지만, 그렇다고 해서 모든 지식이 경험으로부터 나오는 것이 아니다.(경험론과 합리론의 종합)

- 우리는 사물 있는 그대로 보는 것이 아니라, 우리 자신이 그것을 어떻게 지각하는가에 따라 본다.
- 우리는 일체의 선험적 인식의 근거에 있는, 인간 영혼의 근본 능력인 순수한 구상력을 가지고 있다.(합리론적 사고)
- 이성은 다만 그에 합치하는 여러 현상이 법칙으로서 타당한 원칙들을 한 손에 쥐고 있으며, 다른 한손으로는 그러한 원칙에 따라 고안된 실험을 통해 자연에 접근한다.(이성을 통한 법칙화)
- 이론이 없는 경험은 맹목이고, 경험이 없는 이론은 단순한 지적 유희에 지나지 않는다.(합리론과 경험론의 종합)
- 순수한 이성은 인과성을 가진다. 또는 최소한 우리는 이성의 인과성을 생각할 수 있다.
- 하늘 아래에서 가장 소중한 것은 인간관계이고, 가장 어려운 것도 인간관계이다.
- 인간은 자신을 마음대로 처분할 수 없다. 인간은 물건이 아니기 때문이다. 인간은 자신의 재산이 아니다.(인간은 목적이라는 사고)
- 모든 인간은 존엄성을 지녀야 하며, 절대 수단으로 다루어져서는 안 된다.
- 세계에서 신성한 것은 우리들의 인격에 있어서의 인간성의 권리 및 인간의 권리 이외의 아무 것도 없다.
- 인간은 자유롭고 동등한 존재로서 존엄성을 가진다.
- 내가 그것들을 생각하는 것이 잦고 또한 길면 길수록 언제나 더욱 더 새롭게 다가오는 감탄과 외경으로 내 마음을 채우는 것이 두 가지가 있다. 그것들은 나의 위에서 빛나는 하늘의 별과 내 안에 있는 도덕 법칙이다.

- 도덕법칙은 '의지를 갖고 실천하는 것'이다.

- 이 세계 안에서 뿐만 아니라 이 세계 밖에 어디에서도 우리가 아무런 조건 없이 선으로 간주할 수 있는 것은 오직 선의지뿐이다. 이성, 유머 감각, 판단력, 그 밖에 여러 가지 이름으로 불리는 정신의 재능들, 또는 용기, 결단력, 끈기 등과 같은 기질적 특성들이 여러 가지 점에서 선하고 바람직하다는 사실에는 의심할 여지가 있을 수 없다. 그러나 만일 의지가 선하지 않다면 이 모든 것들은 극도로 악하고 해로운 것이 될 수도 있다.

- 선의지는 어떤 목적을 야기시키고 그것을 성취하는데 있어서 그것이 유용성 때문이 아니라 오직 의지意志하고 있다는 이유만으로 선이다. 말하자면 그 자체로 선이다

- 인간은 그의 자유와 자율에 대한에 신성한 도덕 법칙의 주체다.

- 목적의 주체, 즉 그 자체로 이성적 존재가 모든 행동의 근거가 되어야 한다.

- 존재하는 것은 행동하는 것이다.

- 올바른 인간이 되라.

- 너의 인격적 가치를 지켜라.

- 너에게 한 것처럼 모든 사람에게 그들의 인격적 가치를 공정하게 추진하라.

- 법에 충실하고, 누구의 대해서도 불법을 행하지 마라.

- 각 사람에 대하여 그 사람의 것이 확보되도록 다른 사람과의 협동에 참여하라.

- 남녀는 서로 부족한 부분을 채울 수 있는 상대에게 끌린다.

- 인간은 단지 자신을 목적으로 삼는 것이 아니라, 다른 이들을 돕는 의무를 가지고 있다.
- 선행이란 다른 사람에게 베푸는 것이 아니라 자신의 의무를 다하는 것이다.
- 의무로 행해진 행위는 기호의 영향 및 그것의 영향을 받는 의지의 모든 대상을 전적으로 배제하여야 한다. 그리하여 의지를 결정할 수 있는 것은 객관적으로는 법률과 주관적으로는 실천적 법칙에 대한 순수한 존경 이외에는 아무 것도 남기지 않는다.
- 행복이란 단순한 감정이 아니라 의무이다.
- 행복은 선의지에서 비롯된다.
- 선의지가 동반되지 않는 경우, 그와 같은 것들은 극도로 나쁜 것이 될 수 있다. 냉정하지 않는 악인 역시 악인이긴 하겠지만, 냉정함은 더욱 위험한 사람으로 만들며 우리에게 더 큰 혐오감을 준다.
- 이성의 진정한 기능은 더 이상 어떤 목적에 대한 수단으로서가 아니라 그 자체로 선한 의지를 산출하는 것이어야 한다.
- 실천적 자유는 단순히 이성에 따라서 행위하는 능력이다.
- 나는 감정의 강제로부터 자유다. 그러나 동시에 이성이 제한하는 법칙으로부터 자유일 수 없다.
- 욕망을 만족시키길 거부하라. 향락을 절제하면 그만큼 인생은 풍부해진다.
- 청년들이여, 욕망을 만족시키려는 것을 차라리 거절하라.
- 재물은 생활을 위한 방편일 뿐, 그 자체가 목적이 될 수 없다.
- 살아 있는 동안 행복하게 살 수는 없지만 사는 동안 명예롭게 살 필요는 있다.

- 누군가를 행복하게 만드는 것은 그를 선하게 만드는 것과 전혀 다른 것이다. 이익 추구에 신중하고 약삭빠르게 만드는 것은 덕이 있는 사람으로 만드는 것과는 사뭇 다르다.

- 어느 누구라도 타인의 기준에 맞춰서 행복하라고 강요할 수는 없다.

- 모든 것은 본래 법칙에 따라 움직인다. 이성적 존재만이 법칙에 따라 행동하는 능력을 소유하고 있다.

- 우리의 의무는 항상 법칙과 도덕에 따라야 하며, 감정에 의존해서는 안 된다.

- 모든 의무는 법칙으로부터 파생하며, 법칙은 모든 의무를 명령한다.

- 인간의 의지에 있어서는 실천 이성의 객관적 법칙들은 강요와 명령으로서 작용한다.

- 도덕 명령은 "돈을 벌려면 정직하라"(가언명법)가 아니고 그냥 "항상 정직하라."(정언명법)이다.(돈을 벌기 위하여 정직하라고 한다면 돈을 벌지 못한다면 거짓말을 해도 된다는 모순에 빠지니까)

- 너 자신의 인격과 다른 모든 사람들의 인격에 대해 인간성을 언제나 동시에 목적으로 대하고, 결코 단순한 수단으로서 대하지 않도록 행위하라.

- 약속은 반드시 지켜라.

- 부모야말로 미래를 창조하는 참된 주인공이다. 결과가 아무리 좋아도 동기가 나빴다면 악이다.

- 회피할 수 없는 발언에도 진실을 담아야 한다. 이것은 모든 사람을 상대로 지켜야할 엄연한 의무다.

- 선한 행위는 굳건한 정신력의 산물이다.

- 한 가지 뜻을 세우고, 그 길을 가라. 잘못도 있고 실패도 있으리라. 그러나 다시 일어나 앞으로 나아가라. 반드시 빛이 그대를 맞이할 것이다.

- 비록 세상이 멸망할지라도 옳은 일을 하라.

- 나는 해야 한다. 그러므로 할 수 있다.

- 그대는 할 수 있다. 왜냐하면 그대는 당연히 해야 하기 때문이다.

- 강한 책임감은 훌륭한 인격의 징표이다.

- 인격이란 책임질 줄 아는 능력이다.

- 매우 세련된 작품이지만 훌륭한 도덕적 이상이 담겨 있지 않다면 단지 시시한 오락물에 지나지 않는다.

- 그 자신의 인격에 있어서의 인간성의 존엄은 인격성 그 자체이다. 왜냐하면 그는 자기 자신에게 목적을 두는 존재인 한, 목적 그 자체에 불과하기 때문이다.

- 세계에 있어서 신성한 것은 우리들의 인격에 있어서 인간성의 권리 및 인간의 권리 외에 아무것도 없다. 신성하다고 하는 것은 우리들이 그것들을 결코 단지 수단으로서 사용하지 않는다고 하는 것에 있다. 그리고 이러한 사용의 금지는 자유와 인격성 속에 있다.

- 그런 경우(선의지에 따라 행했음에도 불구하고 아무것도 이루어지지 않았다.)라 할지라도, 선의지는 보석처럼 빛날 것이며, 모든 가치를 자기 자신 안에 가지고 있는 것으로 빛날 것이다. 쓸모가 있는 없는지의 여부는 이러한 가치를 증가시키지도 감소시키지도 않는다.

3. 어떤 명언이 좋은지 한 번 써보시고 그 이유를 말해 보세요.

25부

괴테

1. 괴테의 사상

괴테는 독일의 대문호이지만 철학자라고는 하지 않는다. 하지만 그의 인생관을 보면 톨스토이처럼 분명 철학적이다. 비록 철학자처럼 자신의 독특한 철학체계는 없지만 그의 말 한마디 한마디가 인생에 대한 통찰을 담고 있다. 특히 일상생활에서 흔히 발생하는 일들에 대해 예리한 통찰이 들어 있다. 한마디로 괴테의 사상은 인생철학인 것이다. 그의 인생철학은 매우 구체적이면서도 상당한 철학적 통찰이 들어 있다. 특히 그는 독일의 관념철학에 대해 매우 비판적이다. 관념철학은 난해해서 이해하기 어렵기 때문이다. 그래서 그는 일상에서 흔히 일어날 수 있는 실천적 문제들을 대문호답게 정말 맛깔나게 이야기하고 있다. 더 이상 설명이 필요 없다. 그 말을 들으면 그 말들이 새록새록 마음을 적실 것이다.

2. 괴테의 명언들

- 인간에 대한 연구와 관찰보다 더 값진 공부는 없다.

- 활동하는 무지만큼 무서운 것은 없다

- 바보와 수재는 다 같이 무해한 수재이다. 허나 설익은 바보와 설익은 지혜로운 자, 이들이야말로 가장 위험한 존재들이다.

- 진지하게 자신의 내부를 파헤쳐가다 보면 자기가 반 푼어치의 존재밖에 되지 않는다는 사실을 깨닫게 된다.

- 누구라도 세상에서 사려분별을 다한 것이 실패하고 황당무계한 것이 성공하는 일이 자주 있다는 것을 잠시나마 생각해보았더라면 아마 충고하려는 생각을 삼가게 될 것이다. 결국은 충고를 구하는 자는 앞일을 내다보지 못하고 충고하는 자는 주제넘게 된다. 충고를 준다면 자기 자신도 힘을 도울 수 있는 일에만 한해야 한다. 누가 나에게 충고를 구해오면 충고해줄 수도 있지만, 단 그 충고대로 하지 않겠다는 약속을 전제로 할 때 말해줄 것이다.

- 사람은 모두 자유를 손에 넣자마자 그들의 결점이 들어난다. 강자는 지나친 행동으로, 약자는 방종으로 그 정체를 드러낸다.

- 아무리 은둔생활을 해도 우리는 눈 깜짝할 사이에 채무자와 채권자가 되어버린다.

- 인간은 참으로 제멋대로의 모순된 존재이다. 이익이 되어도 강요당하는

것을 싫어하고 손해가 되어도 강압을 참고 견디는 것이다.

- 스스로 이 세상의 중심이라고 뽐내는 이기적인 소도시 근성.

- 피리도 입만으로는 불 수 없다. 손가락을 움직이지 않으면 안 되는 것이다.

- 배는 항구에 정박해 있을 때 가장 안전하다. 그러나 그것이 배의 존재 이유는 아니다.

- 첫 단추를 잘못 끼우면 마지막 단추를 끼울 자리가 없다.

- 그대는 너무 서두르고 있다. 문을 찾으면서도 문을 지나쳐 버렸으니.

- 그대는 왜 자꾸 멀리 가려고만 하는가? 항상 좋은 것은 아주 가까운 곳에 있거늘.

- 남을 알려고 생각한다면 그 사람을 자기 쪽으로 오도록 해서는 안 된다. 어떤 사람인가를 알기 위해서는 자기편에서 상대편 쪽을 찾아가지 않으면 안 된다.

- 허영심과 시기와 질투는 결코 다른 것이 아니다. 허영심과 시기와 질투는 근본적으로 자기본위에서 비롯된 것이다. 단지 겉모습만 다른 것뿐이다. 허영심은 다른 사람에게 자신을 드러내 보이려는 심리에서 나온 것이고 시기와 질투는 자신보다 잘 난 사람에 대해 인정하지 않으려는 마음에서 비롯된 것이다.

- 시기와 증오는 설령 영리함이 이를 보완한다할지라도 관찰자의 눈으로는 겉모습을 아는 것에 지나지 않는다. 이에 반해 호의와 애정은 영리함이 보태어지면 세계와 인간의 배후까지 꿰뚫어 볼 수 있다. 아니 최고의 절대자에까지 도달하는 것도 결코 꿈이 아니다.

- 증오는 능동적이고, 질투는 수동적인 불만이다. 그러므로 질투가 급속도록 증오로 변한다는 것은 놀랄 일이 아니다.

- 꽃을 주는 것은 자연이고 꽃을 엮어 꽃다발을 만드는 것은 예술이다.

- 문체는 작가 내면의 진실한 반영이다.

- 표현의 독창성은 모든 예술의 시작이자 끝이다.

- 완벽한 예술가란 나면서부터의 소질보다 꾸준한 노력과 강한 의지에 의해 탄생한다.

- 작품이라면 마땅히 위대하고 훌륭하며 쾌활하고 우아하고 건강하고 가치가 있어야 한다.

- 우울하거나 병적이거나 두려움을 주는 작품은 도덕을 해치거나 사람들에게 나쁜 영향을 끼칠 뿐이다.

- 시인이 정치적으로 활동하려고 한다면 어느 당파에 몸을 맡겨야만 하는데, 그렇게 되면 그는 이미 시인이 아니다.

- 위대한 목적을 위해 타향으로 몰려간 사람 이외에는 고향에 머물고 있는 편이 훨씬 행복하다.

- 좋은 일, 올바른 일을 수행하기 위한 순수한 중용을 얻는 활동은 매우 보기 드물다. 우리가 흔히 볼 수 있는 것은 사소한 일에 얽매어 진행을 더디게 하거나 혈기에 빠져 너무 서두르는 일의 두 가지 중 하나이다.

- 신이란 말하는 사람에 따라 다르다. 그러므로 신도 종종 비웃음거리가 된다.

- 휴식하라! 잠에는 창조적인 힘이 있나니.

- 의무를 다해도 반드시 빚은 남는다. 자기 자신을 완전히 만족시키는 일은

할 수 없기 때문이다.

- 우리는 아침에 일어났을 때가 가장 현명하다. 그러나 또 가장 걱정도 많다. 걱정은 어떤 의미로는 현명과 같은 뜻이다. 어리석은 자는 결코 걱정을 하지 않는다.

- 만일 현명한 인간이 잘못을 범하는 일이 없다면 어리석은 자들은 절망할 수밖에 없다.

- 동물은 자신의 기관에서 가르침을 받는다. 인간은 자기의 기관을 가르쳐서 그것을 지배한다.

- 나무가 클수록 그 뿌리가 깊듯이 모든 위대한 성과를 오랜 준비를 필요로 한다.

- 성공이 오로지 자기 자신의 천재성 때문이라고 자랑하는 것만큼 거짓이 많은 교만한 일은 없다. 모든 업적에는 선조들의 지혜와 경험이 녹아 있다.

- 위대한 거장들은 선구자의 장점을 적절히 이용함으로써 위대해질 수 있었다.

- 독창성이라고 흔히 말해지는데, 그것은 무엇을 의미하는 것일까? 우리들이 태어나자마자 곧 세계는 우리들에게 영향을 주기 시작하여 죽을 때까지 그것이 계속된다. 언제든지 그렇지. 도대체 우리들 자신의 것이라고 부를 수 있는 것이 에너지와 힘, 의욕 외에 무엇이 있단 말인가. 내가 위대한 선배나 동시대인에게 은혜를 입고 있는 자의 이름을 하나하나 든다면 뒤에 남는 것은 별로 없을 것이다.

- 고난이 있을 때마다 그것은 참된 인간이 되어 가는 과정임을 기억하라.

- 가장 억압될 때 가장 우뚝 솟는 것이 인간이다.

- 악에 맞서 굳건히 싸우는 자가 신의 호의를 얻는다.

- 진리란 끊임없이 반복해서 채택되어야 한다. 오류가 우리들 주위에서 끊임없이 말해지고 있기 때문이다. 더군다나 개개인에 의해서가 아니라 대중에 의해서 역설되고 있기 때문이다. 신문이나 백과사전, 그리고 학교나 대학에서도 오류는 도처에서 제 세상인 양 행세하고 있다. 자기편이 많이 있다고 느끼므로 기분이 흐뭇해져 있는 것이다.

- 진리를 발견하는 것보다 오류를 인식하는 편이 훨씬 쉽다. 오류는 표면에 나타나 있으므로 쉽게 정리할 수 있지만, 진리는 깊은 곳에 숨겨져 있으므로 그것을 탐구하는 일이 누구에게나 가능한 것이 아니다.

- 알 가치가 없는 것, 알 수 없는 것을 가지고 다툼으로서 학문의 발전은 현저히 저해된다.

- 그렇다면 우리는 형이상학 문제를 어떻게 다루어야 하는가? 그 해답은 그저 무관심하면 된다는 것이다.

- 대학에는 실생활에의 참신한 관여가 부족하다는 평을 듣는다. 그러나 그것은 대학의 탓이 아니라 학문을 다루는 방법 일반에 의한 것이다.

- 생활에 있어서나 학문, 예술에 있어서나 철저하고도 순수하게 당신 자신의 길을 걷도록 하라.

- 사랑하는 여성과 원만하게 지내려면 그녀 앞에서 연적을 칭찬하는 것이다.

- 세상에서 말하는 전통이란 일시적인 유행이다.

- 우리는 지극히 시야가 좁으므로 항상 자신이 바르다고 단정한다.

- 완전성은 하늘의 규범이고 완전성을 구하는 것은 인간의 규범이다.

- 인간의 선입관이란 사람마다의 성격에 바탕을 두고 있다. 그것은 인간의 상태와 밀접한 관계가 있으므로 이를 극복하기란 불가능하다. 이에 대해서는 명백한 증거나 분별이나 이성도 아무런 영향력을 갖지 못한다.
- 인간이란 자기가 할 수 있는 일만 인정하고 칭찬하는 법이다.
- 기쁨을 가지고 일을 하고, 완성된 일을 기뻐할 수 있는 사람은 행복하다.
- 자유나 행복은 날마다 힘써서 그것을 쟁취하는 자만이 누릴 자격이 있다.
- 세상에 행복은 있으나 우리는 그것을 알지 못한다. 아니, 알고 있더라도 그것을 존중할 줄 모른다.
- 일에는 재능이, 자선에는 재산이 필요하다.
- 우리가 하는 일, 이루는 일은 모두 수고스럽다. 피로를 모르는 자는 행복한 자이다.
- 평범한 사람에게 있어서 가장 큰 위로는 천재도 결코 죽는다는 사실이다.
- 무턱대고 남을 섬기는 자는 아무도 없다.
- 자신감을 가지면 남의 신뢰를 얻는다.
- 결코 정신이 육체에 지는 일이 없게 하라.
- 언제나 희망한다는 것은 절망하는 것보다 낫다.
- 인간은 각각의 나이에 적합한 철학이 따로 있다.
- 참된 이상은 현실을 직시하는 것에서부터 싹튼다.
- 가슴에서 나온 것만이 타인의 마음을 움직일 수 있다.
- 젊은이들은 가르침을 받기보다는 감동을 느끼거나 자극받기를 원함을

기억하라.

- 장미가 아름답다고 꺾었더니 가시가 있었고, 사랑이 아름답다고 품었더니 이별이 있더라.

- 세상의 무상함과 덧없음을 탄식하거나 고민하지 말라. 모름지기 인간은 무의미한 것을 가치 있는 것으로 바꾸기 위해서 이 세상에 온 것이 않은가?

- 사랑의 힘은 언제나 엄격함보다 강하다.

- 우리는 어디서 태어났을까? 사랑에서. 우리는 어떻게 멸망하게 될까? 사랑이 없다면. 우리는 무엇으로 자신을 이길 수 있을까? 사랑을 통해. 우리는 어떻게 사랑을 발전할 수 있을까? 사랑으로. 우리는 무엇 때문에 울게 되는가? 사랑 때문에. 우리는 무엇에 의해 맺어지는가? 사랑.

- 진정한 사랑은 상대방의 결점까지 사랑하는 것이다.

- 우정을 유지하는 비결은 일을 공유하는 것이다. 인간은 같은 일을 함으로써 더욱 가까워진다.

- 현명한 대답을 원한다면 질문을 현명하게 하라.

- 인간은 아는 것은 빠르고 실천은 느린 동물이다.

- 안락한 의자는 게으르고 생각 없는 사람을 만든다.

- 스스로에게 명령하지 않는 인간은 언제나 하인이다.

- 행동하는 대신에 그대는 게으른 꿈을 꿨고, 감사해야 할 때 그대는 누워 있었다.

- 다수파는 늘 내 마음을 언짢게 만든다. 왜냐하면 그러한 집단은 진실도 모르고 줏대 없이 대세에 영합하는 교활한 자들로 구성되어 있기 때문

이다.

- 진리는 어느 쪽에서 보아도 빛나는 다이아몬드와 같다.
- 현상을 계산이나 언어에 의해 처리하고 정리할 수 있다는 것은 그릇된 관념에 지나지 않는다.
- 엄밀하게 생각하면 모든 철학은 이해할 수 없는 말로 표현된 인간의 지식에 지나지 않는다.
- 특수는 영원히 보편의 하위에 놓인다. 보편은 영원히 특수를 따라야 한다.
- 가슴 깊이 느껴야 할 것을 스치듯이 느껴서는 안 된다.
- 눈물 젖은 빵을 먹어 보지 못한 자는 인생의 참다운 맛을 알지 못 한다.
- 어느 시대에도 거듭 말해온 것이지만 자기 자신을 알도록 노력하라는 말은 생각해 보면 기묘한 요구이다. 지금까지 아무도 이 요구를 만족스럽게 다한 사람이 없었고, 원래 누구나 다 할 수 있는 성질의 것도 아니다. 인간이란 어떤 것에 뜻을 두어도, 어떤 것을 얻으려 해도 외계, 즉 자기를 둘러싸는 세계에 의지하는 것이다. 그리고 해야 할 일은 자기의 목적에 필요한 한 외계를 알고, 그것을 자기에게 소용되게 하는 일이다. 자기 자신을 안다는 것은 즐기고 있을 때라든가 괴로워하고 있을 때뿐이다. 또 괴로움과 기쁨을 통해서만 자기가 무엇을 구하고 무엇을 피해야만 하는가를 배우게 된다. 그러나 그렇다 해도 인간이란 불가해한 존재여서 자기가 어디서 와서 어디고 가는가도 모르고, 세상일도 제대로 알고 있지 않고, 더군다나 자기 자신의 일은 무엇보다 모르고 있다. 나도 역시 자신을 알지 못하고, 또 알기도 딱 질색이다
- 사람은 괴로움을 주는 상대방을 주시한다. 아무에게도 알려지지 않은 채

세상을 살아가려면 아무에게도 괴로움을 주지 않도록 해야 한다.

- 아직 생존에 있는 적을 나쁘게 말하는 것은 어리석은 행동이며, 이미 정복한 적을 나쁘게 말하는 것은 비열한 짓이다.

- 듣는 사람의 키는 생각하지 않고 혼자서 길게 말하는 사람은 상대방의 반감을 산다.

- 어떤 말이건 일단 입 밖에 나가면 그것과는 정반대의 의미를 불러일으킨다.

- 남을 자신에게 동조시키려는 것은 참으로 어리석다. 나는 그런 일을 한 적이 없다. 나는 인간이라는 것을 자립적인 개인으로서만 보아왔다. 그러한 개인을 탐구하고 그 독자성을 알리고 노력해 왔으나 그 이외의 그들로부터 동정을 얻으려고는 전혀 바라지 않았다. 그래서 현재는 어떤 인간과도 사귈 수 있게 된 셈이지만, 또 그럼으로써만이 비로소 다종다양한 성격을 알 수 있었고, 인생에 필요한 능력을 몸에 지닐 수 있었다. 성미에 맞지 않는 사람들과 사귐으로써만이 잘 해나가기 위해 자제해야만 하고, 그것을 통해 우리들이 마음속에 있는 여러 가지 다른 측면이 자극을 받고 발전하여 완성되는 것이어서, 마침내 누구와 부딪혀도 꿈쩍도 않게 되는 것이다.

- '인생은 꿈이다'라고 말하는 것은 진실이 아니다. 그렇게 생각하는 것은 어리석게 휴식하는 자, 대체로 서투른 솜씨로 사람에게 상처를 입히는 자뿐이다.

- 무조건적으로 찬사하는 것이나 가차 없이 비판하는 것이나 사실은 같은 것임을 좀처럼 알지 못한다.

- 절충적인 철학은 있을 수 없으나 절충적인 철학자는 있다.

- 기하학을 모르는 사람, 기하학과 인연이 없는 자가 철학자의 학원에 들어와서는 안 된다는 말은 철인이 되기 위해서는 우선 수학자가 되어야 한다는 의미는 아니다.

- 수학이 확실하다고 말을 듣지만, 수학은 다른 어떤 행위보다 확실하다고 할 수는 없다. 수학이 확실한 것은 수학이 현명하게도 확실하게 포착할 수 있는 것만을, 그리고 그것을 확실하게 포착할 수 있는 범위 내에서만 다루는 경우이다.

- 수학은 편견을 제거할 힘이 없다. 아집을 제거하는 것도, 당파심을 달래는 것도 불가능하다. 수학은 도덕적인 일은 일체 불가능하다.

- 자신의 결점을 추궁당하고, 결점 때문에 벌을 받고, 결점 때문에 여러 가지 일을 견디어야 하는 것은 참을 수 있다. 그러나 그 결점을 고치라고 하면 누구도 참을 수 없다.

- 사색하는 인간의 가장 위대한 행복은 탐구가 가능한 것을 탐구해 내고, 탐구가 불가능한 것을 조용히 숭상하는 것이다.

- 돌은 침묵하는 교사다. 돌은 관찰자를 침묵시킨다. 돌에서 배운 가장 위대한 가르침은 사람에게 전달할 수 없다는 것이다.

- 언어의 근저에는 인간의 오성 및 이성의 능력이 있는 것은 확실하지만, 언어를 사용하는 사람에게 순수한 오성, 도야된 이성, 성실한 의지가 있다는 것이 반드시 전제되지 않는다. 언어는 목적에 맞추어 자의적으로 쓰도록 되어 있는 도구로서, 이치에 맞지 않는 혼란된 토론술에도 지리멸렬하고 애매하기가 이를 데 없는 신비론에도 이를 사용할 수 있다. 또 산문이나 운문에서 공허하기 짝이 없는 문구를 늘어놓는 데에도 거침없이 쓰여질 뿐 아니라, 운율적으로는 잘못을 찾기 어렵지만 내용적으로는 거의 넌센스에 가까운 시구를 만들어내는 시도까지 나타나고 있는 형편이다.

- 증명해 보이려고 애쓰지 말고 솔직한 의견을 말하는 것이 항상 보다 나은 방법이 된다. 왜냐하면 우리가 끄집어내는 증명이란 모두 의견의 변종에 지나지 않기 때문이다. 그리고 반대 의견의 소유자는 그 어느 것에도 키를 기울이지 않는다.

- 반대하거나 논쟁을 즐겨하는 사람들은 어떤 말을 쓰건 누구에게도 이해되지 않는다는 사실을 곰곰이 생각해볼 필요가 있다.

- 자연은 고문을 해도 입을 열지 않는다.

- 독일인은 일반적으로 철학적 사색을 즐겨함으로 문체 속에 추상적이고 이해하기 어렵고 장황하고 종잡을 수 없는 것이 특징이다.(독일 관념론 철학 비판)

- 신화나 전설은 그것을 과학으로 다루지 않는다. 이런 일은 시인에게 맡겨야 한다.

- 바라는 것 전부가 손에 들어오는 것이 아니고, 인식할 가치가 있는 모든 것이 인식되는 것도 아니다.

- 시대의 오류와 타협하기란 매우 어렵다. 반대하면 고립되기 쉽고, 이에 포로가 되면 명예도 기쁨도 얻지 못한다.

- 학술이나 예술은 똑같이 그 본질에 있어서 현실적이어서 전승이 가능한 부분이 있고, 관념적이어서 전승이 불가능하고 습득이 불가능한 부분으로 나누어져 있다.

- 학문의 역사, 그 현실적인 부분이란 현상을 말하며, 이념적인 부분이란 현상을 보는 방법이다.

- 현재의 학술만이 우리의 것이며, 과거의 것, 미래의 것은 우리의 것이 아니다.

* 괴테는 적에 대해서, 이러한 자들은 결코 없어지지 않을 것이라고 말했다. "그 수는 한 군단이나 있지. 그러나 어느 정도 분류하는 것도 불가능하지 않네. 먼저 첫째로, 무지로 인한 적이 있네. 나를 이해하지 못하고 무지 때문에 비난하는 자들이네. 나의 인생에 있어서 이러한 무리들은 상당한 수에 이르고, 나를 진절머리 나게 했네. 그렇지만 이 무리들은 자신이 무슨 짓을 했는지를 모르기 때문에 용서할 수도 없네. 다음의 숫적으로 많은 것은 나를 질투하는 자들이네. 내가 행복하고, 내가 내 재능에 의해 획득한 명예로운 지위에 올라 있는 것이 마음에 들지 않는 것이네. 나의 명성에 트집을 잡아서 와해시키려고 기를 쓰고 있네. 내가 불행하고 비참했더라면, 적으로 돌아서지는 않았겠지. 이어서 자기의 성공이 변변치 않아서 돌아선 자들이 있는데, 그 수도 상당하네. 개중에는 천부적 재능이 있는 자도 있지만, 나 때문에 찬밥 신세가 되었다고 생각하여 나를 미워하고 있네.

넷째로는 이유가 합당하여 적으로 돌아선 자들이 있네. 나도 인간인 이상 인간으로서 약점이나 결점을 가지고 있음으로 글에도 그것이 나타날 수밖에 없네. 그러나 나는 나를 진지하게 개선하려고 노력했고 그 덕에 착실한 진보를 이루어왔네. 그런데도 이런 자들은 훨씬 이전에 청산한 어떤 결점을 찾아내고서는 곧잘 나를 비난했다네. 이러한 자들은 그래도 가장 무해한 적이라 할 수 있겠지. 몇 마일 앞에 가는 내 뒤에서 화살을 쏘았으니까. 대체로 나는 끝나 버린 작품에는 상당히 냉담한 편이네. 언제까지나 그것에 집착하지 않고 즉시 새로운 작품을 계획했네.

더욱 더 많은 자들은 사고방식이 서로 정면에서 엇갈려서 서로 틀렸다고 보기 때문에 적으로 돌아섰네. 전혀 다르지 않는 나뭇잎이 두 장이 없듯이 천 명의 인간들 중에서도 그 마음가짐이나 사고방식이 꼭 일치하는 자는 없겠지. 이렇게 가정한다면 적의 수가 많다기보다는 오히려 이만큼 많은 친구나 자기편을 갖고 있다는 것이 놀라울 정도이지. 나의 시대는 나에게 거역해 왔네. 왜냐하면 시대가 오로지 주관적인 방향을 목표로

했음에도 불구하고, 나는 객관적인 노력에 전심해서 불리한 고립무원의 입장에 섰기 때문이네."

* 나의 참다운 행복은 시적인 명상과 시작에 있었네. 나의 외면적인 지위 때문에 얼마나 마구 어지럽혀지고 제한받고 방해 받은 것일까! 공적인 직무상의 활동에서 물러나 고독하게 살 수 있었다면 나는 더욱 행복했을 것이고, 시인으로서도 훨씬 많은 일을 할 수 있었겠지.

* 나는 언제나 사람들로부터 의외로 행운이 많은 인간이라고 칭찬을 받아 왔네. 나도 푸념하고 싶다거나 인생행로에 트집 잡을 생각은 더구나 없네. 그러나 실제 그것은 노고와 일 이외의 아무 것도 아니었던 거네. 75년 생애에서 단 한 달이라도 참으로 유쾌한 기분으로 지난 때는 없었다고 해도 좋아. 끊임없이 돌을 되풀이해서 들어 올리려고 하면서 영원히 돌과 씨름하고 있는 것 같았네.

3. 어떤 명언이 좋은지 한 번 써보시고 그 이유를 말해 보세요.

26부

헤겔

1. 헤겔의 사상

헤겔은 인간의 역사는 정신의 역사로 보는 철저한 관념론자이다. 사물이나 존재는 정신에 의해 창조될 뿐이다. 그 정신은 사회성 때문에 그 시대의 흐름을 반영하며 가만히 있는 것이 아니라 끊임없이 변화하는 시대정신이며 영웅만이 그 정신을 알 수 있다고 한다. 그 변화는 변증법적으로 발전한다. 정신은 모순에 부딪히고 그 둘은 통일되어 새로운 세상을 창출한다. 이렇게 모순을 통해 세상은 진보하고 발전하기 때문에 세상은 이성적이고 합리적인 것이다. 그래서 헤겔은 현실적인 것은 이성적인 것이요, 이성적인 것은 현실적인 것이라는 결론에 이른다. 그리스에서 현재까지의 세계사는 하나의 거대한 변증법적 운동이 지배해 왔다. 특히 정신은 자유를 추구하기 때문에 자유를 향해 점진적으로 발전해 나가고 절대정신으로 완성해 가는 것이다. 헤겔에 있어서 자유는 정신의 마지막 종착점이다. 그러므로 전세계의 역사는 자유에 대한 인식의 진보과정이고 세계사는 동양에서 시작하여 서양으로 진보 발전한다고 헤겔은 주장하고 있다.

2. 헤겔의 명언들

- 어떤 일이 일어나든지, 각 개인은 시대의 아들이다. 그러므로 철학이란 자신의 시대를 사상으로 파악한 것이다.

- 철학은 세계를 이해하는 하나의 방법일 뿐이다.

- 학문에 이르는 길 그 자체가 이미 학문이며, 그 학문의 내용을 말하자면 그것은 의식에 대한 경험의 학문이다.(관념론적 성향)

- 철학은 사물에 대한 깊이 있는 사유를 일컫는다.

- 모든 것이 변한다는 것은 항구적인 진리이다.

- 육체가 무게에, 의지가 자유에 연결되듯 정신은 이성에 연결되어 있다.

- 철학이 지니고 있는 유일한 사상(이성이라고 하는 단순한 사상)은 이성이 세계를 지배하고 있다는 것이다. 따라서 세계사도 역시 이성적으로 진행되고 있다는 단순한 사상이다.(이성주의, 합리주의)

- 철학은 이성적인 탐구이므로, 그렇기 때문에 그것은 현재적이며 현실적인 것에 대한 인식이지, 존재하리라 생각하는 신만이 아는 초월적인 것을 구축하는 것이 아니다.

- 사물의 본질은 그것의 이면에 숨겨있다.

- 정신은 존재를 창조한다.(세계는 정신의 산물이라는 헤겔의 관념론 사고의 전형)

- 참된 존재는 이성으로부터 비롯된다.

- 모든 것이 실재해 있다고 하는 확신이 진리로까지 발전하고, 이성이 자기 자신을 세계로 삼아 세계를 자기 자신으로서 인식하게 될 때 이성은 정신이 된다.

- 모든 성장과 발전은 모순과 대립을 거쳐서 이루어진다.

- 모든 부정적인 것은 결국 긍정적인 것으로 연결된다.

- 존재는 존재로서 고정된 것이 아니고 궁극적인 것도 아니다. 존재는 변증법적 과정을 걸쳐 자신의 대립자인 무에 침투한다……. 무는 이런 식으로 직접적이고 또 자기 자신과 동일하다면 거꾸로 존재와 같이 되어 버린다. 따라서 존재와 관한 진리와 무는 이 둘의 통일에서 얻어진다. 이 통일이 바로 생성이다.

- 절대적이면서도 상대적인 통일의 단계를 거치면서 진리가 완성 된다.

- 이성적인 것은 현실적인 것이고 현실적인 것은 이성적인 것이다.(모순을 통해 진리가 완성되니 현실적인 것은 이성적이 된다는 말)

- 철학은 머리말을 써내는 것이 아니라, 실제적인 세계를 변화시키는 것이다.

- 모든 진보는 불편과 충동의 결과이다.

- 진리는 고난과 피로의 결합에서 온다.

- 세계사는 행복이 기반이 아니다. 행복한 시대란 세계사 속의 공백의 페이지이다.

- 하나의 거대한 변증법적 운동이 그리스에서 현재까지 세계사를 지배해왔다.

- 삶은 계속해서 변화하고 발전해 가는 것이고, 우리는 그 변화를 인식하고 대체해 나가야 한다.
- 진리는 발견하는 것이 아니라 창조하는 것이다.(정신에 의해 창조된다는 것)
- 진리는 개인적 의식과는 무관하며, 개인의 의식으로부터 나오지 않는다. (인간은 사회적 동물이므로 정신은 시대정신이기 때문)
- 창조적 정신은 세계의 상황을 변경한다.
- 대중의 의견으로부터 독립하는 것이 위대한 일을 성취할 첫 번째 공식 조건이다.(영웅만이 시대정신을 안다는 것을 함축)
- 나는 말 위에 탄 세계정신(나폴레옹)이 도시를 지나가는 것을 보았다.- 실제로 그 위대한 존재를 보는 것은 놀라운 경험이다. 그 존재는 말을 탄 채로 한 점을 응시하면서 세계를 장악하고 세계를 지배하고 있다.
- 세계의 역사는 자유를 향한 정신의 지성적 발전이다.
- 의견은 철학체계들의 차이를 진리의 점진적인 발전의 견지에서 이해하지 못하고, 차이 속의 모순만 본다.
- 물리적 세계는 정신의 활동의 결과로 나타난다.
- 자연은 한 단계에서 반드시 다른 단계로 나아가는 단계들의 체계로 간주될 수 있다.
- 인간은 자유를 위해 태어난다.
- 자유는 자신의 본질을 실현시키는 것이다.
- 사유하는 지성만이 자유 의지이다.
- 우리는 우리가 알고 있는 만큼 자유롭다.

- 선이란 '자유의 실현, 즉 세계의 최종 목적'이다.
- 우리의 인생은 우리가 만드는 것이다.(정신에 의한 창조)
- 인생은 끊임없는 학습과 발전의 과정이다.
- 인생은 다양한 경험을 하면서 배우고 성장하는데 의미가 있다.
- 세상 그 위대한 일도 열정이 없이는 무엇도 이루진 것이 없다.
- 보다 높은 것을 지향하지 않는다면 인류는 쉬지 않고 일하는 개미 떼와 무슨 차이가 있는가?
- 세계에서 가장 슬픈 일은 자기가 의지하고 있는 세계를 잃어 버렸을 때이다.
- 인생은 성공과 실패의 연속이며, 실패를 통해 배우고 성공을 향해 나아가는 것이다.
- 실패는 성공의 지름길이다.
- 크고 괴팍한 시련일수록 그것에 대한 승리는 더욱 값지다.
- 자신감과 성취감을 유지하는 것이 중요하다.
- 성장을 위해서는 자신의 한계를 뛰어넘을 준비가 필요하다.
- 최선의 성취는 어디서나 자신을 넘어서는 것이다.
- 한계를 인지하는 것은 이미 그 한계를 뛰어넘었음을 의미한다.
- 행복한 삶을 위해서는 긍정적인 태도와 감사의 마음이 필요하다.
- 삶을 사는 것은 자신의 일을 찾고 그것을 사랑하는 것이다.
- 사랑의 첫 번째 동기는 혼자서는 불충분함을 느끼는 것이고 두 번째 동기

는 타인과의 교류를 통해 기쁨을 느끼는 것이다.

* 교육은 사람을 선하게 만드는 일종의 예술이다.

* 순수한 사유의 심연에서만 인간은 자유롭다.

* 진리는 스스로 터득하는 것이지만, 그것을 가르쳐 줄 사람이 필요하다.

* 모든 것은 상호의존적이며 맥락에서 해석해야 한다.

* 역사는 인간의 자유의지로 만들어진다.

* 우리가 배울 수 있는 유일한 것은 역사가 우리에게 아무 것도 가르쳐 주지 않는다는 것이다.(역사는 순환되지 않고 변증법적으로 창조되고 발전하기 때문)

* 역사의 목적은 이성의 통일에 향해 나아가는 구성이다.

* 역사는 절대 정신의 자기실현이며, 자유를 향한 인류의 위대한 여정이다.

* 전 세계의 역사는 자유에 대한 의식의 진보 과정에 불과하다.

* 동양은 한 사람만이 자유롭다는 사실을 알았고, 현재도 그렇게 알고 있다. 그리스와 로마는 소수인간이 자유롭다는 것을 알았고 게르만 세계는 만인이 자유롭다는 사실을 알고 있다.

* 세계사는 동방에서 서방으로 진행한다. 유럽이야말로 세계사의 완성이요, 아시아는 그 단초이기 때문이다.

* 자연의 태양은 동방에서 뜨나 정신적 태양은 서양에서 뜬다.

* 역사를 알지 못하는 민족에게는 미래가 없다.(역사의 도도한 흐름을 모르면 망하기 때문이다.)

* 국가는 본질적 이성과 직접적 현실성을 가진 정신이며, 그렇기 때문에

지구상의 절대 권력이다.(국가절대주의)

* 국가는 그 인접 국가에 대해 주권적이며, 독립적이다. 국가들 간의 의무가 지켜져야 한다는 것은 국제법의 명제이다.

* 만일 국가들이 의견의 불일치를 보이고 그들의 특수한 의지들이 조화될 수 없다면, 그 일은 전쟁에 의해서 해결될 수밖에 없다.

* 국가는 객관화된 정신이므로 개인은 국가 일원으로서만 스스로 객관성, 진정한 개별성, 윤리적 삶을 갖는다.

* 국가는 절대적으로 이성적 본질적 의지이며, 윤리적 이념의 현실태이다.

* 국가는 이성적 자유의 구현체이다.

* 국가는 지구상에 존재하는 신적 이념이다.

* 각 시대에는 하나의 특별한 민족 국가가 "그 시대의 세계사에서 지배적인 민족이 된다."

3. 어떤 명언이 좋은지 한 번 써보시고 그 이유를 말해 보세요.

27부

칼 마르크스

1. 칼 마르크스의 사상

마르크스는 헤겔과는 달리 정신이 세상을 지배하는 것이 아니라 물질이 세상을 주장한다는 유물론자다. 즉 사회의 경제구조가 법률뿐만 아니라 정치나 이념을 창출한다는 것이다. 그러니 신은 인간이 만들어낸 허구일 수밖에 없다. 종교를 없애는 것이 인간 행복의 제1조건이라고 마르크스는 말할 정도다. 또한 인간은 사회적 동물이며 환경의 산물이어서 그 당시 사회구조에 의해 지배를 받게 된다. 그런데 사회구조는 생산관계의 총체인 경제구조인데, 경제구조 자체도 변증법적 발전을 한다. 그래서 사회구조는 반드시 모순과 대립이 일어난다. 소유를 당연시하는 자본주의에서도 마찬가지다. 인간의 노동이 상품화되면 노동자들은 노동으로부터 소외되면서 더욱 불행해진다. 노동자의 임금을 착취하는 구조이기 때문에 서서히 모순이 일어난다. 노동자는 노동으로부터 소외 되면서 자본가와 대립하고 결국 노동자들이 단합하여 혁명을 일으켜 자본가 세력을 제거한다. 그래서 능력에 따라 일하고 필요에 따른 분배를 하는 공산주의가 완성된다. 노동자 혁명은 역사의 기관차라고 마르크스는 말한다.

2. 칼 마르크스의 명언들

* 철학자들은 각기 세계를 다르게 해석해 왔을 뿐이다. 문제는 변혁해야 하는 것이다.

* 지금까지의 모든 유물론이 가진 중요한 결점은, 이러한 유물론 입장에서는 대상, 실재 및 감각이 단지 '대상'이나 '지각'의 형식으로만 이해했을 뿐 감각적인 인간 활동이나 '실천'으로, 즉 주체적으로 파악되고 있지 못하는데 있다.

* 학문에는 왕도가 없다. 오직 인내하며 고된 길을 오를 각오가 있는 사람만이 빛나는 정상에 오를 수 있다.

* 나의 변증법은 헤겔의 그것과 전혀 다르다. 헤겔에 있어서 사유의 과정이…… 실재 세계를 창조한다……. 반대로 나에게 있어서 이념이란, 인간 정신에 반영되고 사유의 형식으로 번역된 물질세계에 지나지 않는다.(정신은 물질을 반영에 지나지 않는다는 하부구조결정론)

* 인간은 정치적 동물이다. 그냥 단순히 무리를 짓는 것이 아니라, 사회라는 맥락 안에서만 개별화할 수 있는 동물이다.

* 생상관계들의 총체가 사회의 경제구조를 결정한다. 이 실재적 토대로부터 법률 및 정치의 상부구조를 결정한다.

* 객관적 진리가 인간 사상의 속성이 될 수 있는가 문제는 이론의 문제가 아니라 실천의 문제이다. 인간은 실천 속에서의 진리, 즉 실재와 힘, 자기

사고의 현실성을 증명하지 않으면 안 된다.

- 의식이 인간의 존재를 결정하는 것이 아니라, 사회적 존재가 인간의 의식을 결정한다.

- 만약 인간이 환경에 의해서 형성된다면, 사람들은 환경을 인간적인 것으로 형성해야 한다.

- 인간의 자유는 모든 사람의 자유와 깊은 관련이 있다.

- 인간은 자신의 역사를 창조하지만 제멋대로 창조하는 것이 아니다. 인간은 스스로 선택한 조건 아래서 역사를 만드는 것이 아니라 그들이 직면하는, 그들에게 주어진 그리고 과거로부터 '전승된 환경' 속에서 그들의 역사를 창조한다.

- 지금까지 존재하는 모든 사회의 역사는 계급 간의 투쟁의 역사다.

- 사물의 본질에는 모순이 존재한다.

- 이성은 항상 존재해 왔지만, 언제나 타당한 형태로 존재한 것은 아니다.

- 계급들의 존재는 단지 생산발전에 따르는 역사의 모든 단계와 깊이 관련된다.

- 인간은 그의 신체적 조직에 의해 조건 지워진 한 단계로서 자기의 생활수단을 '생산하기' 시작하자마자 스스로 동물과 구별되기 시작했다. 인간은 생산수단을 생산하면서 간접적으로 실제적인 물질생활을 생산하는 것이다.

- 유용 노동은 어떤 사회 체계와도 관계가 없는 인간의 생존 조건이며, 인간과 자연 사이의 질료 전환(물질 대사), 곧 인간의 생활을 매개로 하기 위한 영원한 자연적 필연이다.

- 모든 과거의 사회 역사는 계급 간의 대립, 각 시대마다 각기 다른 형태를

취했던 대립의 발전사였다. 그러나 그 형태가 어떠하든 과거의 모든 시대의 공통적인 한 가지 사실이 있다. 그것은 곧 사회의 한 부분이 다른 부분을 착취한다는 사실이다.

* 생산수단을 통제하는 지배계급의 사상이 시대마다 지배적인 사상이 된다.
* 생산을 소유한 자가 그 사회를 지배한다.
* 자신의 물질적 생산성과 일치하여 사회적 관계를 확립한 바로 그 인간이 자신의 사회적 관계와 일치하는 원칙, 사상, 범주를 만들어낸다.
* 자본가 계급은 모든 인간관계를 냉혹한 금전 관계로 바꾸어 놓았다.
* 자본가는 노동자의 시체 위에서 서서 이윤을 계산한다.
* 돈은 나와 사회, 자연과의 관계를 맺어주는 모든 관계의 연결고리이다.
* 돈을 숭배하면 돈은 인간을 지배한다.
* 물질에 예속되고 금전의 노예가 될 때 삶의 기쁨과 창조의 샘은 막히기 시작한다.
* 인간의 노동력이 상품화될 때 노동자들은 일을 하면 할수록 더욱 불행해진다.
* 노동이 산출하는 대상, 즉 노동의 대상 속에 고정된 노동이며 체계적이고 객관화된 노동이다. 이러한 것이 노동의 대상화이다. 노동은 소외된 것이다. 왜냐하면 노동은 이미 노동자의 일부분이 아니며, 더 나아가 노동자가 그의 노동 속에서 스스로를 긍정하기 보다는 오히려 부정당하며, 행복하게 느끼기 보다는 불행하게 느끼며, 자유로이 육체적이고 정신적인 동력을 발전시키기 보다는 그의 육체가 피로힘을 당하며 정신도 황폐해지기 때문이다. 결국 노동자는 휴식을 가질 때 편안함을 느끼고, 노동

속에서 불편함을 느낀다.

* 노동자가 생산과정을 위해서 존재할 뿐 노동자를 위해 생산과정이 있는 것이 아니다.

* 소매상, 상점주, 은퇴한 상인들, 수공업자와 농민 등 중간계급의 하층은 점차 프롤레타리아트로 전락한다. 왜냐하면 한편으론 그들의 영세 자본으로는 현대 산업이 움직이는 규모를 감당할 수 없고, 대자본가의 경쟁에서 뒤처지기 때문이며, 다른 한편으로는 새로운 생산방식으로 인해 그들의 전문화된 기술이 쓸모없어지기 때문이다.

* 자본주의 체제 내에서 노동생산력의 고양은 곧 개개 노동자의 희생에 기초하고 있다. 생산증가를 위해 동원되는 모든 수단은 결국 생산자에 대한 지배수단 또는 착취수단으로 변형되고 만다. 그것들은 노동자를 불구로 만들어 버리는 바, 노동자는 이제 온전한 인간이 못되고 부분적인 인간이 되고 만다. 이제 노동자는 기계의 들러리에 불과하다. 아울러 이러한 생산성 제고를 위해 동원되는 수단들은 결국에 노동을 남겨 줄 뿐이다. 이제 노동과정에 깃들어 있던 정신적, 지적 잠재력은 제거되어 버리는 바, 독립적인 힘을 지닌 과학이 생산과정에 원용될수록 그 정도는 심해진다.

* 경이적인 산업에 관한 이 학문(경제학)은 동시에 '금욕'의 학문이며, 이 학문의 참된 이상은 '금욕적'이지만, '폭리를 취하는' 수전노와 '생산하는' 노예를 만드는 것이다.

* 노동은 기적을 낳지만, 그것은 부자에게만 해당하는 이야기고 노동자 자신에게는 불행을 낳을 뿐이다.

* 노동자는 노동하지 않으면 살 수 없고, 자본가는 노동하지 않고도 살 수 있다.

* 정치권력은 한 계급이 다른 계급을 억압하는 조직된 폭력이다.

- 사유 재산을 없애는 것이야말로 소외를 없애는 길이다.
- 공산주의 이론은 한 문장으로 요약할 수 있다: 모든 사유 재산을 폐지하라.
- 자본주의는 언젠가 스스로의 모순 때문에 붕괴될 것이다.
- 생산수단의 집중화와 노동력의 사회화는 극점에 도달해서 결국 그것들의 자본주의적 외피와 양립할 수 없게 된다. 외피는 산산조각이 난다. 사유재산 종말은 종소리가 들려온다. 재산을 몰수해 갔던 자들은 이제 그들의 재산을 몰수당한다.
- 지배계급으로 하여금 공산주의 혁명 앞에서 전율케 하라! 노동자는 이 혁명을 통해 잃을 것은 자신의 쇠사슬 밖에 없다. 얻을 수 있는 것은 온 세상이다. 전 세계 노동자들이여, 단결하라!
- 노동자 계급은 혁명가가 아니면 아무 것도 아니다.
- 계급투쟁은 필연적으로 프롤레타리아 계급의 독재를 초래한다. 독재 그 자체는 모든 계급의 폐지와 계급 없는 사회로 전환될 것이다.
- 혁명은 역사의 기관차이다.
- 인간은 혁명을 통해 자신을 발전시켰다.
- 인간 해방을 위한 두 가지 강력한 무기는 인간의 두뇌와 인간의 심장이다!
- 각자의 능력에 따라 일하고 각자의 필요에 따라 분배 받는다.
- 사회가 진보할수록 여성이 어떻게 대우를 받는가에 따라 그 수준을 평가할 수 있다.
- 종교는 군중들의 아편이다.

- 신은 인간이 만들어낸 허위에 불과하다.

- 인간이 종교를 만든 것이지 종교가 인간을 만든 것이 아니다. 종교는 인간 스스로의 현실에서 벗어나기 위한 환상이다.

- 사람들은 자신이 이해할 수 없는 일들을 다루기 위해 종교를 사용한다.

- 군중의 행복의 첫 번째 조건은 종교의 폐지이다.

- 거짓된 행복인 종교를 폐지하는 것은 진정한 행복을 위한 절실한 요구와 같다.

- 동물은 자연의 순리에 따라 살 뿐이지만 인간은 자유의지를 통해 삶을 선택할 수 있다.

- 우리는 남의 노예가 되는 직업이 아니라 스스로 긍지를 느끼는 직업을 선택해야 한다. 직업의 선택에 있어서 가장 중요한 잣대는 인류의 공헌과 자아의 완성이다.

- 누가 뭐라고 해도 당신의 길을 걸어라.

- 인간은 자기 운명의 지배자를 일컫는 말이다.

- 역사는 반복된다. 처음에는 비극이고, 두 번째는 희극으로.

- 진정한 사랑은 절제와 겸손과 종종 수줍음을 통해 표현되는 것이지 무분별한 정열과 익숙함에서 오는 것이 아니다.

- 주위에 행복을 주고, 웃게 해주며, 어려울 때 도와주는 사람을 두어라. 그들이야말로 삶에 살아남을 가치가 있는 사람들이다.

- 오, 달콤한 내 사랑. 세상 그 어디서 당신과 같은 사람을 만날 수 있을까! (아내와의 마지막 인사말)

3. 어떤 명언이 좋은지 한 번 써보시고 그 이유를 말해 보세요.

28부

쇼펜하우어

1. 쇼펜하우어의 사상

쇼펜하우어는 헤겔처럼 정신 즉 이성이 세상을 지배하는 것이 아니라 '맹목적 삶의 의지'가 인생의 주인공이라고 말하는 염세주의적 철학자이다. 오히려 이성은 의지의 충실한 신하 역할만 할 뿐이라고 만하면서 헤겔의 이성주의에 반대한다. 인간은 이기적이며 욕망의 덩어리라는 것이다. 그래서 인생은 고달프다. 삶의 수단인 욕망은 이성을 통해 쉽게 절제할 수 없게 무한하여 사람을 만족시킬 수 없고, 만족하더라도 바로 권태가 찾아오기 때문이다. 우리는 고통과 권태의 굴레를 벗어날 수 없다. 그러니 욕망을 만족시키려고 달려들기 보다는 욕망을 줄이려고 노력하는 삶이 지혜로운 삶이다. 행복은 욕망을 만족시키기보다는 욕망을 줄일 때 찾아오는 것이다. 행복이란 고통없는 상태일 뿐이다. 그래서 쇼펜하우어는 즐거움이 얻는 것이 행복이 아니라 고통에서 해방되는 것이 행복으로 가는 길이라고 말한다. 행복하게 살기 위해서는 인생을 깨달아야 하고 그 깨달음을 통해 지혜를 쌓아야 한다. 삶의 지혜야말로 행복하게 사는 길을 열어주는 것이라고 쇼펜하우어는 힘주어 말한다.

2. 쇼펜하우어의 명언들

- 진정한 철학은 행간의 눈물과 울부짖음을 느낄 수 있어야 한다.(헤겔의 이성주의에 반대하는 말)

- 우리가 만약 자기에 대해 지대한 관심을 보이지 않으면, 무미건조한 삶 때문에 다른 사람들이 견디지 못할 것이다.

- 경험은 본문이고 반성과 지식은 이것에 대한 주석에 불과하다.(이성보다 경험이 앞선다는 말)

- 개개의 인간, 개개의 얼굴, 개개의 생애는 다만 자연의 끝없는 영혼과 악착같고 완강하게 살려는 의지의 덧없는 꿈이요, 이 의지가 시간과 공간이라는 끝없는 백지 위에 그려 놓은 일순간의 회화에 지나지 않는다. 그것이 눈 깜박할 사이에 사라지면, 그 뒤에 다시 짓궂은 그림이 그려지기 마련이다.(삶의 근본은 이성이 아니라 살려는 의지)

- 모든 개개인은 우리들의 거울이다. 우리의 결점이나 죄과, 기타 우리 안에 있는 일체의 나쁜 요소는 남김없이 그 안에 적혀 있는 것이다. 그럼에도 불구하고 우리 대다수는 이 경우 거울 속에 보이는 것이 자신이 아니라고 믿는, 거울을 향해 짖어대며 싸우려는 개의 어리석음을 감히 행하고 있다.

- '누구도 사랑하지 않고 누구도 미워하지 않는다.'는 인간학의 전반부며, '아무 것도 말하지 않고 아무 것도 믿지 않는다.'는 인간학의 후반부다. (인간의 불합리성 강조)

- 이 세계는 유혈의 황야이다. 거기에는 다만 불안과 고통에 시달리는 생물들이 서로 물어뜯고 있다.(염세주의적 사고)

- 우리는 행복과 쾌락에 대한 허망한 기대로 가득차서 세상에 태어나지만, 이윽고 운명에 의해서 모든 계획이 허사가 되고 터무니없는 재앙을 입고 이 세상에서 자기 소유라고 할 만한 것은 하나도 없으며 모든 것이 운명의 손에 달려있다는 것을 깨닫게 마련이다.

- 인생은 슬픈 것이다. 나는 삶을 심사숙고하는 일에 내 삶을 받치기로 했다.

- 인간의 생활은 마치 시계추처럼 언제나 고뇌와 권태 사이를 왕래하고 있다.

- 모든 삶은 괴로움이다.

- 욕망은 괴로움의 원인이다.

- 재물은 바닷물과 같다. 마시면 마실수록 더 갈증이 나기 때문이다.

- 인생은 끊임없이 욕망을 충족하기 위한 수단이다. 충족되면 지루하고, 충족되지 않으면 고통이 따른다.

- 지혜로운 삶은 욕망을 줄이는 삶이다.

- 가장 분별력이 있는 인간은 즐거움이 아니라 고통으로부터 자유를 얻으려고 애쓴다.

- 자유는 욕망의 해방에서 온다.

- 삶은 이해할 수 있지만, 견뎌야 한다.

- 인간은 이기적이지만, 동정심은 그 이기심을 초월할 수 유일한 길이다.

- 행복은 고통이 없는 상태일 뿐이다.

- 행복은 주어진 환경 그 자체보다는 세상을 인식하는 개인의 기질에 좌우

된다.

- 행복이란 지금의 기분이나 상태가 좀 더 지속되기를 바라는 마음의 상태이다.

- 행복은 자기 자신에게 만족하는 사람에게만 존재하는 것이다.

- 행복은 우리 내부에 있다.

- 가장 행복한 운명은 육체적 혹은 정신적으로 큰 고통을 받지 않고 삶을 마무리 짓는 것이다.

- 인간의 행복과 불행은 무엇으로 자신의 마음을 가득 채우느냐에 달려 있다.

- 행복한 때는 불행을, 우애에는 반목을, 갠 날에는 흐린 날을, 사랑에는 증오를, 신뢰와 흉금의 토로에는 배신과 회환을 반드시 머릿속에 그려보아야 한다. 이것이 지혜의 진수를 터득하는 것이다.

- 현명한 사람은 자신에게 의지하고, 어리석은 사람은 타인에게 의지한다.

- 우리들의 불행은 대부분 남을 의식하는 데서 온다.

- 우리가 경험하는 모든 고뇌의 절반 이상은 사실상 이런 타인 본위의 심리에서 발생한다. 이러한 심리는 신경과민과 희박한 자부심을 낳고 모든 허영과 겉치레의 근원이며 사치와 교만을 가져온다. 이런 불필요한 근심걱정에서 벗어나면 인간의 호사스러움과 사치는 10분의 1로 줄어들 것이다.

- 행복을 구체적으로 누릴 능력이 없는 사람은 온통 돈에 바친다.

- 불행과 고뇌를 씹을 때 누구나 할 수 있는 가장 효과적인 위안은 우리보다 더 불행한 자를 바라보는 것이다.

- 사람들은 자신의 내적 만족이 부족할수록 남들에게 행복한 사람으로 보이기를 바란다.

- 많이 웃는 자는 행복하고, 많이 우는 자는 불행하다.
- 인생이란 출발점에서 보면 끝이 없는 것 같지만 종착점에서 되돌아보면 매우 짧다.
- 하루하루가 인생이다.
- 우리는 쾌락 대신 지혜를, 행복 대신 깨달음을 추구해야 한다.
- 삶의 지혜는 즐겁고 행복하게 사는 기술이다.
- 모든 진리는 인정받기 전에 세 단계를 거친다. 첫째 조롱받고, 둘째 반대에 부딪히고, 셋째 자명한 진실로 간주된다.
- 모든 사람은 자신의 시야의 한계를 세계의 한계로 여긴다.
- 사람은 무지할수록 다른 사람의 의견에 빨리 동의한다.
- 남자는 여성의 나이, 건강, 체격, 얼굴을 중시하고, 여자는 남자의 어깨, 근육, 체력, 성격을 중시한다.
- 남성은 여성에 비해 극기, 용기, 노력에 능하고, 여성은 남성에 비해 인내, 순종, 위로에 능하다.
- 인간은 진정 혼자 있음을 통해서 자기 자신을 알게 된다. 한 인간이 고독을 소중하게 생각하지 않으면 자유의 소중함을 모를 것이다. 왜냐하면 인간은 진정 혼자 있을 때만 자유롭기 때문이다.
- 인간을 보면 언제나 염증을 느낀다. 왜냐하면 극히 작은 예외는 있겠지만 인간은 누구나 조잡하고, 흠이 많은 실패작, 즉 더러운 육체와 속된 야망, 온갖 어리석음과 사악함이 충만한 외모 및 부자연스럽고 타락한 생활에서 비롯되는 천박하고 거치른 모습을 보여주고 있기 때문이다. 그러므로 나는 가급적이면 사람 만나기를 피하고 자연의 품속에서 동물들과 사이

좋게 지내며 즐거움을 나누려 한다.

- 의사는 인간의 모든 약점을 본다. 변호사는 모든 악을 본다. 신학자는 모든 어리석음을 본다.

- 언론인들은 개와 같아서, 무언가가 움직이면 짖기 시작한다.

- 지력이 뛰어날수록 고통에도 민감한 편이지만 그는 뛰어난 통찰력과 굳센 의지로 세상에 맞설 줄 안다.

- 인생에서 가장 강렬하고 놀라운 사건은 대부분 사랑이라는 감정에 의해 만들어진다.

- 인간은 본능적으로 자신의 정신이나 신체적인 불완전성을 보완해주는 이성에게 끌린다.

- 조건을 고려해서 이성적으로 선택한 결혼에는 본능에 이끌린 사랑과 같은 정열이 없다.

- 사랑은 성욕과 태어날 후손과 관련이 있다.

- 모든 애정은 아무리 별나라 모습을 하고 있어도, 실은 성욕이라는 본능에 근거로 하고 있다. 즉 남녀의 사랑은 이 본능이 특수화되고 한정되고 개체화한 것이다.

- 모든 애정의 목적은 비극으로 끝나든 희극으로 끝나든, 인생의 여러 목적 중에서 가장 엄숙하고 소중한 것으로 누구나 그렇게 악착같이 추구하는 것은 당연한 일이다. 거기서 이루어지는 일은 자기 다음의 대를 이루려는 중대한 문제이다. 그리하여 우리 다음의 무대 위에 우리를 대신하여 등장할 배우들은, 이렇게 사소한 장난처럼 보이는 정사에 의하여 그 존재와 성격이 결정된다.

* 모든 사람은 다른 개인(이성)을 통하여 자신의 나약함과 결함, 그리고 전형으로부터의 일탈을 제거하려고 애쓴다. 태어날 아기에게만은 그런 부정적인 것들을 물려주지 않기 위해서거나, 극단적인 비정상으로 악화되는 것을 막기 위해서이다.

* 사랑에 빠진 모든 사람은 마침내 원하던 즐거움을 얻고 나면 말할 수 없이 엄청난 상실감을 경험하게 된다.

* 성적인 매력에만 이끌려서 결혼하면 평생 후회와 탄식을 안겨줄 반려자를 얻을 것이다.

* 사랑은 때에 따라서는 가장 위대한 정신도 혼란하게 하고, 외교적인 교섭이나 학술 연구에 몰두할 때도 염치없이 홍두깨처럼 나타나고, 장관의 문서나 철학자의 원고 속에서도 사랑의 편지나 애인의 머리칼을 끼워놓고, 허구한 날 시끄러운 사건의 악질적인 사주자가 되기도 하며, 동지끼리 맺은 긴밀한 맹세도 끊어버리고, 견고한 사슬을 풀고 나서 허다한 사람을 희생시키고, 목숨, 건강, 부귀, 지위, 행복 등을 빼앗아가기도 하며, 정직한 사람을 철면피로 만들어 버리기도 하며, 충신을 반역자로 만들기도 하고, 흡사 마귀처럼 모든 것을 뒤집어엎고 찢어버리고 파멸시키려고 한다.

* 섹스를 끝내자마자 악마의 웃음소리가 들린다는 사실을 아직도 깨닫지 못했단 말인가?

* 결혼한다는 것은 서로에게 혐오스러운 존재가 되기 위해서 가능한 한 모든 노력을 다하는 것을 의미한다.

* 미래의 세대는 현 세대의 희생으로 가능하다.

* 삶의 고난과 근심은 삶에서 얻은 과실이나 이득에 비하면 터무니없이 가혹하다.

- 우리의 타고난 잘못이 딱 하나 있다. 우리는 행복해지기 위해 존재한다는 관념이다. 젊은 시절을 －방해하고 불행하게 만드는 것은－ 행복이란 살아생전에 꼭 손에 넣어야 하는 것이라는 확고한 가정 아래에서 행복 사냥에 나서는 일이다. 여기서부터 희망은 늘 좌절하기만 하고 그로 인해서 불만이 생겨난다. 우리가 꿈꾸는 막연한 기만적인 이미지들이 변덕스런 모습으로 우리들 앞에 맴돌고, 우리는 그 실체를 헛되이 찾고 있다.

- 모든 사람은 자신과 닮은 것을 좋아한다.

- 비슷한 영혼은 멀리서도 알아보고 인사를 나눈다.

- 잔인한 것만큼 우리의 도덕적 감정에 충격을 주는 것은 없다. 우리는 모든 범죄를 용서할 수 있지만, 잔인한 것은 용서할 수 없다. 그 이유는 그것이 동정심에 반하는 것이기 때문이다.

- 사람들이 가까이 다가올수록 더 많은 결점을 발견하게 된다.

- 타인의 결점을 용서하라. 당신도 그 결점을 가지고 있다.

- 남의 견해에 반박하지 않는 게 좋다. 그의 머리 속에 들어있는 모든 부조리와 환상에서 벗어나게 하려는 것은 결국 달성하기 어렵다. 남에게 이야기할 때도 비록 상대를 위한다고 해도 상대방의 잘못을 비난해서는 안 된다. 남의 감정을 사기는 쉽지만, 그 잘못을 시정하는 것은 불가능하지 않지만 매우 어렵기 때문이다.

- 아무리 좋은 돌도 연약한 팔로 던지면 멀리 못 가듯 위대한 걸작도 우둔한 사람을 만나면 빛을 잃는다.

- 지나치게 가벼운 배는 뒤집어지기 쉽듯이 삶에도 고통이나 근심이 없다면 방종에 빠지고 만다.

- 교만의 그늘이 무수한 장점을 가려버리는 일은 흔하다.

- 소중한 깨달음도 기록해두지 않으면 소멸하고 만다. 일기는 경험과 지혜를 축적하는 매우 훌륭한 수단이다.
- 지나치게 몸이나 정신을 혹사시키는 것은 수명을 줄일 뿐만 아니라 신체적인 활력도 앗아간다.
- 건강한 거지가 병든 왕자보다 낫다.
- 예의는 지혜에 속하고 무례는 무지에 속한다.
- 흘러가는 시간은 권태에 사로잡힌 자들을 벌한다.
- 정신이 박약한 사람들이 재물로 남을 앞서려고 한다.
- 우리는 자신이 가진 것은 생각하지 않고, 항상 갖지 못한 것만 생각한다.
- 진짜 부자의 부는 재난과 불행을 대비한 방호벽일 뿐, 즐거움을 위한 수단은 아니다.
- 인간은 자신의 결점이나 악덕은 깨닫지 못하고 타인의 결점이나 악덕만 알아챈다.
- 지혜로운 사람은 생각과 말 사이의 간격을 유지한다.
- 예술이야말로 인간을 고통과 욕망에서 벗어나게 해주는 신성한 탈출구다.
- 음악이야말로 예술 중에서 으뜸이며 훌륭한 음악을 듣는 것은 정신을 목욕시키는 것과 같다.
- 한 사람의 천성은 결코 쉽게 변하지 않는다.
- 지나치게 관대하고 다정하면 상대방은 무례해진다.
- 인간은 자신을 찬양하는 사람보다 자신을 경멸하는 사람에게 더 신경을 쓴다.

- 이기적인 성품을 지닌 사람은 늘 비탄에 빠지며 타인의 감정 따위는 무시한다.
- 격한 어조로 말하지 말라. 그것은 언제나 비이성적인 말을 동반한다.
- 환경이 변하면 이해관계도 변하기 때문에 상대방의 태도나 행위도 달라질 수 있음을 명심하라.
- 젊은 시절은 통찰력과 상상력에서 뛰어난 시기이고, 노년 시절은 통합력과 분별력에서 뛰어난 시기이다.
- 뛰어난 예술품도 반복해서 보면 감흥이 없어지는 것처럼, 관찰력이 가장 뛰어난 시기는 노년이 아니라 청년기이다.
- 하고 싶은 것에 집중해라.
- 교육의 실패는 실제 경험에 앞서 학생들에게 지식을 먼저 주입시키려고 할 때 일어난다.
- 성격이 소유물보다 행복에 더 큰 영향을 끼치지만 사람들은 정신을 수양하기보다는 재산을 늘리려고 해쓴다.
- 성공은 자신의 천성에 유리한 것은 취하고 천성에 어울리지 않는 것은 배척함으로써 만들어진다.
- 우리는 어떤 경우라도 초면인 사람에게는 너무 호의적으로 보이지 않도록 주의해야 한다. 그렇지 않으면 대체로 기대에 어긋나게 되며, 자기만 창피를 당하거나 억울할 지경에 이른다.
- 명예는 밖으로 난 양심이고, 양심은 내부에 깃든 명예이다.

3. 어떤 명언이 좋은지 한 번 써보시고 그 이
   유를 말해 보세요.

29부

니체

1. 니체의 사상

니체는 쇼펜하우어의 주장처럼 '삶에의 의지'를 통해 단순히 살려고 태어난 것이 아니라고 한다. 그것보다는 더 강한 '권력에의 의지' 혹은 '힘에의 의지'를 가지고 태어났다고 말한다. 그래서 우리는 더 높이 날려는 강력한 이기적 충동을 가지고 있다. 그것에 충실한 삶이 인간적인 삶이다. 쇼펜하우어처럼 인간의 이런 충동과 욕구를 무시하는 것은 나약한 인간적인 삶일 뿐이다. 그런데 높이 날려면 온갖 고난과 고통을 딛고 일어서야 한다. 때로는 인간끼리의 경쟁에서 살아남아야 한다. 그러기 위해서는 때로는 나약한 자들과 안일한 사람들을 밟고 일어서야 한다. 그래야 누구보다도 우뚝 설 수 있는 것이다. 모든 위대한 것들은 고혈을 먹고 성장한다. 내가 잘 되려면 아무리 힘든 고난도 이겨내야 한다. 좌절과 절망은 금물이다. 그런데도 게으르고 나약한 자들은 스스로 일어날 수 없기 때문에 노력하지 않고 남에게 의지하기 위해 남을 사랑하라고 한다. 그러나 그들에게도 남을 딛고 서려는 '권력에의 의지'가 숨겨져 있다. 원수를 사랑하는 것은 권력에의 의지를 가진 인간 본성에 맞지 않는다. 그래서 남을 사랑하라는 기독교인들은 위선자이다. 신은 이미 죽었다. 그러므로 스스로 강한 의지로 자신의 운명을 개척해야 한다. 그럴 때 니체는 우리가 초인이 될 수 있다고 말한다. 그래서 그는 '운명아! 비켜라 내가 간다.'고 말한다.

2. 니체의 명언들

- 당신은 방관자인가? 아니면 참여자인가? 그 어느 쪽도 아니라면, 눈을 돌려 현실을 회피하는 사람일 것이다.

- 당신은 진실한 사람인가? 아니면 배우에 지나지 않는가? 인생을 자기 의지로 이끌고 가지 못한다면 당신은 남의 흉내나 내는 배우에 불과할 뿐이다.

- 시장의 똥파리가 되지 마라. 우리는 모두 고독으로 돌아가야 한다. 사람들은 권력자들의 외침에 키가 멀고, 소인배들의 가시에 찔리고 있다.

- 참으로 위대한 것은 창작하는 사람이다.

- 인간의 하나의 오염된 강물이다. 그러므로 그런 강물을 받아들이면서도 오염되지 않기 위해서는 스스로 넓은 바다가 되기 위해 힘써야 한다.

- 인간에게 중요한 것은 어디서 왔느냐가 아니라 어느 방향으로 나아가고 있는가이다.

- 사실은 존재하는 것이 아니다. 존재하는 것은 해석뿐이다.

- 나의 진리는 무섭다. 지금까지 사람들이 진리라고 한 것들이 모두 거짓이었으니까. 모든 가치의 전환, 이것이 나의 살이 되고 천재성이 되어 인류에 대한 자기 성찰이 이루어지는 공식이다.(니체의 새로운 가치 창조 강조)

- 선과 악은 인간이 하늘로부터 부여받은 것이 아니며, 발견한 것도 아니

다. 인간은 자신을 지탱하기 위해 사물의 가치를 부여하였다. 즉 인간이 먼저 있고, 그 다음에 인간이 비로소 사물에 인위적 의미를 부여한 것이다. 그러므로 인간은 스스로 기준을 세우는 창조자이다. 기준을 세운다는 것은 창조하는 것이다. 이 기준이야말로 이 기준에 따르는 모든 사물의 보배다.

* 인간을 동물의 위치로 되돌려 놓고 보자. 인간은 지구상의 동물 중에서 가장 강하고 교활하다. 그러나 인간들은 동물 단계의 최고 단계가 인간이라는 자만과 허영심에서 벗어나야 한다. 다시 말해서 인간은 창조의 최종 목표가 결코 아니라는 것이다.(니체의 인간관)

* 인간은 본래 불완전하고 이기적인 존재로 태어났다. 그럼에도 불구하고 인간은 하나님처럼 완전해지고자 하는 목표와 이타적인 목표를 지향하면서 하나님을 닮으려고 애쓰는 가운데 죄의 콤플렉스에 빠져 평생 번민 속에 보내고 있다.(인간의 이기성 강조)

* 육체야말로 인간의 본질이고 영혼이나 정신은 그것의 일부일 뿐이다.

* 감각과 정신은 육체의 도구며 장난감일 뿐이다. 이 두 가지를 조종하는 것은 바로 육체로 대변되는 '본래의 자아'이다.

* 육체를 경멸하는 사람들은 사실 육체를 존경하고 있다. 존경과 경멸, 가치와 의지를 만들어내는 것은 무엇인가? '본래적 자아'가 자신을 위해 존경과 경멸을 만들었고, 육체가 자신을 위해 자기 손으로 정신을 창조한 것이다.

* 내가 사랑하는 것은 지상의 미덕이다. 그 미덕은 현명함도 부족하고 세상 사람들이 누구나 지니는 이성도 부족하다.(인간의 비합리성 강조)

* 충동과 투쟁을 죄악이라고 여기는가? 그러나 이 죄악은 필연적인 것이다. 또한 수많은 미덕 사이의 질투, 불신, 비방도 역시 필연적인 것이다.

- 인간이나 나무나 마찬가지다. 가지가 더 높고 더 밝은 곳으로 뻗어 올라가려 할수록 더 깊이 땅속으로, 암흑으로, 심연으로, 악으로 뻗어 내려간다.

- 착하기만 한 사람들은 낡은 것을 원하고 낡은 것을 보전되기를 바라지만, 고귀한 사람은 새로운 것을 강조하고 새로운 미덕을 드러내기 때문이다.

- 동정심이란 인간의 삶을 위태롭게 만든다는 사실은 분명하다. 동정심은 인류의 발전을 저해해 왔으므로, 바꾸어 말하면 도태의 원인인 것이다. 동정심은 또한 인간에게 파괴와 몰락을 조장함으로써 삶을 향유할 권리마저 잃게 했다. 물론 그것은 이미 지상에서 나약한 존재로 단죄된 자들을 지키기 위해 싸워야 하는 사태로까지 확대되었다.(니체의 진화론적 사고)

- 그러면 인간이 왜 불완전하고 이기적인 존재인가? 그것을 이해하려면 이렇게 자문해 보면 된다. '나는 정말 이기적인 존재인가?' 여기서 아니라고 자신 있게 말할 수 없는 사람은 아무도 없다. 사람이 이기심을 배제한 채 순전히 이타적인 행위를 할 수 있다고 생각하는 것은 불사조라는 새가 있다는 것을 믿는 것처럼 어리석은 것은 없다.

- 진정한 사랑은 자기 자신에 대한 사랑일 뿐이다.

- 인간을 논하려면 다른 동물과 마찬가지로 신경조직, 감각기관들, 육체 자체 등 모든 것을 포괄적으로 논해야만 한다. 그런데 인간은 자신이 다른 동물과 다르다고 착각하고 있다. 단지 착각하고 있을 뿐이다.

- 원수를 사랑하는 것은 인간 본성에 맞지 않는다.(이기적 존재이므로)

- 나는 처음으로 인간이 살려고 하는 가장 강력한 의지가 생존경쟁이라는 가련한 말로 표현되는 것이 아니라, 싸우려는 의지, 권력을 잡으려는 의지, 남들을 압도하려는 의지로 표현되는 것으로 생각했다.(인간의 본질은

권력에의 의지라는 것을 강조)

- 권위가 없으면 인간은 생존할 수 없다. 그러나 권위는 진리와 맞먹을 정도로 많은 오류를 수반한다. 권위는 낱낱이 멸망해야 할 것을 하나하나 항구화시키고, 지켜야 할 것을 거부하여 멸망하게 한다. 인류가 정체하는 주된 원인은 권위이다.

- 나는 여기서, 모든 인간은 시대를 막론하고 자유인과 노예로 나누어진다고 주장하고 싶다. 하루의 3분의 2를 자신을 위해 쓰지 않는 사람은 노예로밖에 분류될 수 없다. 가족이나 친구가 보고 싶어도 너무 바빠서 만날 수 없는 사람들이 노예이지, 어떻게 삶의 주인이라 할 수 있겠는가?

- 다른 사람이 고통을 받는 것을 보는 것은 쾌감을 준다. 다른 사람을 고통스럽게 만드는 것은 더욱 큰 쾌감을 준다. 이것은 매우 냉혹한 명제이지만, 분명히 오래되고, 그러면서도 강력한, 인간적인 너무나 인간적인 원리다.(니체의 이기적이고 가학적인 인간관으로 인간의 윤리도덕적인 면을 강하게 부정하고 있다.)

- 그것(선)은 권력에의 느낌을 높이는 것, 권력을 향한 의지, 인간 내부 자체의 권력이다. 그럼 나쁜 것은 무엇인가? 그것은 나약함 때문에 발생하는 모든 것이다.

- 삶은 본질적으로 착복하는 것이며, 침해하는 것이며, 이질적인 것과 더 약한 것에 대한 압박이자 억압이며, 냉혹한 것이며, 자신의 형식을 남에게 강요하는 것이며, 동화시키는 것이며, 좀 부드럽게 이야기한다고 해도 일종의 착취이다.(권력에의 의지를 통해 가학과 착취를 정당화하고 있다.)

- 행복이란 무엇인가? 권력이 더욱 커지는 것에 대한 감정, 저항을 극복해 가는 감정, 만족이 아니라 보다 큰 힘, 그리고 평화 일반이 아니라 유능한

것인데, 이것은 르네상스 양식의 덕이며 도덕에 구애받지 않는다. 약한 자와 못난 자는 멸망할지어다. 그것은 우리들 인간애의 제1명제다. 그리고 우리는 그들이 멸망하도록 조력해야 한다. 무릇 악덕보다 더 해로운 것이 무엇인가? 그것은 못난 자와 약자에 대한 동정적인 감정이다. 바로 크리스트교다.

- 이 악질들(크리스트교들)! 그들 또한 언젠가는 강해지기를 소망한다.

- 냉정함만이 공정성을 지킬 수 있다.

- 크리스트교는 결국 멀쩡한 사람을 죄의식으로 옭아매고 파멸시키거나 마비 또는 도취하게 만들어 왔다.

- 나는 성자가 될 마음이 전혀 없다. 성자가 되느니 차라리 어릿광대가 되는 것이 훨씬 낫다. 나는 어릿광대인지도 모른다. 지금까지 성자보다 더 위선적인 인간을 본 적이 없으니 말이다.

- 사람들은 행복이 늘 '산 너머 저 쪽'에 있다고 말한다. 그러나 그것은 아주 옛날부터 인간의 마음속에 남겨진 유산이거나, 공상의 산물, 그릇된 추리의 결과에 불과할 뿐이다. 따라서 우리는 진정으로 행복을 원한다면 지금 행복을 맞이하기 위한 준비를 해야 한다. 그리고 고통이라는 대가를 지불해야 한다. 마음이 준비가 되어 있지 않은 사람에게 행복은 없는 것이다.

- 모든 것의 가치를 쾌락과 고통을 따라서, 말하자면 어떤 행동의 결과로서 수반되는 이차적인 현상에 따라서 평가하는 사고방식에는, 창조적인 힘과 예술가의 분별력을 가진 사람이면 누구나 조소를 흘리며 경멸해 마지 않을 천진난만함이 있다.

- 그대가 가능하다면 고통을 피하기를 원한다. 그런데 우리는 그렇게 함으로써 오히려 고통을 증폭시키고 그 전보다 더 악화시키는 것 같다.

* 쾌락과 불만은 서로 단단하게 묶여 있기 때문에 한 가지를 가능한 한 많이 원하는 사람은 누구나 불가피하게 다른 한 가지도 경험할 수밖에 없다.

* 가장 훌륭하고 가장 알찬 결실을 남긴 사람들의 삶을 찬찬히 뜯어보면서, 그대 자신에게 악천후와 폭풍을 견디지 못하는 나무들이 장래에 거목으로 훌쩍 자랄 수 있는지 한번 물어보라. 불운과 외부의 저항, 어떤 종류의 혐오, 질투, 완고함, 불신, 잔혹, 탐욕, 이런 것들이 호의적인 조건에 속하지 않는지 곰곰이 따져보라. 이런 것들을 경험하지 않고는 어떤 위대한 미덕도 성장하지 않는다.

* 드넓은 바다를 항해하는 배가 거센 풍랑을 만나는 것은 당연한 일이다.

* 존재를 통해서 가장 위대한 성취와 가장 위대한 즐거움을 일켜내는 비결은 위험을 감수하며 사는 것이다.

* 우리는 역사적으로 수많은 천재의 출현을 보아왔다. 그리고 다음과 같은 교훈을 얻었다. 인간을 학대하고 괴롭혀서 극단적 고통 속에 몰아넣으면 천재가 탄생한다. 또는 어떤 민족이 다른 민족을 정복하고 학대하면 피지배민족은 그로 인해 타오르는 불꽃 에너지로 천재를 배출한다.

* 위대한 것치고 어떤 것을 경멸하지 않고 이루어진 것이 없다.

* 세계의 고통은 깊다.

* 고통은 말한다. '지나가거라!'라고.

* 우정을 잘 유지하기 위해서는 친구에 대해 침략할 줄 알아야 한다.

* 비천한 것, 어리석은 것, 비겁한 것, 미친 짓 등이 벌써 종종 최대의 성공을 거둔 적이 있었다.

* 악으로 불리는 끔찍한 일들도 인간성의 거대한 건축가이자 도로 건설자 역할을 한다.

* 우리 마음속에는 한 마리의 야수가 산다. 그리고 우리는 그 야수에게 곧잘 속아 넘어간다. 도덕이란 그 야수의 밥이 되지 않기 위한 최후의 속임수다. 야수를 잘 속여야 우리는 비로소 도덕적일 수 있는데, 그 야수를 속이기란 여간 만만하지 않다. 그래서 우리는 도덕적 인간이 되기가 어려운 법이다. 만일 우리에게 도덕이 전혀 없다면 인간도 한낱 동물에 불과할 것이다.(도덕성 부정)

* "과거에는 양심이라는 것이 물어뜯을 수 있는 것이 얼마나 많았던가? 양심의 이빨이 얼마나 튼튼했는가? 그러나 오늘날은 어떤가? 무엇인가 잘못되어 가고 있는 것 같다." 어느 치과 의사의 말이다.

* 비겁한 것은 피하라. 과거의 잘못을 반복하지 말라. 양심의 가책만 느끼고 개선이 없다면 비열한 인간이다.

* 나를 죽이지 못하는 모든 사람은 나를 더욱 강하게 만들 뿐이다.

* 우리는 행위에 대해서 약속할 수 있지만 감정에 대해서는 약속할 수 없다. 감정은 내 의지대로 되는 것이 아니기 때문이다. 어떤 사람이 언제까지나 누구를 사랑하겠다든가 미워하겠다든가, 또는 영원히 충성하겠다든가 약속한다면, 그는 자기 힘이 치치지 못하는 것을 약속한 것에 불과하다.

* 식욕이나 성욕은 우리에게 족쇄와도 같은 것이다.

* 그런데 어떤 사내들은 "여자와 동침하는 것보다 더 좋은 것은 세상에 없다고 말한다."고 했다……. 그런 사내들에게 욕정을 없애라고 충고할 수 있을까? 나는 단지 욕정을 정화하라고 충고할 수 있을 뿐이다. 순결이란 어떤 사람에게는 미덕이지만, 어떤 사람에게는 악덕이다.

* 순결을 지키기 힘들거든 차라리 포기하는 것이 낫다. 순결을 지키려다 지옥에 이르지 않도록, 영혼이 진흙탕이 되지 않도록 하기 위해서다.

* 금욕이 불가능한 사람은 금욕을 추구하지 말라.

* 즐거움의 결핍도 방탕의 원인이 될 수 있다.

* 인류에게 전쟁이 없는 평화를 기대하는 것은 헛된 몽상에 불과하다. 혹시 모든 인간이 순진무구하다면 모를까. 전쟁이란 인류에게 필요악처럼 존재해 왔다.

* 진실이라는 산맥을 타는 일은 결코 헛되지 않을 것이다. 그러면 오늘 더 높은 곳으로 올라가든지, 그렇지 않더라도 내일 더 높은 곳을 오르기 위해서 힘을 단련하는 결과가 될 것이다.

* 남자는 전쟁을 위해 훈련을 받아야 하고, 여자는 전사의 원기를 회복시켜 주는 일을 배워야 한다. 그 밖의 일은 모두가 어리석은 일이다.

* 우리는 피할 수 없는 것이면 무엇이든지 그 고통을 감내하는 법을 배워야 한다. 우리의 삶은 이 세상의 조화처럼 달콤하고 거칠고, 예리하고 단조롭고, 부드럽고 떠들썩한, 다양한 음색뿐만 아니라 서로 조화만 이루지 못하는 음색으로 이루어진다. 만약 어느 음악가가 한 음색만 좋아한다면 어떤 노래를 부를 수 있겠는가? 음악가는 모든 음색을 활용하여 조화를 일구어낼 줄 알아야한다. 우리 역시 삶을 구성하는 선과 악을 가지고 그렇게 요리할 수 있어야 한다.

* 열정과 욕망이 지닌 어리석음과 그 어리석음에서 연유하는 불쾌한 결과를 피할 목적으로 그것들을 파괴하는 것은 오늘날 우리들에게는 그야말로 어리석음의 극치로 보인다. 이빨이 아프다고 해서 이빨을 모조건 뽑아버리는 치과의사에게 우리는 더 이상 찬사를 보내지 않는다.

* 더 없이 잔혹한 세력들이 길을 만들었으며 그들은 대부분 파괴적이었다. 그러나 그럼에도 불구하고 그들의 업적은 훗날 보다 고귀한 문명의 꽃을 피우기 위해서는 반드시 필요한 것이었다.

* 존재를 통해서 가장 위대한 성취와 가장 위대한 즐거움을 일궈내는 비결은 위험을 감수하며 사는 것이다!

* 사람들의 생활양식이나 인생관은 대개 실제로 살아 보고 경험해 본 결과를 통해서 선택한 것이 아니라, 습관에 의해서 타의적으로 이루어진 것이다.

* 맹목적인 믿음은 진리의 가장 큰 적이다.

* 신이 죽었다는 소식을 아직도 듣지 못했다니!

* 신과 종교는 인간이 창조해낸 망상에 불과하다.

* 인간이 신의 실패작에 불과한 것인가, 아니면 신이 인간의 실패작에 불과한 것인가.

* 종교 권력을 장악한 성직 계급에게 가장 필요한 것은 무엇인가? 그것은 죄 많은 사회. 백성들을 죄인으로 만들고 사회를 죄인으로 채우는 것이 그들의 삶의 조건이 되었다. 교회의 성직자들은 죄로 가득 찬 사회에서만 권위를 발휘할 수가 있다. 그래서 성직자들은 세상을 죄의 온상이라고 규정하고 백성은 신 앞에서 용서받아야 할 죄인들로 취급했다. '하느님은 회개하는 자를 용서한다'는 명제는 한마디로 사제에게 무릎을 꿇는 사람만이 용서를 받을 수 있다는 말이다.

* 자신의 죄를 재판할 수 없는 재판관과 마찬가지로, 종교적으로 엄격한 사람일수록 다른 사람을 혹독하게 비난한다. 죄는 자신에게 돌리고 선행의 공적을 다른 사람에게 돌리는 성자는 지금까지 한 사람도 없었다. 붓

다의 법도에 따라 자신의 선행을 숨기고 자신의 잘못만 남에게 드러내는 사람 역시 한 사람도 없다.

- 신의 뜻이란 유대 사회를 이끄는 종교지도자들의 권력 의지, 바로 그것이었다. 백성들은 그들에게 복종하느냐 불복하느냐에 따라 율법에 의해 처벌되었다. 종교 지도자에 대한 불복은 율법을 어기는 것이며, 그것은 곧 신의 뜻을 거스르는 것으로 단죄되었다. 따라서 백성들은 신과 화해하기 위해서 종교 지도자들에게 굴종할 수밖에 없다. 굴종이 곧 구원이었다. 이리하여 죄는 종교 권력의 무기가 되었다.

- 이 세상은 정말 신이 창조한 것일까? 신은 영원무궁한 시간 속에서 너무 권태로움을 느낀 나머지 재미있게 지켜보려고 자신을 닮은 원숭이, 즉 인간을 만들어 낸 것일까? 그게 사실이라면 지구 이외의 그 많은 다른 천체들이 내는 우주의 소리들은 어쩌면 조롱하는 노랫소리에 불과한 것이 아니겠는가?

- 신앙이란 모든 것을 알아보고 나서 믿는 것이 아니라 무조건 먼저 믿어야 한다고 강요해 왔다.

- 죽음과 내세에 대해 설교하는 자들을 믿지 말라.

- 미지의 것에 현혹되지 말고 항상 대지에 충실하라.

- 인간은 동물과 초인 사이에 놓인 다리이다.

- 다른 사람의 도움을 받아 잘 사는 것보다는, 차라리 가난하게 사는 것이 낫다.

- 스스로의 명령에 복종하지 못하는 자는 늘 타인의 명령에 지혜 받게 될 것이다.

- 행동하기 전에 황금처럼 빛나는 말을 던지고 항상 내뿜는 말보다 더 빛나

는 행동을 하라!

- 욕망을 절제하고 스스로 삶의 주인이 되라.
- 나쁜 습관은 천재도 평범한 인간으로 전락시킨다.
- 높아지기 위해서는 버릴 줄도 알라.
- 분노는 인간의 의지만으로는 정의와 공정성이 보장될 수 없다는 사실에 대해 한탄하는 감정이다. 또한 인간이 인정하는 대등성이란 자연과 우연에 따라서만 성립될 뿐이라는 사실, 그리고 대등한 자가 대등한 대우를 받지 못하게 된 것을 개탄하는 감정이다.(불평등 강조)
- 불의를 참고 견디기만 하는 사람은 보기에도 딱하다. 불의의 절반은 정의라는 사실을 아는가? 전혀 복수하지 않는 것보다 약간 복수하는 것이 더 인간적이다.
- 오직 피로 쓰인 글만이 가치가 있다. 독서할 때는 결코 안일한 자세를 취하지 말라.
- 세상의 온갖 글 가운데, 나는 오로지 피로 쓴 것만 사랑한다. 글을 쓰려면 당신의 피로 써야 한다. 그러면 곧 피가 정신임을 알게 될 것이다. 허나 다른 사람의 피를 이해하기란 그리 쉬운 일은 아니다.
- 하나의 덕은 두 개의 덕보다 낫다. 하나의 덕은 목표 달성에 있어서 한층 더 훌륭한 밧줄이기 때문이다.
- 안일하지 않은 생각이 세상을 바꾼다
- 아무리 부자라도 남을 위해 베풀지 모르는 사람은 소금을 치지 않는 진수성찬과 같다.
- 지혜가 늘어날수록 불평은 줄어든다.

- 사랑하고 사랑받기 위해서는 먼저 자기 자신에 대해 잘 알아야 한다.

- 밤은 점점 더 어두워지지는 않는가? 우리는 아침에도 등불을 켜야 되지 않을까? 신을 묻어버리려는 자들이 무덤 파는 소리를 진정으로 듣지 못했는가? 신의 유해가 썩은 냄새를 당신들은 알지 못하는가? 신들도 썩기 때문이다. 신은 죽었다! 신은 죽어 있다! 우리가 그를 죽어버렸다……. 세계가 지금까지 가졌었던 것 중에 가자 성스러운 것, 가장 강력한 것이 우리의 칼 아래 피를 흘리고 죽어 버렸다.

- 신은 모두 죽었다. 지금 우리는 초인이 살아있기를 바란다.

- 언제나 제자로 머물러 있어서는 스승에게 보답하는 것이 못된다. 왜 그대들은 나의 화관을 빼앗으려 하지 않는가. 그대들은 왜 차라투스투라는 믿는단 말인가?

- 사람들이여, 자신을 극복하고 초월한 '초인'이 되라.

- 다시 한 번 말하거니와, 인간은 '초인'이 되어야 한다. 초인은 이 세상 원하는 인물이다. 나는 인간이 이 지상에 충실한 사람이 되기를 진심으로 바란다. 그리고 이 세상이 아닌 저 세상에 대한 희망을 설파하는 자들을 믿지 말라고 충고한다. 그들은 스스로 죽기를 바라는 자들이다. 그러니 제 발로 저 세상으로 가는 것이 현명할 것이다.

- 고독한 형제여, 당신의 사랑과 창조와 함께 당신의 고독으로 돌아가라. 정의는 때가 되면 절룩거리며 당신을 따를 것이다.

- 나의 제자들아, 지금부터 나는 혼자서 가련다. 그대들 또한 혼자서 가라! 그것이 나의 소원이다. 나로부터 떨어져라. 그리고 차라투스트라로부터 자신을 지켜라.

- 사람은 죽는 법을 배워야 한다. 그래서 나는 살아 있는 사람들에게 진정

한 죽음의 방법을 가르쳐 주려 한다.

* 자기를 완성한 사람은 다른 사람들에게 둘러 싸여 칭송과 영광 속에 죽는다. 이것이 최상의 죽음이다.

* 모든 것은 가고 모든 것은 회키한다. 존재의 바키는 영원히 회키한다.

* 운명아 비켜라, 내가 간다!.

3. 어떤 명언이 좋은지 한 번 써보시고 그 이유를 말해 보세요.

30부
제레미 벤담과 존 스튜어트 밀

1. 제레미 벤담과 존 스튜어트 밀의 사상

벤담과 밀은 인간이 쾌락을 추구한다는 사실과 인간이 사회적 동물이라는 사실을 인정하여 '최대 다수 최대 행복'을 주장한 공리주의자다. 기존의 쾌락주의자들은 개인의 행복을 추구했지만, 그것은 자신만의 쾌락과 행복만을 추구하기 때문에 이기적이며 사회성을 저해해 정의로운 사회를 방해할 수 있다. 그래서 우리는 쾌락을 추구하되 사회성을 고려해 '최대 다수 최대 행복'에 따라 추구해야 한다는 것이다. 그런데 둘은 차이가 난다. 벤담은 쾌락의 양을 추구하였지만 밀은 쾌락의 질을 중시하였다. 왜냐하면 양만 추구하다 보면 저급한 육체적 쾌락을 몰입하여 인간이 짐승 같은 모습을 할 수 있기 때문이다. 그래서 밀은 역설적으로 쾌락에 대해 '중용'을 강조하고 지나치게 쾌락이나 행복을 추구하지 말 것을 권하고 있다. 그리고 밀은 쾌락과 행복을 위해 사회적으로 적극적 자유가 보장 되어야 함을 강조하고 있다. 그런데 밀은 자유는 구속과 통제를 받는 소극적 자유가 아니라, 자신의 이익을 스스로 추구하는 적극적 자유를 주장한다. 그리고 자유에는 반드시 책임을 지어야 한다. 자유에 따른 책임을 질 때 비로소 공리주의 원칙이 완성될 수 있다고 밀은 말한다. 특히 밀은 민주주의는 표현의 자유를 통해 민주주의가 성숙될 수 있음을 강조하고 있다.

2. 제레미 벤담의 명언들

- 자연은 우리에게 쾌락과 고통이라는 두 개의 주권자를 선사했다. 그것들만이 우리가 무엇인가를 결정해 주는 동시에 우리가 마땅히 행하여야할 바를 지적해준다.

- 모든 사람은 쾌락을 좋아하고 고통을 싫어한다는 본성을 이해하라.

- 우리를 움직이는 것은 고통이나 즐거움 그 자체가 아니라 고통에 대한 두려움이나 즐거움에 대한 확신이다.(쾌락주의)

- 공리성의 원리는 그것이 무슨 행위이든, 어떤 행위든지 간에, 그 행위가 그것과 자신의 이익이 사람들의 행복을 증가시키는 경향성을 가졌느냐 아니면 감소시키느냐는 경향성을 가졌느냐에 따라 용인하거나 부인하는 한다는 점이다.

- 가능한 한 모든 행복을 만들고, 가능한 모든 불행을 제거하라.

- 신학의 원리는 모든 것을 신의 쾌락에 관련시킨다. 그러나 무엇이 신의 쾌락인가? 신은 우리들에게 그것이 무엇인지 말하거나 기술하지 않는다. 도대체 우리는 쾌락이 무엇인지 어떻게 알 수 있을까? 결국 우리 자신의 쾌락을 관찰하고 언급함으로써 그의 쾌락이 무엇인지를 알 것이다.

- 쾌락의 양이 동등하다면, 핀을 넘기는 게임은 시와 같다.

- 최대 다수 최대 행복이 옳고 그름의 척도이다.(공리주의 원칙)

- 최대 다수 최대 행복이야말로 모든 법과 도덕의 기초가 되어야 한다.
- 쾌락의 증거는 항상 이것, 자신의 목적이 만족한다면 강하고 길고 확실하고 빠르며 풍요롭고 순수한 것이다. 공적이라면, 이런 쾌락이 퍼지게 해 그대의 고통을 보는 것을 피하고 피하기 어려운 고통은 소수에게.
- 실제로 공공의 이익이란 그것을 구성하는 모든 개인의 이익의 합계에 불과한 것이다.
- 어떤 동기라도 그 자체로서는 선도 악도 아니다.(결과주의)
- 공리의 원칙에 반론을 제기하는 자 역시 알게 모르게 그 반론의 원칙을 이 공리의 원칙에서 찾고 있다.
- 모든 법률들이 공통적으로 갖고 있는 목적은 공동사회의 전체 행복을 증진하는 것이다. 따라서 행복을 감소시키는 경향이 있는 것은 가능한 한 모두 제거할 필요가 있다. 곧 해악을 제거하는 것이다.
- 개인의 이익을 저버리고 공공의 이익을 말하는 것은 헛된 것이다
- 덕이란 더욱 큰 이익을 위해 작은 이익을 희생시키는 것이며, 즉 영속적인 이익을 위해 순간적인 이익을 희생시키는 것이며 확실한 이익을 위해 의심스러운 이익을 희생시키는 것이다.
- 모든 처벌은 본래가 해악이다.(괴로움과 고통을 가하기 때문)
- 처벌은 악이지만 더 큰 악을 막고 다수의 행복을 위해서라면 반드시 실시되어야 한다.
- 정부는 고통은 줄이고 쾌락은 늘려서 다수의 국민들이 행복해질 수 있게 힘써야 한다.

3. 존 스튜어트 밀의 명언들

- 공리, 즉 최대다수 최대 행복을 도덕적 기초로 삼는 신조는 행동이 행복을 증가시키는 경향에 비례하여 올바르며 행복에 반대되는 것을 산출하는 경향에 비례해서 그릇된다고 본다. 행복이란 쾌락을, 그리고 고통이 없음을 인정하는 것이고, 불행이란 고통을, 그리고 쾌락이 없음을 의미하는 것이다.

- 나는 모든 윤리적 문제들이 궁극적으로 호소하는 것은 공리라고 생각한다. 그러나 그것은 인간의 영속적인 이익을 전제로 하는 가장 넓은 의미의 공리이어야 한다.

- 개인적 발전과 사회적 진보는 불가분의 관계에 있다.

- 국가의 가치는 구성하는 개개인의 가치다.(개체주의에 뿌리를 두고 있음)

- 공리주의 원리는, 행복은 하나의 바람직한 목적이자 유일하게 바람직한 목적이라는 것이다. 그 밖의 모든 것은 오로지 이 목적을 달성하기 위한 수단으로서 바람직할 뿐이다.

- 쾌락에 대한 평가가 양에만 의존한다면…… 그것은 불합리하다.

- 더 바람직하고 더 가치 있는 쾌락이 있다.

- (어떤 행위가) 바람직한 무언가를 끌어낼 수 있다는 유일한 증거는 실제로 사람들이 그것을 바란다는 사실뿐이다.

* 인간은 동물적 욕구보다 교양된 능력을 갖고 있기 있어서, 일단 이 능력들을 의식하기만 하면 그것들의 만족을 포함하지 않는 어떤 것을 행복으로 간주할 수 없기 때문이다. 이런 이유로 인해서 "동물적 쾌락을 완전히 보장해 준다 하더라도 하등동물로 변하게 되는데 동의할 인간은 거의 없을 것이다. 즉 비록 바보, 무식한 사람, 불량배들이 지성적인 인간, 교육 받은 사람, 정서적이고 양심적인 사람들보다도 자신들의 운명에 훨씬 더 만족하고 있다고 설득 당한다 할지라도, 후자의 인간들은 아무도 바보가 된다거나, 무식한 사람이 된다거나, 이기적이고 비천한 사람이 되는데 결코 동의하지 않을 것이다."(쾌락의 질적 차이 강조)

* 그 이름에 합당한 유일한 자유는 다른 사람의 즐거움을 위축시키거나 이를 위해 그들이 쏟은 수고를 헛되게 만들지 않는 한, 나름의 방식으로 즐거움을 추구하는 권리이다. 모든 사람은 그것이 육체적인 것이건, 정신적인 것이건, 영적인 것이건 간에 자신의 행복을 지키는 보호자다. 다른 사람이 좋다고 생각하는 대로 살도록 강요하는 것보다 자신이 좋다고 생각하는 대로 살도록 모든 사람에게 허용하는 것이 인류에게 더 많은 선을 가져다 줄 것이다.

* 자유라고 부를 수 있는 자유란 다른 사람의 이익을 빼앗으려 하거나 이익을 얻으려는 다른 사람들의 노력을 방해하지 않는 한도 내에서 자기 나름대로 이익을 추구하는 자유뿐이다.

* 자유란 자신의 방식대로 자신의 선을 추구할 수 있는 방식이다.

* 진정한 자유는 자신의 선택과 결정에 따른 책임을 지는 것이다.

* 의견의 자유는 인간의 지혜를 풍부하게 한다.

* 그 누구도 단순히 그가 술에 취하였다는 이유만으로 처벌 되어서는 안 된다. 그러나 군인이나 경찰이 근무 시간에 취해 있다면 처벌 되어야

할 것이다.

- 인간은 욕망을 채우려고 애쓸 때보다 욕망을 적절히 제한할 때 더욱 행복해 질 수 있다.(육체적 쾌락의 역리를 수용하여 절제 강조)

- 인생에서 여러 가지 실패는 쾌락을 지나치게 중시 여길 때 발생한다.

- 즐거움을 누릴 때도 늘 중용에 머물라.

- 행복이란 목표가 아니라 하나의 과정이다.

- 나는 결코 행복이 행위의 모든 법칙에 관한 표준이며 인생의 목적이라는 확신에 대해 흔들려 본 적이 없다. 그러나 지금은 이 목적이 직접적인 목적이 되지 않아야만 획득된다고 생각하게 되었다. 자신의 행복보다 어떤 목적에 확고한 신념을 가진 사람만이 행복하다고 나는 생각한다. 다른 사람의 행복에 대하여, 인류의 진보에 대해서 심지어는 어떤 예술이나 연구에 대해서 수단으로서가 아니라 그 자체가 이상적인 목적이 되어야 한다. 다른 어떤 것을 목표로 하는 동안 행복은 부산물로 얻어지는 것이다. 인생의 주된 향락은 그것을 주된 목적으로 하지 않고, 내친 김에 누려 본다는 식이 되어야 즐거운 것이 된다고 하는 것이 나의 이론이다.

- 성인에 이른 사람에게 "당신은 당신이 목숨을 걸고 선택한 것을 당신 자신의 이익을 위하여 하지 말아야 한다"고 정당하게 말할 사람은 없다.

- 저급한 쾌락보다는 고상한 쾌락이 낫고 배부른 돼지보다는 배고픈 소크라테스가 낫다.(정신적 쾌락 강조)

- 어리석음은 세계 어디서나 비슷하다.

- 사람이 악행을 저지르는 이유는 욕망이 강해서가 아니라, 양심이 약하기 때문이다.

- 자유란 다른 사람에게 해를 끼치지 않는 한, 각 자가 원하는 대로 살아갈 수 있는 권리이다.

- 인간이란 스스로 선택을 통해 자기 자신의 성격을 만들어가는 자발적 존재이다.

- 인간은 잘못을 저지르지 않는 존재는 아니지만 자신의 잘못을 수정할 수 있는 정신적 능력을 가진 존재이며, 그러한 능력은 경험과 토론을 통해 이루어진다.

- 문명사회의 어떤 구성원에게 그의 의지에 반하여 권력을 정당하게 행사할 수 있으려면 그 목적이 다른 사람에게 해를 끼치는 것을 방지하는데 있어야 한다.

- 육체가 성숙한 단계에 이르렀을 때 자기 나름의 방법대로 경험을 이용하고 해석하는 것은 인간의 특권이자 고유조건이다

- 개인은 자신의 육체와 정신의 통제권을 갖는다.

- 모든 현명한 일이나 고상한 일은 모든 개인에 의해 창출되는 것이며 또한 개인에 의해 창출되지 않으면 안 된다……. 그러나 이것은 천재적 소질을 가진 강자가 세계 정치를 힘으로써 장악하고, 세계 그 자체의 의지를 전적으로 무시하고 자기의 명령을 강행하려는 데 박수갈채를 보내는 '영웅숭배'를 장려하는 것은 아니다.

- 우리의 행동은 타인에게 미치는 영향을 항상 고려해야 한다.

- 옳은 행위의 공리주의적 기준을 형성하는 행복은 행위자 자신의 행복이 아니라 관련된 모두의 행복이다.

- 우리는 나사렛 예수의 황금률 속에서 공리주의적 윤리학의 완전한 정신을 알게 된다. '대접받고 싶은 대로 행하라'와 '너 자신을 사랑하듯이 너의

이웃을 사랑하라'는 것은 공리주의의 완전한 이상을 구성한다.

- 자신의 입장만 아는 사람은 자신의 입장조차 제대로 아는 것이 아니다.

- 단 한 사람을 제외한 모든 사람의 의견이 같고, 그 한 사람만이 반대 의견을 갖는다 하더라도 인류에게는 침묵을 강요할 권리가 없다.(다수의 횡포 금지)

- 의견표현을 침묵하게 하는 것은 인류 전체를, 미래세대까지도 빼앗는 것이다.

- 어떤 사회도 표현의 자유 없이는 번영할 수 없다.

- 어떤 의견이 어떠한 반론에도 논박당하지 않았다는 이유로 옳다고 상정되는 경우와, 애초에 비판을 허용하지 않을 목적으로 미리 옳다고 상정되는 경우는 상당히 큰 차이가 있다. 자신의 의견에 반박하고 반증할 자유를 완전히 인정해 주는 것이야말로 자신의 의견이 자신의 행동 지침으로서 옳다고 내세울 수 있는 절대적인 조건이다. 전지전능하지 못한 인간은 이것 외에 방법으로는 자신이 옳다고 내세울 수 있는 합리적인 보증을 얻을 수 없다.

- 인간의 지각, 판단, 감정은 선택의 결과로만 훈련될 수 있다.

- 천재는 오로지 자유분위기에서만 숨을 쉴 수 있다.

- 이 세상 모든 훌륭한 것은 독창성의 열매이다.

- 현재 여론의 한 방향의 한 가지 특징은 개별성(독창성)이 현저하게 드러나는 것에 대하여 관용을 베풀지 않는다는 것이다……. 즉 대체적으로 평범한 인간과 눈에 띌 정도로 한 개인을 특이하게 만들고, 탁월하게 두드러지게 만드는 인간 본성의 모든 부분들을 마치 중국의 여자의 발처럼 압축시켜서 불구로 만드는 것이다.

- 확고한 신념을 가진 한 사람은 오로지 흥미에만 관심이 있는 99명의 힘과 맞먹는다.
- 진정한 사상가는 자신의 지성이 이끄는 결론을 따르는 것이 최선의 의무임을 깨달아야 한다.
- 지나치게 지식 습득에만 치중하면 스스로 생각하고 판단하는 능력이 상실된다. 진정한 교육은 사고력과 판단력을 기르는 것이다.
- 자기의 생각이나 타인의 사상에서 취할 것은 취하고 버릴 것은 버리는 자세야말로 도약하고 전진하는 자의 발걸음이다.
- 아이들을 책임감 없이 세상에 내보내는 것은 사회와 아이에게 도덕적 범죄다.
- 아이를 지나치게 칭찬하면서 키우면 자기만 잘 난 줄 아는 아이가 되어버리고 만다.
- 사회 개입이 정당한 이유는 타인에게 해를 끼치는 행위를 막는 것이다.
- 사유재산은 인정하되 경제활동에는 정부의 개입을 통한 적절한 제한이 가해져야 한다.
- 사람은 자신의 행동뿐만 아니라 아무 것도 안하는 것만으로도 타인에게 해를 끼칠 수 있으며, 이 경우에도 그는 마땅히 책임을 져야 한다.
- 행동뿐만 아니라 무행동도 상처를 줄 수 있다.
- 통치자의 이해관계와 의지는 국민의 이해관계와 의지와 상통해야 한다.
- 권력이 문명 사회의 한 구성원에게 본인의 의사에 반해서 정당한 제재를 가할 수 있는 유일한 목적은 타인에게 가해지는 해악을 방지하는 것이다.
- 어떤 이름을 붙이든지 간에, 개인성을 억압하는 것은 독재다.

- 모든 보수주의자들이 어리석은 사람은 아니지만 모든 어리석은 사람들은 편협하고 보수적이다.
- 권력에 대한 사랑과 자유에 대한 사랑은 적대적 관계이다.
- 사람을 왜소하게 만드는 국가는 큰일을 성취할 수 없다.
- 범죄자가 스스로 가치 없는 것임을 증명한 그의 생명을 빼앗은 일은 더 없이 적절하다. 왜냐하면 그것은 사회가 중차대한 범죄에 대해 생명의 안전에 필수적인 형법상의 조치를 부과할 수 있는 가장 인상적인 방식이기 때문이다.
- 전쟁은 추악한 일이지만, 모든 전쟁이 다 추악한 것은 아니다. 자신이 지키고자 하는 신념을 위해 싸울 수 없는 사람은 비참한 존재이다.
- 여성의 본성을 제한하고 굴절시키지 않고 자유롭게 두면 남성과 다르지 않을 것이다.
- 여성의 권리는 인간 사회 전체의 도덕적 기준을 높이는데 필수적이다.
- 극한의 환경 속에서 고된 시련을 극복했던 이들의 열정과 재능을 그려낸 책을 읽는 것은 매우 유용하다.
- 좋은 시는 사람의 마음을 단련시키고 정화하며 환희의 감정과 상상의 기쁨을 제공해준다.
- 무엇을 하는가는 물론 어떤 방식으로 하는가도 중요하다.
- 어제 맨 신발 끈은 오늘 다시 헐렁해지기 쉽다. 나날이 마음의 끈을 새롭게 동여매는 사람이 되라.

4. 어떤 명언이 좋은지 한 번 써보시고 그 이유를 말해 보세요.

31부
윌리엄 제임스

1. 윌리엄 제임스의 사상

제임스는 헤겔과 같은 관념적 사고를 배제하는 실용주의 철학자이다. 그는 유용한 것이 진리고 진리는 유용한 것이라고 하여 실생활에 도움이 되지 않는 형이상적 사고를 배척하였다. 그는 진리는 우리의 감정에서 시작하며 감정에 충실하여 유용성을 주는 즉 '무언가를 바라는 확신', 즉 신념이라 하였다. 신념만이 유용한 것을 창출할 수 있기 때문이다. 그렇다고 신념은 단순한 믿음이 아니라 어느 정도 경험에 근거해야 한다. 경험을 완전히 벗어난 신념은 유용성을 줄 수 없다. 경험을 근거로 할 때 검증 가능성이 있어 실용성을 가져다 줄 수 있다. 그렇지만 검증 가능하다고 하여 완전한 진리는 얻을 수 없다. 단지 그럴 것이라는 가능성 있는 신념만 얻을 수 있다. 그는 이런 신념에 의해 사실이 만들어지고 인생의 가치 창조가 이루어진다고 주장한다, 제임스는 한마디로 '신념의 철학자'이다. 자신이 가지고 있는 신념을 행동으로 옮길 때 비로소 자신을 완성할 수 있다는 것이다. 종교조차 우리를 착하고 행복하게 만들 수 있다면 진리일 수 있다. 다양성을 포용하는 상대주의 입장을 강하게 보여주고 있다. 그러므로 제임스는 우리는 열정적인 신념을 통해 우리를 만들어 갈 수 있다고 말하고 있다.

2. 윌리엄 제임스의 명언들

- 우리의 한정된 삶 중에 여러분이나 나를 구분하는 뚜렷한 차이가 무엇인가를 찾아내는 것이 철학이 해야 할 전기능이다.

- 우리는 가능성에 비하면 우리는 반만 깨어 있다. 절반밖에 깨어있지 않다. 우리의 육체적 정신적 능력의 일부분만 사용하고 있을 뿐이다. 넓은 의미로 이 말을 해석하면 인간은 자신의 능력 한계에 못 미치는 삶을 살고 있다. 인간은 무한한 능력을 소유하고 있는데 습관적으로 이 능력을 사용하지 않고 있다.

- 우리가 지닌 성정 중의 가장 강한 것은 타인에게 인정받기를 갈망하는 마음이다.

- 아주 많은 사람들은 자신들의 편견을 짜깁기하면서 스스로 사고하고 있다고 생각한다.

- 반성의 사고를 할 수 없는 유아독존의 수준에 머무는 인간이 너무 많다는 사실에 새삼 놀랍다.

- 삶의 의미는 스스로 찾아야 한다.

- 나의 행동이 나의 미래를 결정한다.

- 참된 진리란 그것을 인식함으로써 우리 삶에 희망과 용기를 북돋아주는 지식과 관념들이다.

- 유용하기 때문에 진리고, 진리이기 때문에 유용하다.

- 유용한 것이 진리이고 우리가 추구해야 할 진리이다.(실용주의)

- 인간의 이성이나 두뇌는 그 자체가 주인이 아니라 충동적 의지나 감정을 뒷받침하는 도구로 쓰일 뿐이다.

- 지성이 진리를 지각할 때 우리의 의지는 도와주거나 방해할 수 있는가? 원하는 것이 곧 그것의 해답이다.(진리에는 '믿으려고 하는 의지' 혹은 '믿음에의 의지', 즉 감정이나 신념이 개입한다는 의미가 내포)

- 진리가 존재한다는 우리의 신념은 "무언가를 바라는 열정적인 확신"에 불과하다.(지식의 절대성 부정)

- 우리는 열정적인 본성이 결정을 내릴 수도 있을 뿐 아니라, 반드시 그래야만 한다.

- 우리의 믿음은 우리의 감정에 크게 영향을 받는다.

- 선택은 우리의 의지를 행사하는데 있어서 가장 중요한 요소이다.

- 우리의 세계관은 우리가 듣기로 결정한 것에 따라 만들어진다.

- 우리가 종교적이라면 우주는 더 이상 우주가 아니라 당신인 것이다.

- 내가 간섭하지 못할 다른 의견도 있다.

- 옳은 신념이란 "성공적이고", "편리하고", "만족스럽고", "유용한" 신념이다.

- 신념이 사실을 만든다.

- 우리는 우리가 믿는 대로 된다.

- 신념은 미래를 창조하는 힘이다.(신념주의적 성향)

- 우리 세대의 위대한 발견은 우리는 스스로의 태도를 바꿈으로서 삶을 바꿀 수 있다는 것이다.

- 행복은 우리의 마음가짐에 달려 있다.

- 행복해서 웃는 것이 아니라 웃어서 행복하다.

- 마음을 바꿀 수 있다면 인생을 바꿀 수 있다.

- 생각은 인식이 되고 인식은 현실이 된다. 생각을 바꾸고, 현실을 바꾸라.

- 생각의 확장은 새로운 가능성을 불러온다.

- 생각을 바꾸면 행동이 바뀌고, 행동이 바꾸면 습관이 바뀌고, 습관이 바꾸면 성격이 바뀌고, 인격을 바꾸면 운명이 바뀐다.

- 강한 의지는 부정적인 생각을 이긴다.

- 도전은 발전의 씨앗이다.

- 긍정은 가장 강력한 힘 중에 하나다.

- 진실이라고 해서 공리적이거나 유용한 것은 아니다. 진실을 아는 것보다 유용한 관념을 지니는 게 낫다.(진리의 상대성 강조)

- 현실에서 가장 바뀌지 않는 벽은 사람과 사람 사이의 벽에 있다.

- 행동은 늘 행복을 가져오지 않는다. 그러나 행동 없이는 행복은 없다.

- 행동은 감정에 의해서 일어나는 것 같아 보이지만 실제 행동과 감정은 병행한다. 행동은 의지에 의해 직접적으로 통제할 수 있으나 감정은 그렇지 않다. 그러나 감정은 행동을 조정함으로써 간접적으로 조절할 수 있다. 따라서 쾌활함을 잃었을 경우 그것을 되찾는 최선의 방법은 쾌활한 듯이 행동하고 명랑하게 지껄이는 것이다.(습관이 감정을 조절할 수 있다

는 것)

- 작은 친절한 행동이 누군가의 인생에 큰 변화를 준다.
- 완성되지 않는 과제에 영원히 매달려 있는 것만큼 피곤한 것은 없다.
- 성공은 인내와 끈기에서 온다.
- 용기는 실패해도 계속 시도하는 것이다.
- 겸손은 진실을 깨닫는 첫걸음이다.
- 타인의 입장에서 이해하는 것이 인생을 풍요롭게 한다.
- 인간은 습관의 다발로 이루어진 존재이다.
- 인간은 행동으로 감정을 지배할 수 있다.
- 인간이 실패하는 이유는 단 하나, 자신에 대한 진실한 믿음이 부족하기 때문이다.
- 실수는 성장의 본질적인 부분이다.
- 어떤 자질을 갖고 싶다면 이미 그 자질을 갖고 있는 것처럼 행동하라.
- 종교도 인간을 위해 선하고 행복하게 만든다면 옳다.
- 철학의 의의는 자신은 물론 타인의 삶을 좀 더 활기차고 건강하며 선하게 만드는 데 있다.
- 인생을 살만하다고 믿어라. 믿음은 진실을 창조하는 기반이 된다.

3. 어떤 명언이 좋은지 한 번 써보시고 그 이유를 말해 보세요.

32부

비트겐슈타인

1. 비트겐슈타인의 사상

비트겐슈타인은 20세기를 빛낸 철학자로 철학은 생각을 담고 있는 언어 분석을 통해 철학의 문제를 해결하려고 하였다. 지금까지의 모든 철학적 문제들은 언어를 잘못 이해하거나 잘못 사용함으로써 발생하는 것이다. 예를 들어 '있다'라는 말을 쓸 때 그 말은 감각을 통해 직접 확인할 수 있을 때 사용되어야 하지만 '신'이나 '천당'과 같은 것들은 직접 확인할 수 없으니 '있다'는 말을 사용해서는 안 된다는 것이다. 그래서 비트겐슈타인은 '말할 수 없는 것에 대하여 침묵을 지켜라'라면서 철학은 언어를 분석하여 사고를 명료화는 것이 주목적이 되어야 한다고 한다.

그렇지만 전기 때는 언어와 사실이 일치한다는 언어 그림이론을 바탕으로 언어 분석을 시도했지만, 후기 때는 언어는 사실만 기술하는 것만이 아니라는 것을 깨닫고 일상 언어를 통해 철학적 문제를 해결하려고 하였다. 특히 언어는 삶의 형식을 반영하는 것이므로 일상언어를 분석하여 삶의 문제를 해결할려고 했다. 그런데 일상언어는 본질이 없고 가족유사성만 있기 때문에 '사용'을 통해 언어의 의미를 밝혀야 한다. 그래서 비트겐슈타인은 "의미를 묻지 말고 사용을 탐구하라"고 외쳤다.

2. 비트겐슈타인의 명언들

- 철학의 목적은 생각하는 방식의 명료화이다.
- 확실한 것은 무엇이고, 확실하지 않은 것은 무엇인가?
- 사실의 논리적 그림은 생각이다.
- 언어는 생각을 담는 그릇이다.
- 인간은 자신의 언어로 자신의 삶을 살아가고 있다.
- 말은 행위다.
- 모든 철학은 언어 비판이다.
- 철학은 언어를 무기로 하여 지성에 걸린 주문과 싸우는 전투이다.
- 철학은 말할 수 있는 것을 명료하게 제시함으로써 말할 수 없는 것을 지적한다.(언어 분석은 철학의 임무)
- 언어가 휴가를 갈 때 철학적 문제가 발생한다.
- 우리 시대의 철학적 문제들은 언어의 부정확성에서 비롯되었다.
- 문장은 실재의 그림이다.
- 참인 명제의 총체는 자연과학의 총체이다.
- 철학의 올바른 방법은 이런 것이다. 말할 수 있는 것 즉 자연과학의 명제

들— 즉 철학과는 아무 상관이 없는 것— 이외에는 아무 것도 말하지 않으며, 어떤 사람이 형이상학적인 말을 하고자 할 때는 아무런 의미도 부여하지 않고 있다는 것을 보여주는 것이다. 이러한 방법은 어떤 사람에게는 우리가 철학을 가르치고 있다는 느낌을 받기 때문에 만족스럽지 못할 것이다. 그러나 이것만이 엄격한 의미에서 단 하나의 올바른 방법일 것이다.(자연과학에 근거한 언어 분석을 시도한 전반기 입장)

- 우리 언어의 여러 형식에 대한 오역으로 인해 생기는 문제는 깊이의 특성을 가진다. 그것들은 깊은 불안의 상태다.
- 치료법도 여러 가지인 것처럼 철학적 방법 하나만 있는 것이 아니다.
- 철학자가 해야 할 일은 어떤 특별한 목적을 위해 여러 가지 주의점을 수집하는 것이다.
- 우리의 탐구가 흥미 있는 모든 것, 즉 심원하고 중대한 것을 파괴하는 것처럼 보이므로 우리의 탐구는 어디에서 중요성을 찾겠는가? ……그러나 우리가 파괴하는 것은 공중누각일 뿐이고 그것들이 서 있는 언어의 기반을 밝히는 데 있다.
- 삶의 형식이라는 말은 논리적인 원초 개념으로서의 역할을 한다.
- 표현은 삶의 흐름 속에서만 의미를 갖는다.
- 하나의 언어를 상상하는 것은 삶의 형식을 상상하는 것을 의미한다.
- 언어를 말하는 것은 활동의 부분이며 또한 삶의 형식의 부분이다.
- 혼동이 생기는 것은 우리의 언어가 '작동하고 있을 때'가 아니라 그것이 '쓰이지 않는 기계와 같을 때'이다.
- 모든 게임에 어떤 공통점이 있어야 하고, 그렇지 않으면 게임들이라고

불리울 수 없을 것이라고 말하지 말라. 오히려 모든 게임을 보고 공통점이 있는가를 찾아보아라. 여러분이 그것들을 본다면 여러분이 보게 되는 것은 모든 것에 공통점이 아니라, 유사성과 관계, 또는 그것들의 전 계열을 볼 수 있을 뿐이다. 반복해서 말한다. 생각하지 말고 보기만 하라.(언어의 가족유사성을 강조하며 언어의 본질이 없다는 것을 말하면서 언어의 사용이 중요한 의미를 갖는다는 후기의 이론으로 수정함)

- 의미를 묻지 말고, 사용을 탐구하라.(후반기 철학적 탐구의 입장)

- 우리가 해야 할 일은 단어들을 형이상학적 용법에서 일상적인 용법으로 환원시켜 놓는 것이다.

- 육체가 없는 상황에서 불에 태운다고 해서 무슨 고통을 느끼며, 훌륭한 음악을 듣는다고 해서 무슨 희열을 느끼겠는가. 우리가 느끼는 '고통'과 '기쁨', '행복'과 '불행'은 육체가 있는 감각의 세계에서 사용될 수 있는 용어이다. 그런 감정을 느낄 수 있는 감각이 없다면 그런 감정을 느낀다는 것은 불가능하다. 그런데 육체가 없는 사후세계에서 어떻게 '고통'과 '기쁨'이라는 말을 사용하겠는가.(일상 언어에 근거한 언어 분석인 후반기 입장)

- 언어의 한계는 세계의 한계를 의미한다.

- 말할 수 없는 것에 대해서는 침묵을 지켜라.

- 생각할 수 없는 것을 생각하려고 노력하지 마라.

- 무의미한 문제에는 집착하지 마라.

- 믿음은 진실이 아닌 주관적인 신념에 불과하다.

- 무엇을 말하고 싶다면 그것을 명확하게 하라.

- 명료한 것이 진리다.

- 철학의 목적은 사고를 논리적으로 명료하게 만드는 것이다.
- 철학자란 건강한 깨달음을 얻기 위해 자기 생각의 오류를 고쳐야 하는 사람이다.
- 철학은 전적으로 단순해야 하며 매듭을 풀어주는 것이어야 한다.
- 문제의 해결은 새로운 정보의 습득이 아니라 이미 알고 있던 것을 체계적으로 정리하는 데서 온다.
- 쉬운 말로 설명이 가능한 것을 어려운 말로써 설명하려고 하지 말라.
- 철학을 공부하는 것은 근본 목적은 일상 문제에 대한 생각을 개선하고 인간을 보다 양심적으로 만드는 것이다.
- 언어는 만물의 척도이다.
- 인간이 나이를 든다는 것은 자신의 언어를 정밀하게 세련화하는 과정이다.
- 생각하지 않고서는 이해할 수 없다.
- 개념을 잘못 이해하면 문제를 잘못 이해하게 된다.
- 주제의 중요성을 이해하지 못한 사람에게는 모든 것이 공허한 얘기로 들릴 수밖에 없다.
- 누군가의 가치관이나 선악의 기준을 알고 싶다면, 그 사람이 무엇을 바라보며 자주 미소 짓고, 웃는지 눈여겨보는 것이다.
- 들어야만 아는 사람은 들어도 모른다. 배워야만 아는 사람은 배워도 모른다. 스스로 깨닫지 못한 사람은 죽는 날까지 하나도 모르고 살게 된다.
- 영웅이 되지 못하는 건 나약함 때문이다.
- 지식이나 지혜가 우리의 삶을 온전하게 만들어 주는 건 아니다. 지혜나

지식에는 삶을 데울 온기가 없다. 우리의 일상을 바꾸는 힘은 그런 차가운 것들이 아니라, 부글부글 끓어오르는 열정에 있다.

- 정답은 다른 곳에 숨어 있는 것이 아니다. 상대가 정답으로 인정할 수밖에 없는 무언가를 내놓으면 그게 바로 정답이다.

- 두려움을 극복하는 것이 인생을 보람차게 만든다.

- 용기는 처음에는 겨자씨처럼 작아도 점점 성장해가면서 거목이 되는 밑바탕이다.

- 만일 어떤 돌이 전혀 움직이지 않고 손쓸 방도가 없다면 먼저 주변의 돌을 움직여 보라.

- 자신을 속이지 않는 것만큼 어려운 일은 없다.

- 힘들 때 사람들은 주변 환경이 변하기를 기대한다. 하지만 가장 중요하고 효과적인 변화는 자신의 태도를 긍정적으로 바꾸는 것에서 시작한다.

- 나는 우리가 왜 여기에 와 있는지 알지 못한다. 그러나 단지 즐기기 위함은 아니라는 것은 안다.

- 죽음은 삶 속의 사건이 아니다. 죽음은 체험되지 않는다.

- 자아의 성찰은 삶의 새로운 일부여야 한다.

- 나는 구두점을 많이 찍는 편인데 그것은 내가 평소에 다른 책을 읽을 때처럼 독자들도 집중해서 독서하기를 희망하기 때문이다.

- 참다운 발견이란 내가 철학을 그만 두고 싶을 때 내가 그만 두는 것, 즉 철학에 평안함을 가져다주어 스스로 질문을 낳는 질문으로부터 더 이상 고통을 받지 않는 것이다.

3. 어떤 명언이 좋은지 한 번 써보시고 그 이유를 말해 보세요.

33부

보부아르와 사르트르

1. 보부아르와 사르트르의 핵심사상

이들은 계약 결혼 당사자이며 철저한 자유주의자들이기도 하다. 계약 결혼 자체도 완전한 독립적 생활을 하며 상대방을 간섭하지 않는 결혼생활로 유명하다. 바람피우는 것조차 허락하는 결혼생활이었고, 사르트르는 바람피운 것조차 보부아르에게 말해 보부아르를 난감하게 한 적도 있다고 한다. 이 계약결혼을 보면 이들의 자유주의 사상을 짐작할 수 있다. 우리의 인생은 자유가 본질이므로 우리의 선택에 따라 우리의 삶을 만들어간다는 것이다. 즉 우리 스스로 우리의 자화상을 그려내는 것이다. 선택해야 하기 때문에 불안하지만 그래도 우리는 그것을 극복하고 나아가는 수밖에 없다. 인간의 본질이란 없다. 인생은 스스로 선택해서 일을 저지르고 스스로 자화상을 만드는 것이다. 누구도 인생을 대신할 수 없다. 그러므로 주체성이 진리다. 우리의 삶은 순간순간 선택을 통해 우리의 삶을 축적하고 쌓아가는 상아탑이다. 선택에는 불안이 따르고 괴롭지만 그렇다고 선택을 피해서는 안된다. 스스로 인생을 창조해 나가야 한다. 그러므로 우리는 최선을 다해 우리의 삶을 선택하여 삶을 창조하고 스스로 의미를 부여해야 한다고 사르트르는 말한다.

2. 보부아르의 명언들

- 여자는 태어나는 것이 아니라 만들어지는 것이다.
- 여자가 여자로서 살아가는 모든 실존의 공통된 배경을 그려보자.
- '항상 남성의 소유에 속해 온' 이 세계에서 '초월적' 양태를 보여온 것은 남성이고, 여성은 '내재적 존재'로서 자유를 제한 받고 있다.
- 중요한 일을 수행하는 여자의 수가 적은 것은 여성들이 평범하게 태어났기 때문이 아니라 사회가 여성에게 일할 기회를 거부했기 때문이다.
- 무거운 과거를 받아들이며 새로운 미래를 만들고자 하는 여자들에게 어떠한 문제가 일어나고 있는가.
- 여자는 호르몬과 신비적 본능으로 규정되는 것이 아니라 자기 외부에 있는 의식을 통해 그녀가 자신의 육체와 세계의 관계를 파악하고 그러한 방법을 통해 규정되고 있다. 청년과 처녀를 갈라놓는 심연은 어린이 때부터 실은 주도면밀하게 형성되기 시작한 것이다. 그러므로 성장한 뒤에는 여자가 '형성된' 존재라는 것을 아무리 해도 바꿀 수 없다는 것이다. 그리고 그녀의 배후에는 언제까지나 이러한 과거가 따라다니고 있다. 만일 이 같은 과거의 무게를 제대로 검토할 수 있다면, 여자의 운명이 영원 속에서 절대 부동으로 고정되어 있는 것이 아니라는 점을 쉽게 알게 될 것이다.
- 여성은 결혼과 아이라는 함정에 빠지지 않도록 해야 한다고 생각한다.

- 세계와 우리의 관계는 처음부터 결정된 것이 아니다. 그것을 결정하는 것은 우리들이다. 그러나 무슨 일이든 우리가 제멋대로 결정하는 것은 아니다. 내가 초월하는 것은, 그것은 항상 과거이다. 그러한 과거의 한복판에 존재하고 있는 객체인 것이다. 내 미래는 그같은 과거를 포함하고 있으며 또 그와 같은 과거 없이는 스스로를 쌓아 올릴 수 없다.

- 나는 미래의 위험을 감수하면서 행동할 수밖에 없다.

- 모든 주체는 (현재를 초월하여 미래로 자신을 던지는) 기투(企投,프로젝트)를 통해 구체적으로 자신을 초월해 자립한다. 그는 자유를 향해 부단히 자기 초월을 함으로써 자기 자신의 자유를 완성할 수 있다.

- 인간적인 사랑의 최고의 목적은 종교적인 사랑과 마찬가지로 사랑하는 사람과 하나가 되는 것이다.

- 다른 사람의 인생에 가치를 더하는 삶만이 진정으로 의미있는 삶이다.

- 잠시도 쉬지 않는 인생을 살아라.

- 호기심이 사라지는 순간 노년이 시작한다.

- 우리의 사랑(사르트르와의 사랑)은 필연적이었다. 그렇지만 우연의 사랑도 알 필요가 있다.

- 사르트르의 죽음은 우리를 갈라놓았다. 내가 죽어도 우리는 재결합하지 못할 것이다. 이제 뭐라고 해도 별 수 없다. 우리의 삶이 그토록 오랫동안 조화롭게 하나였다는 것이 그저 아름다울 뿐이다.

3. 사르트르의 명언들

• 실존주의는 휴머니즘이다.

• 실존이 존재에 앞선다.

• 실존인 인간은 영원한 본질을 가지려고 하지만 이것은 사실상 불가능하다.(인간이 본질이 없다는 것은 스스로 인생을 만든다는 것)

• 우리는 '자유롭도록 운명 지어진' 존재들이다.

• 인간은 이끼나 부패물이나 양배추 같은 것이 아니라 무엇보다도 먼저 주체적으로 자기의 삶은 다스리는 하나의 기획이다. 기획 이전에는 인간이 이해할 수 있는 하늘에는 아무 것도 없으며 인간은 자신이 원하는 그 무엇이 아니라 그가 그렇게 되려고 기획한 그 무엇이다.

• 인생은 삶과 죽음 사이에서의 선택이다.

• 인간은 자유로운 운명에 처해 있다. 세상에 던져진 순간부터 자신의 모든 행위에 책임을 져야 하기 때문이다.

• 인간은 선택에 의해 자신의 모습을 만들어간다.

• 주체성이 출발점이다.

• 출발점에서 인간은 스스로를 의식하는 하나의 기획이다.

• 발명해야 한다.(인생은 창조되는 것 강조)

* 자유는 우리의 본질이다.

* 불안은 본질적 구조에서 볼 때 자유 의식이다.

* 인간은 자유의 형벌에 처해 있다.(자유에는 불안이 따르기 때문)

* 불안, 즉 우리 스스로가 자유로움을 의식하는 것은 정신적으로 고통스럽기 때문에, 가급적 그것을 피하려고 노력한다.

* 불안으로부터의 도피는 단지 불안을 의식하는 한 양식일 뿐이다.

* 자유란 당신에게 주어진 것을 갖고 당신이 실행하는 그 무엇이다.

* 당신은 자유다. 선택하라.

* 본래적인 인간은 결코 인간의 상태의 절대적인 목표를 자기 시야에서 놓치지 않는다……. 이 세계를 구하는 것(그곳에 존재를 만듦으로써), 자유를 이 세계의 근거를 만드는 것, 창조에 대한 책임을 받아들이는 것, 그리고 자유 자체를 통해서 이 세계의 근원을 절대적으로 만드는 것.

* 인간은 현재 가진 것의 합계가 아니라 아직 갖진 않았지만 가질 수 있는 것의 총합이다.

* 삶이란 우리가 만드는 선택의 총합이다.

* 인간은 자신 말고는 누구도 의지해서는 안 된다는 것을 깨닫지 못하면 아무 것도 할 수 없다.

* 삶은 애초에 아무런 의미가 없다. 의미는 당신이 부여하는 것이며, 가치란 당신이 선택한 의미일 뿐이다.

* 인생은 의미를 부여하는 것이 아니라 경험하는 것이다.

* 인간은 스스로 역사를 만든다. 그러나 인간을 지배하는 주어진 환경 속에

서 만든다.

* 사람의 일생에서 '우발 사건' 같은 것은 존재하지 않는다.

* 이 비틀어지고 신음하는 몸뚱이야말로 부서지고 예속화된 자유의 이미지 그 자체이다. 인간적 현실성은 도처에서 스스로 창출하지 않는 저항과 장애에 직면하지만 이들 저항이나 장애는 오직 인간적 현실성인데, 자유 선택 안에서만, 그리고 이 자유 선택을 통해서만 의미를 가지게 된다.

* 인간의 현실성은 실존 속으로 진입하면서 그 자신을 미완성의 존재로 파악한다.

* 인간적 현실성은 결코 주어지지 않는 자기 자신과의 일치를 향하여 부단히 초극한다.

* 나는 오직 한 가지 해답을 갖고 있었다. 그것은 <당신은 자유로우니 자유롭게 선택하라.> 것이었다. 어떠한 보편적 윤리도 당신이 무엇을 해야 하는가를 제시할 수 없기에 말이다.

* 모든 인간 활동은 동일한 가치를 가진다. 혼자 술에 취하든 또는 국가 지도자가 되든 같은 것이 된다.

* 인생에서 인간 스스로 일을 저지르고, 스스로 자신의 자화상을 그려나간다. 그 자화상 말고는 아무 것도 존재하지 않는다.

* 나는 자기 자신이 아닌 존재 양식으로 존재하게 될 양식이다.

* 우리 뒤에는 어떤 변병도 없으며, 우리 앞에는 어떤 정당화도 존재하지 않는다.

* 사랑한다는 것은 사랑받기를 원하는 것이다. 그러므로 사랑하는 사람은 끊임없이 불만에 빠져 있는 것이다.

* 나는 자연의 순종이 타성임을 알고 자연은 아무런 법칙도 가지고 있지 않다는 것을 안다. 그들이 항구적이라고 말하는 것은 습관에 지나지 않고 그리하여 이런 따위의 항구성은 내일이라도 변화될 수 있다.

* <부조리>란 단어가 나의 펜 밑에서 얼굴을 내밀고 있다. 그리고 아무 것도 분명히 포착할 수 없지만 실존에 대한 단서, 구토, 나 자신의 생활에 대한 단서를 발견했음을 알게 되었다.(부조리하다는 것은 실존의 필연이 아니라 우연임을 말함)

* 지옥은 타인이다.(타인의 시선 속에 사는 억압과 속박감으로 인한 부조리한 삶 강조)

* 아무 일도 일어나지 않고, 아무도 오지 않으며, 아무도 떠나지 않는다. 끔직하다.(존재의 부조리, 공허함)

* 무無는 마치 한 마리 벌레처럼 존재의 심장에 달라붙어 있다.(죽음에서 오는 불안감)

4. 어떤 명언이 좋은지 한 번 써보시고 그 이
유를 말해 보세요.

34부

칼 포퍼와 토마스 쿤

1. 칼 포퍼와 토마스 쿤의 사상

포퍼와 쿤은 과학이라는 것이 절대적이지 않다고 주장하며 인간의 지식이란 절대적이지 않고 상대적임을 강조한 철학자이다. 포퍼는 과학적 지식도 언제든 반증가능한 것이기 때문에 수정 가능한 것이라고 주장하며, 쿤은 한 발 더 나아가 한 시대의 견해나 사고방식이라고 주장하여 과학적 지식도 매우 상대적인 지식이라고 한다. 특히 쿤은 인간의 주관의 개입되어 객관성을 확보하기가 어렵다는 주장이다. 그래서 쿤은 과학이 지식이 아닐지도 모른다고 말한다. 반면 포퍼는 증거로 과학적 사실을 어느 정도 뒷받침하기 때문에 과학적 사실이 완전히 주관적이라고 주장하지 않는다. 단지 반박 가능하기 때문에 틀릴 수 있지만 증거가 있기 때문에 설득력이 있다고 주장한다. 그러면서 그는 지식의 확실성을 기반으로 하는 역사의 절대성을 주장하는 공산주의와 같은 역사주의를 비판한다. 미래의 역사는 우리가 정확히 알 수 없는데도 반드시 공산사회가 도래할 것이라는 주장하는 공산주의는 독단의 산물이라는 것이다. 이런 독단의 폐해를 막기 위해서는 대화를 통한 타협이 있어야 함을 강조한다. 대화와 타협만이 열린 사회로 가는 길이다. 그래서 역지사지의 정신만이 민주주의 기반이라는 것을 새삼 강조하고 있다.

2. 칼 포퍼의 명언들

- 20세기 정치는 '야만적인 확실성'으로 가득 차 있었다.
- 공산주의와 파시즘은 마찰 없는 강제와 확고한 만장일치라는 환상에 빠져 스스로 무게를 감당하지 못하고 역사 속으로 사라졌다.
- 내가 증명하고자 하는 것은 어떠한 과학적인 예측자도— 과학적인 인간이든 혹은 계산기이든— 과학적 방법에 의해 그 자신의 미래의 성과를 결코 예측할 수 없다는 사실을 밝히는 데 있다.
- 과학의 역사는 모든 인간 사상의 역사와 마찬가지로 무책임한 꿈, 고집, 그리고 오류의 역사다.(과학은 언제든 틀릴 수 있다는 주장)
- 모든 이론은 시험적 가설이며 실제로 성립하는가를 보기 위해 시도한다. 그리고 모든 실험적 확증은 바로 비판 정신 속에서, 우리의 이론이 잘못되어 있는 부분을 찾아내려는 시도 속에서 수행된 검증의 결과일 따름이다.
- 나와 같은 반증주의자들은, 누구나 뻔히 알고 있는 내용들을 읊조리기보다는, 비록(그리고 특히) 나중에 거짓으로 판명나게 될지언정 대담하게 추측하여 흥미 있는 문제를 푸는 것을 더 좋아한다. 우리가 대담한 추측을 좋아하는 이유는, 시행착오로부터 우리들이 배울 수 있는 것이 그러한 추측이라고 믿고 있으며, 우리의 추측이 거짓이라는 것을 발견하는 데서 진리에 대해 더 많은 것을 배우고 진리에 더 가까이 가게 될 것이라고 믿기 때문이다.(추측과 논박, 즉 반증을 통해 진리에 도달하는 방법)

- 우리들은 과학을 '지식의 체계'로 바라보는 것이 아니라, 검사들에 계속 견디어낼 수 있는(반증되지 않는) 한에 있어 작용가설로 유지될 수 있고, 이것들이 '참이다' 혹은 '좀 확실하다', 혹은 심지어 '개연적이다'라는 것을 인식하고 있다하더라도 정당화되지 못한, 그리고 원리적으로 정당화될 수 없는 그러한 가설들의 체계로 바라보아야 한다.(과학을 가설 체계로 본다는 것은 우리의 지식이 언제든 교정 가능한 것으로 보는 오류 가능주의 입장이다.)

- 우리는 그 이론의 결점을 찾아내려고 노력하지 않으면 안 되고 그것이 잘못된 것임을 반증하려고 노력하지 않으면 안 되는 것이다. 우리의 최상의 노력에도 불구하고 우리가 그 이론의 잘못을 반증할 수 없는 경우에만 우리는 그 이론이 검증에 견디었다고 말할 수 있다.

- 덕목은 오류를 피하려고 하는 조심성에 있는 것이 아니라 그러한 오류들을 인정사정 보지 않고 제거하려고 노력하는 데 있다.

- 사회과학의 매우 한심스러운 상황에 책임져야 할 것은 아마도 물리학 방법의 적용 가능성에 대한 완고한 믿음이 아닐까?

- <역사주의>란 <역사적 예측>을 목적으로 하고, 역사의 진보 밑바탕에는 <규칙적인 흐름>, <패턴>. <법칙>이나 <경향> 등을 발견함으로써 그 목적이 달성될 수 있다고 가정하는 사회과학에의 하나의 접근법이다.(역사주의는 역사 결정론)

- 역사주의는 보다 나은 세계를 추구하고자 하는 사람들에게 희망을 준다든지 혹은 그들을 고무한다든지 할 수 있는가? ……그러나 이런 견해는 <인간의 이성보다 합리적인 세계를 이룩할 수 힘이 있음을 부정하는 것>이기 때문에 이 견해는 사회정치적 기적을 믿는 것과 마찬가지가 될 것이다.

- 전체주의적 계획을 정확하게 다른 말로 표현하자면 <유토피아적> 계획이라 할 수 있다. 그 계획의 기반은 어디에도 전혀 찾아볼 수 없다.
- 지상의 천국을 건설하겠다는 시도는 늘 지옥을 만들어 낸다.
- 역사주의적 주장에 대한 나의 비판은 일정한 역사적 시기에 살고 있는 대다수 사람들은 자신의 주위에서 관찰되는 규칙성이 사회생활의 보편적 법칙이며 모든 사회에 대해서도 타당한 것이라는 잘못된 신념에 빠지기 쉽다는 점을 시인하는 것으로부터 시작하기로 한다.
- 사회생활의 규칙성은 역사에, 그리고 문화상의 차이에 좌우된다. 그것은 하나의 특정한 역사적 상황에 좌우된다.
- 전체주의적 계획자는 다수의 개인들의 정신 속에 무엇이 있는지를 확인할 수 없기 때문에 그는 개인차를 무시함으로써 자기의 문제를 단순화시키려고 힘쓸 것이 틀림이 없다. 그는 교육과 선전을 통하여 관심과 신념을 통제하고 틀에 박힌 듯이 고정시키려고 노력할 것이다……. 궁극적으로 이런 시도는 지식을 파괴할 것이며, 권력이 증대되면 될수록 지식의 손실은 더욱 커질 것이다.
- 비록 소수의 사람만이 정책을 발의할 수 있다 해도, 우리들 모두는 그것을 비판할 수 있다.
- 만일 이성의 성장이 계속되고 인간의 합리성이 살아남는다면 개개인의 다양성과 그들의 견해, 계획, 그리고 목적의 다양성(정치적 자유가 위태롭게 되는 극단적인 경우를 제외하고는) 결코 간섭 받아서는 안 된다. 감정적으로 만족할 수 있는 하나의 공통의 목적을 위한 호소는, 그것이 아무리 훌륭하다고 하더라도 모든 경쟁적인 도덕적 의견 및 그러한 의견에서 나오는 비판과 논의를 포기하라는 호소인 것이다. 그것은 합리적 사고를 포기하라는 호소인 것이다.

- 우리는 짐승으로 돌아갈 수 있다. 그러나 우리가 인간으로 남고자 한다면 오직 하나의 길, 열린 사회의 길이 있을 뿐이다.

- 열린 사회는 어느 정도 금기를 비판하면서 판단의 근거를 그들 자신의 지성에 권위를 두는 사회이다.

- 내가 합리론자라고 부르는 사람은, 논쟁을 통해, 가능하다면 어떤 경우에서든 폭력보다는 타협을 통해 결정을 내리려고 노력하는 사람이다.

- 내가 이성이나 합리주의에 대한 비판을 말할 때 의미하는 것은 우리가 실수와 오류에 대한 비판을 통해, 그리고 결국에는 자기비판을 통해서도 배울 수 있다는 확신이다. 합리주의는 옳다는 것을 증명하는 것보다 단지 배우는 것이 더 중요한 사람이다.

- 역사주의자들은 변화란 불변의 법칙이 지배하는 것이므로 예견할 수 있다고 하는 신앙을 고집함으로써 마치 불변의 세계를 상실한 데 대한 보상을 받으려고 애쓰고 있는 것처럼 보인다.

3. 토마스 쿤의 명언들

- 패러다임이란 어떤 한 시대 사람들의 견해나 사고를 지배하고 있는 이론적 틀이나 개념의 집합체라 할 수 있다.(패러다임은 시대의 산물)

- 개인적인 사건들과 역사적인 사건들이 뒤섞여 있어 분명히 자의적이라고 할 수 있는 요소가 어떤 특정한 시대의 과학적 공동체가 신봉하고 있는 믿음들을 형성하는 데 구성 요소가 된다.(과학은 주관적 신념)

- 개인의 사적인 동기나 과학자 모임의 권위가 공감대를 형성하여 과학적 지식 속에 침투할 수 있다.

- 출판, 승진, 연구비와 같은 사적인 것들이 과학적 패러다임을 지지하는 이유가 될 수 있다.

- 과학적 혁명이란 것도 변칙 사례가 수적으로 늘어났고 기존의 패러다임으론 개개의 변칙을 점차로 해결할 수 없을 때 발생한다.

- 기존의 이론이 조금이라도 곤경을 빠져 나갈 수 있는 구멍만 있어도 과학적 혁명은 일어날 수 없다.

- 패러다임은 환경과 배치됨으로써 변화된다.

- 자신이 알게 된 모든 변칙 사례에 대한 검토를 중단한 과학자들은 더 이상 의미 있는 중요한 활동을 하지 않을 것이다.

- 과학적 혁명이란 대부분의 과학자와 과학자 공동체가 공통으로 새로운

패러다임을 채택할 때 일어난다.

* 정치적 혁명과 같이 패러다임 선택에 있어서 관련된 공동체의 동의보다 더 높은 기준은 존재하지 않는다. 우리는 어떻게 과학혁명이 일어나는가를 알기 위해서는 과학자 공동체를 구성하는 전문가 그룹 내부의 자연과 논리의 영향 뿐만 아니라 설득적인 논증의 기술도 검토해야만 한다.
* 과학혁명을 계기로 나타난(새로운) 통상과학의 전통은 과학 혁명 이전에 존재했던 통상과학의 전통과 비교할 수 없을 뿐 아니라 실제로 불가약적이다.
* 두 이론이 완전히 번역될 수 있는 공통의 언어가 존재하지 않는다.
* 한 패러다임을 신봉하다가 다른 패러다임을 신봉하는 것은 새로운 이론은 오래된 이론이 사라질 때가 아니라, 그들이 사라질 준비가 될 때 자리를 잡는다.
* 하나의 패러다임을 거부하는 결정은 항상 다른 패러다임을 승인하려는 결정과 동시에 발생한다. 그리고 이러한 결정에 도달하는 판단은 패러다임과 자연, 패러다임과 다른 패러다임과의 비교를 포함한다.
* 연구에서 패러다임의 사용은 보통 공유된 개념들, 상징적인 표현들, 실험적이고 수학적인 도구들 및 절차들, 그리고 심지어 동일한 이론적 전술들을 사용하여 관련된 문제를 다룬다.
* 정상 과학은 패러다임 내에서의 작업이다.
* 과학은 결코 객관적인 중립적 활동이 아니다. 항상 특정한 패러다임의 관점을 가진 과학자들에 의해 이루어진다.(과학은 주관적 활동)
* 표준 해석이나 규칙으로의 합의된 축약이 없더라도, 패러다임이 연구를 안내하는 것을 막지는 않을 것이다.

* 패러다임은 완전한 인식을 가능하게 하는 렌즈로서만 작용할 수 있으며, 그 렌즈를 통해 관찰할 수 있는 것만을 보여준다.
* 혁명은 활력이 넘치는 새로운 패러다임이 이용 가능할 때, 그리고 자신들의 동료들에게서 새로운 상을 명확하게 설명할 수 있는 개별 과학자들이 존재하게 될 때에만 일어난다.
* 패러다임은 부분들이 변화하면서 점진적으로 변화하는 것이 아니라 세계에 대해서 이전과는 전혀 다른 새로운 방식으로 사유하도록 하는 전면적인 전환에 의해 일어난다. 그리고 이러한 내용은 보통 새로운 실험 기술 등을 포함하면서 새로운 방식으로 과학을 실천하는 것을 의미한다.
* 과학은 전례 없는 이론과 데이터의 결합이다. 이론은 데이터를 위한 틀을 제공하며, 데이터는 이론을 검증하거나 수정하는데 사용된다.
* 패러다임이 변화할 때, 세계는 그와 함께 변화하게 된다.
* 패러다임에 공통적으로 존재하는 핵심 가치 5가지
    1. 이론은 그 이론 분야 내에서 경험적으로 엄밀해야 한다.
    2. 이론은 수용된 다른 이론들과 모순되지 않아야 한다.
    3. 이론은 활동 범위가 광범위해야 하고, 처음에 설명하려고 계획하였던 사실들 이외의 것에도 적용될 수 있을 정도로 융통성을 가져야만 한다.
    4. 이론은 가능한 한 단순해야 한다.
    5. 이론은 진행되고 있는 연구에 대해서 구조 체계를 제공한다는 의미에서 성과를 낼 수 있어야 한다.
* 과학자들은 패러다임을 믿기보다는 사용한다.
* 과학자들은 실제 세계를 결코 완전히 이해할 수 없다.

- 예를 들어 우리가 보았던 것에 무엇인가 이상이 있다는 것을 발견할 수 있다.(변칙적 카드놀이를 상기하자) 어머니가 집에 있다고 생각했는데 모퉁이를 돌면서 시내의 상점에 들어가는 어머니를 본다. 방금 보았던 것을 생각하면서 우리는 갑자기 "저 분은 어머니가 아니다. 왜냐하면 머리가 붉으니까!"라고 외친다. 상점에 들어가서 다시 그여인을 보고 어째서 그 여인을 보고 그 여인을 어머니로 보았는지를 이해하지 못한다. 또는 연못 밑바닥으로부터 먹이를 구하는 물새의 꼬리 깃털을 볼 수 있다. 그 새는 백조인가? 우리는 그 꼬리털을 우리가 예전에 본 백조와 거위 깃털과 머릿속으로 비교하면서 무엇을 보았는가를 상상하게 된다.(쿤의 이 이야기는 과학 속에 우리의 상상력이 작용할 수 있음을 암시함)

- 아마도 '지식'은 그릇된 어휘인지 모른다.

4. 어떤 명언이 좋은지 한 번 써보시고 그 이유를 말해 보세요.

어울림의 철학은 포스트모던 윤리이다

지금까지 살펴 본 것처럼, 철학자들은 어떻게 살 것인가에 대한 물음에 대한 나름대로의 다양한 삶의 방식을 주장하였습니다. 동양의 노자와 장자와 같은 자연주의자들은 인간의 탐욕으로 인해 빚어지는 사회악의 뿌리가 되는 지나친 경쟁을 피하고 자연 속에 묻혀 마음 편안하게 사는 방법을 제시하였습니다. 쾌락주의자들은 인간은 욕망의 산물이므로 욕망을 만족시킬 때 오는 쾌락과 행복을 추구할 것을 강조하였습니다. 반면 사회성을 강조한 벤담과 밀의 공리주의는 쾌락은 추구하되 개인의 차원을 넘어서서 다수의 쾌락과 행복의 극대화를 삶의 원리로 제시하였다. 그러면서도 에피쿠로스나 밀은 육체적 쾌락으로 인해 많은 고통을 당할 수 있으니 정말 인간다운 인간이 되려면 육체적이고 물질적인 쾌락보다는 정신적인 쾌락을 추구해야 한다고 하였습니다.

이에 반해 공자와 칸트와 같은 인간주의자들은 쾌락과 행복이라는 달콤한 사탕을 찾기 이전에 먼저 인간부터 되는 것이 사람의 도리라고 생각하였습니다. 인간은 혼자 사는 것이 아니니 더불어 살기 위해서는 권리 이전에 의무나 도리를 해야 인간다운 삶을 살 수 있다고 하였습니다. 니체는 우리가 처한 현실을 직시하고 무한 경쟁 사회에서 살아가는 방식은 공자와 칸트가 강조한 도덕을 넘어 남이 어떻든 무엇에도 굴하지 않는 불굴의 힘을 가지고 자기만의 세계를 창조해 나가라고 충고하였습니다. 동양의 한비자는 인간은 이기적일 뿐만 아니라 세상은 우리의 욕망을 만족시킬 수 없는 투쟁의 장이므로 강력한 법을 통해 다스려야 세상이 바로 설 수 있음을 강조하였습니다. 더 나아가 마키아벨리는 필요하다면 술수도 써야한다고 주장하고 있습니다.

　이외에도 많은 철학자들이 삶에 대해 이야기 하고 있지만 아무리 유명한 철학들이라 해서 인생 전반에 대해 속 시원하게 대답해 준 것은 아니라고 생각합니다. 그들 역시 자신들 나름대로의 세상을 바라보며 자신의 가치를 주장하고 있을 뿐입니다. 그들이 비록 우리들이 생각하지 못한 부분까지 체계적으로 엮어 세상을 바라보는 눈을 주지만 그렇다고 인생 전반의 문제를 속 시원하게 해결해 주지 못하고 있습니다. 그들 또한 나름대로 문제점은 있습니다. 노자와 장자처럼 자연적인 삶을 강구하자니 사회적인 삶을 어느정도 등져야 하고, 쾌락주의자들처럼 쾌락적인 삶을 추구하자니 진정으로 행복한 것 같지 않고, 공자와 칸트처럼 인간적인 삶을 추구하자니 이익을 추구하는 사회에서 현실과는 동떨어진 삶을 사는 것 같고, 니체처럼 현실적인 권력에의 의지를 강조하며 살자니 왠지 히틀러처럼 폭력적인 삶을 정당화하는 것 같은 딜레마에 처한다고 볼 수 있습니다. 또 한비자처럼 강력한 법으로 다스리라고 하지만 자칫 진시황이 그랬던 것처럼 '법으로 사람 잡는 꼴'이 될 수 있습니다.

　철학자들의 주장들은 나름대로의 체계를 갖고 있음에도 이런 문제점이 왜 생기는 것일까요? 세상을 너무나 단순화하였기 때문입니다. 세상은 모든 요소가 혼재 되었지만 철학자들은 자신의 시각으로 하나의 요소만 가지고 인생의 복잡한 문제를 해결하려고 했습니다. 단순화의 오류에 빠진 것이죠. 우리들의 삶은 욕망에서 출발하지만 더불어 살아야 하기 때문에 욕망만을 좇아 살기 어렵습니다. 또 욕망 자체가 행복하게 하는 것도 아닙니다. 자칫 불행의 씨앗이 될 수 있습니다. 그러니 하나는 해결할 수 있는데 그것으로 인해 또 다른 문제가 발생하는 것입니다.

이런 철학 상의 문제점에도 불구하고 어떻게 살 것인가에 대한 해법을 찾는 것이 전혀 없는 것은 아니라고 생각합니다. 그들의 좋은 점과 문제점을 동시에 생각하면서 종합 정리하다보면 '어떻게 살 것인가'에 대한 실마리를 얼마든지 얻을 수 있기 때문입니다. 비록 서로 다른 철학 체계지만 그들의 서로 다른 체계를 포용하여 보완한다면 우리들이 살아가야 할 방향을 비록 완전하지는 못하더라도 얼마든지 끌어낼 수 있습니다.

자연주의자들은 자연, 쾌락주의자들은 쾌락과 행복, 스토아학파의 이성적인 삶, 인격주의자들은 인격과 양심, 패도주의자들은 힘과 때론 강력한 법을 삶의 최고의 자리에 놓았습니다. 하지만 인간으로서 살아가는 데 있어서 무엇 하나 놓칠 수 없는 가치를 가진 것입니다. 자연은 인간의 모태여서 자연을 저버리고 살 수는 없고 그래서 때로는 자연에 순응하고 사는 것은 당연한 것으로 보입니다. 또한, 인간은 욕구를 가지고 태어난 존재이므로 쾌락이나 행복을 완전히 저버리고 살 수는 없는 노릇입니다. 쾌락과 행복을 저버린 삶은 아무리 그것이 고상한 이념을 갖고 있더라도 삶을 무미건조하게 만들 수 있습니다. 그래서 욕망을 가진 인간으로서 쾌락과 행복을 추구하는 것은 어찌 보면 당연한 일이라고 생각합니다. 그러나 쾌락과 행복만을 추구할 수 없습니다.

인간은 이성적인 동물이므로 이성적인 삶 역시 필요하다고 생각합니다. 더 나아가 인간 세상은 서로가 어울려 살아야 하는 사회적 존재이므로 자신의 쾌락이나 행복이 다른 사람의 희생을 강요할 수 있기 때문입니다. 그래서 쾌락을 추구하면서도 다른 사람의 인격이나 인간성을 침해하지 않도록 인간의 도리와 의무를 반드시 지키도록 해야 하는 것입니다.

또한 하루하루가 전쟁 같은 세상에서 경쟁이 격화되고 있으니 현실적으로 힘이나 능력이 없으면 살아남기 어렵습니다. 그래서 불굴의 의지를 갖고 힘을 기르는 것은 경쟁 사회에서 우리들의 중요한 생존 조건일 수밖에 없습니다. 그래서 권력에의 의지를 갖고 험난한 여정을 이겨내라는 니체의 말 또한 굉장한 설득력을 지니고 있습니다. 힘없는 도덕이나 양심은 아무런 쓸모가 없으니까요. 니체가 도덕을 폐기처분 한 것도 바로 힘 앞에서는 도덕이라는 것이 아무런 쓸모가 없기 때문이라고 생각했기 때문입니다.

그리고 사회의 안전과 번영을 위해 법으로 다스려야 한다는 생각도 지나친 경쟁과 힘의 남용으로 악의와 범죄가 횡행하는 사회에서 당연하다고 생각합니다. 정의를 지향하는 법이 없으면 극도로 혼란에 빠져 그 누구도 발을 뻗고 잘 수 없습니다. 그래서 사회의 안녕과 질서 유지를 통해 법으로 나라를 다스리는 것은 당연한 귀결이라고 생각합니다.

마지막으로 마키아벨리처럼 악하고 부조리한 사회에서 살아남기 위해서는 술수를 쓸 줄 알아야 한다는 것입니다. 이건 우리들의 상황이 최악인 경우에 서야 되는 극약처방입니다.

이처럼 철학자들의 중요한 삶의 원리로서 말한 자연, 쾌락과 행복, 인격과 양심, 힘과 법, 그리고 술수 등은 살아가는데 있어 꼭 필요한 것들입니다. 그것은 인간의 생활 방식이 다양해서 어떤 하나의 체계로만 설명할 수 없기 때문입니다. 인간은 때론 대립하면서도 협력해야 하므로 서로 모순되는 것으로 보이는 쾌락과 인격, 도덕과 힘 등이 필요한 것입니다.

인간은 자유를 누릴 수 있는 자아를 가진 존재지만 동시에 사회적 존재로서 경쟁해야 하고, 그러면서 다른 사람에게 피해를 주지 않아야 할 의무적 존재이기도 합니다. 1인 3역을 하는 것입니다. 한 인간으로서 이런 다양한 삶의 요소, 때론 모순처럼 보이는 다양한 요소를 갖다보니 참으로 어떻게 살아야 할지 망막할 따름입니다. 어떤 때는 약속을 지키는 것조차 난감할 때도 많습니다. 쾌락주의 입장에서 약속을 지키자니 손해 볼 것 같고 의무론적 입장에서 보면 약속을 지키지 않자니 욕을 얻어먹을 것 같고, 어찌해야 좋을지 알 수가 없는 것입니다. 이럴 때는 어떻게 해야 할까요? 칸트와 같은 의무론적 입장에서 손해를 감수하고 무조건 약속을 지켜야 할까요? 아니면 쾌락주의자들처럼 자신의 이익을 위해 무조건 약속을 어겨야 할까요? 가장 좋은 방법은 손해가 너무 크다면 도리 상 사정을 구하고 약속을 지키지 않거나 손해가 미미한 것이라면 그냥 약속을 지키는 것이 낫겠죠. 이처럼 하나의 원칙만을 고집하지 않고 여러 원칙을 고려하여 행동해야 모가 나지 않는 삶을 살 수 있고, 무조건 약속을 지키지 않는 패륜적 행위나 약속을 지켜 큰 피해를 당하는 어리석은 최악의 상황을 피할 수 있으니까요. 세상이 갈등 요소가 되는 다원적 측면이 있으니 서로가 어울려 모나지 않도록 하는 것이 바로 세상사는 지혜입니다.

다차원의 세계에서 하나의 원칙만 고집하는 것은 어리석은 것입니다. 바로 이것이 우리들의 삶의 문제를 해결하는 방법을 시사하는 것이라고 봅니다. 우리는 서로 다른 이들의 사상을 다 포용하여 종합하고 상황에 맞게 처신하는 것입니다. 이것은 포스트모던니즘 시대에 걸 맞는 참다운 윤리라고 생각합니다, 포스트모던니즘은 세상을 과거처럼 하나의 원리로 설명하거나 이것 아니면 저것이라는 이분법적으로 사고하는 것을 거부하며 다원적으로 세상을 볼 것을 강조하고 있습니다. 세상이 한 가지 요소로 구성되어 있는 것이 아니므로 좀 복잡하고 번거롭지만 당연히 세상의 다양성을 포용하고 다원적으로 세상을 풀어가려고 노력해야 한다는 것입니다. 세상을 살다 보면 우리에게는 자연, 쾌락과 행복, 인격과 양심, 그리고 힘과 법, 그리고 술수 등이 모두가 필요합니다. 과거의 철학자들처럼 하나의 요소만 가지고 인생의 밑그림을 그리려는 것은 복잡한 현실을 설명하기에는 역부족이므로 이 모두를 삶의 중요한 요소로 받아들여야 한다는 것이 내가 생각하는 포스트모던의 윤리입니다.

세상은 하나의 원리나 요소들로 구성된 일차원적 공간이 아니라 서로 대립하고 상충하는 원리나 요소들로 구성된 다차원적인 공간이라는 것을 이해하는 것이 무엇보다도 중요합니다. 이것을 어떻게 조화롭게 만드느냐가 관건인데, 살아가는데 있어서 삶의 지혜가 왜 중요한지를 알 수 있는 대목이라고 생각합니다. 그 때 그 때 상황에 따라 달라질 수 있는 것입니다. 그래서 우리는 살아가면서 끊임없이 성찰하며 지혜를 갈고 닦아 그것들이 멋들어지게 조화를 이루며 살 수 있도록 끊임없이 노력해야 합니다. 그렇지 않으면 우리들의 삶은 어리석고 무의미한 삶을 살 것입니다.

인생은 지혜로운 만큼 가치 있는 삶을 살 수 있습니다. 어울림의 철학은 이런 지혜로운 삶을 살 수 있도록 도와주는 인생철학입니다. 노력은 여러분의 것입니다.

저의 작품 〈잘 쓰고 가는 게 인생이다〉 중에서

34인의 철학자
명언으로 보는
지혜의 향연

인쇄 2025년 6월 12일
발행 2025년 6월 16일

지은이 황상규
발행인 서정환
펴낸곳 신아출판사
주소 전북 전주시 완산구 공북 1길 16
전화 (063) 275-4000
팩스 (063) 274-3131
이메일 sina321@hanmail.net
출판등록 제465-1984-000004호
인쇄·제본 신아문예사

저작권자 ⓒ 2025, 황상규
이 책의 저작권은 저자에게 있습니다. 서면에 의한 저자의 허락없이 내용의 일부를
인용하거나 발췌하는 것을 금합니다.

저자와 협의, 인지는 생략합니다.
잘못된 책은 바꿔 드립니다.

ISBN 979-11-94595-65-6 03190
값 22,000원

Printed in KOREA